静安"拔尖人才项目"人选教育研究

U0665629

黄根初　编著

数学学习的训练与评价

Shuxue Xuexi De Xunlian Yu Pingjia

上海教育出版社
SHANGHAI EDUCATIONAL
PUBLISHING HOUSE

图书在版编目(CIP)数据

数学学习的训练与评价 / 黄根初编著. – 上海: 上海教育出版社,
2015.9
ISBN 978-7-5444-6484-0

Ⅰ.①数… Ⅱ.①黄… Ⅲ.①数学教学 – 教学研究
Ⅳ.①O1-4

中国版本图书馆CIP数据核字(2015)第176842号

责任编辑 耿　坚
特约编辑 刘祖希
美术编辑 陈　芸

数学学习的训练与评价
黄根初　编著

出　　版　上海世纪出版股份有限公司
　　　　　　上 海 教 育 出 版 社
　　　　　　易文网 www.ewen.co
地　　址　上海永福路123号
邮　　编　200031
发　　行　上海世纪出版股份有限公司发行中心
印　　刷　启东市人民印刷有限公司
开　　本　700×1000　1/16　印张 14.75　插页 2
版　　次　2015年9月第1版
印　　次　2015年9月第1次印刷
书　　号　ISBN 978-7-5444-6484-0/G·5327
定　　价　55.00元

(如发现质量问题，读者可向工厂调换)

总　　序

　　为全面落实科学发展观,建立教育高端人才培养梯队,确保静安区普教系统名校长名师队伍的可持续发展,上海市静安区教育局自2009年10月起决定实施培养静安区教育拔尖人才工作(简称"教育拔尖人才项目")。

　　"教育拔尖人才项目"工作的目标是:在自"十二五"至"十三五"十年中,能在区普教系统培养出一批专家型校长(书记)和教师,促其成长为教育管理、教育、教学领军人才,上海市的知名校长(书记)和教师。

　　在实施"教育拔尖人才项目"过程中,区教育局依据"因材施教"和"做中学"的理念,遵循个性化、自主性和实践性的培养原则,尝试了区域高端教育人才培养工作的创新实验。

　　其中,力求做到"区教育拔尖人选"学习进修成才途径的个别化、自主性,是静安区"教育拔尖人才项目"创新实验的主要特点。

　　我们积极拓宽学习进修渠道,尽心搭建高层次锻造磨炼平台,为"区教育拔尖人选"设置了多项"学习进修成才途径",其中如:教育名家导师团带教培养(自选导师),高一层次学历进修,区内外轮岗锻炼,主持区、市级科研课题研究,出版个人学术专著,等等。

　　在区教育局"积极引导、尽心服务;自主学习、主动发展"的工作思路指引下,部分入选教师自主选择了出版个人学术专著为自己学习进修成才的主要途径。

　　在个人学术专著撰写的过程中,作者们刻苦钻研当前教育改革的新理论,努力夯实自己的专业基础;他们紧密联系教改实践,聚焦教育热点,积极地对教育的改革和发展提出新问题、新观点和新方法,并力图揭示新规律或总结新经验。

　　而今天,我们欣喜地看到他们的个人学术专著终于问世了!

　　我们热烈祝贺:每位专著的作者在个人学术专著的撰写和不断完善的过程中,经受并取得的难能可贵的淬炼和进步;

　　我们殷切希望:他们的个人学术专著能体现其广博深厚的教育理论

功底和精湛的教育教学艺术特色,能为全市乃至全国的基础教育改革提供一些参考和借鉴,并经受住实践的考验;

我们衷心感谢:所有在我区"教育拔尖人选"个人学术专著的撰写、完善过程中做出贡献的我区"教育名家导师团"的导师们,在我区可持续发展的优质基础教育的丰碑上,必将镌刻上你们的英名!

上海市静安区教育局

2015 年 5 月

前　　言

　　本书的读者对象为中小学数学教师和基础教育研究人员。

　　数学学习的训练与评价是数学教学的重要组成部分。本书从上海市静安区中小学数学学习训练的现状出发，对数学学习训练的各个要素进行了梳理与分析。具体包括训练什么、如何设计训练、如何开展训练、训练的结果如何、如何改进训练等部分，都是具有很强实践操作特征的内容。

　　全书分两篇共七章，第一至第四章为数学学习训练篇，第五至第七章为数学学习评价篇。第一章是对数学学习训练的认识，主要涉及数学学习训练的现状分析、理论研究。第二章介绍数学学习的训练体系，主要涉及训练体系的构建原则、定位与编制、功能与使用。第三章结合案例介绍数学学习训练的内容设计，包括概念学习、命题学习、数学解题和数学复习的训练设计方法等。第四章主要介绍数学学习的一种重要训练方式——开放题训练，包括数学开放题的特征与功能、教例选编和"开放型"数学教学模式。第五章讨论数学学习评价内容与样例评注，主要通过举例认识评价样例及评注的意义。第六章、第七章分别介绍数学学习过程与数学学习结果的诊断与改进，数学学习过程主要涉及数学学习态度、数学学习思维缺陷和数学教学行为三个方面；数学学习结果主要涉及学习结果的测试评估、分析诊断以及反馈改进。

　　考虑到本书的主要读者对象，在写作过程中尽量贴近教学实际，注重实践操作，体现以证据支持观点、以实例说明事理的方法。

　　全书的整体构思得到我所在单位上海市静安区教育学院同事沈全洪、任升录两位先生的鼎力相助，本书中的许多案例、素材来自静安区数学教师的实践和思考。从这个意义上讲，本书与其说是我的个人编著，不如说是静安区数学教师的集体结晶。

　　上海市静安区教育局、上海市静安区教育学院在成书过程中给予了切实的关怀。本书的写作起始于教育局拔尖人才培养项目：该项目为教师的自我培养、自我教育创造了优越的条件，教育局还为我聘请了导师——沪上名师顾鸿达先生，正是这些关心鞭策我完成本书的写作。在此谨致以深深的谢意。

本书在编著过程中，参阅了很多文献，并引用了其中的一些材料。由于写作时间跨度较长，文献未在正文中一一列出标明，谨在书后参考文献中列出，特此说明，并表示衷心的感谢！

由于我个人水平和资料所限，加上数学学习训练是一个复杂的系统，评价又呈多元特征，书中难免存在瑕疵和争议，祈请专家与同行不吝赐教，并欢迎广大读者批评指正。

黄根初

2013 年 12 月于上海

CONTENTS | 目　录

数学学习训练篇

数学学习评价篇

数学学习训练篇

第一章　数学学习训练的认识

数学学习训练是指教师通过有计划有步骤地指导,学生通过主动地练习提升或掌握数学技能,把数学理论、知识变成数学能力的过程。数学学习训练强调的是计划性、目的性、主动性和过程性。

第一节　数学学习训练的现状分析

一、训练效度有待提高

下面呈现的是上海市某重点中学高一年级在"指数方程和对数方程"上的训练情况。

课程标准的要求:理解指数方程和对数方程的概念,能解简单的指数方程和对数方程(能将简单的指数、对数方程转化为代数方程求解,理解求指数、对数方程近似解的常用方法,如图像法、逼近法或使用计算器求解方程)。课时最多安排3课时。

为此,现行上海教材上安排了6道例题(指数方程、对数方程各3道),6道课内练习题(指数方程4道7小题、对数方程2道8小题,共15小题);课本的配套习题册共有12大题(21小题)。这样,课本例题、练习题、习题合计24大题42小题。

由于是重点中学,教师认为学生水平普遍较高,所以教学进度较快、深度较深,课本配套练习基本上都在课堂上处理完毕,非常基本的习题由学生自行处理。课后作业绝大多数是教师额外编选的习题,难度起点是课本练习,整体难度高于课本要求。

2009年2月12日,指数方程和对数方程第一节课(基本内容)课后作业:

1. 解指数方程:$5^{x-1} \cdot 10^{3x} = 8^x$。

2. 解指数方程:$3^x - 3^{-|x|} = 2$。

3. 解方程:$(\log_4 x)^2 - \dfrac{1}{2} |\log_2 x| - 2 = 0$。

4. 已知函数 $f(x) = \log_a(a^x - 1)$ $(a > 0, a \neq 1)$,解方程:$f(2x) = f^{-1}(x)$。

5. 已知函数 $f(x)=a^{x-\frac{1}{2}}$，$f(\lg a)=\sqrt{10}$，求 a 的值。

2009 年 2 月 13 日，指数方程和对数方程第二节课（提高内容）课后作业：

1. 已知 $25^x-a\cdot 5^x+a=0$ 有两个不同的实数解，求 a 的取值范围。

2. 已知 $4^x+a\cdot 2^x+a+1=0$ 有实数解，求 a 的取值范围。

3. 已知方程 $\ln^2 x-\ln x^2-2=0$ 的两根为 α、$\beta(\alpha>\beta)$，(1)求 $\alpha\cdot\beta$；(2)求 $\dfrac{\alpha}{\beta}$。

4. 若关于 x 的方程 $\lg(ax)\cdot\lg(ax^2)=4$ 有两个小于 1 的正根，求 a 的取值范围。

5. 已知函数 $f(x)=x^2\lg a+2x+4\lg a$ 的最大值为 3，求 a 的值。

6. 关于 x 的方程 $\log_2 x+1=2\log_2(x-a)$ 恰有一解，求 a 的取值范围。

说明：由于 2 月 13 日是星期五，老师另外还印发了一份周末练习卷，填空题 13 道，选择题 5 道，解答题 6 道，共 3 大题 24 小题。内容涉及指数函数、对数函数以及指数方程和对数方程的内容，具有相当的综合性，还有一道具有实际意义应用题。

2009 年 2 月 16 日，指数方程和对数方程第三节课（提高内容）课后作业：

1. 解方程：$\log_2(4^x+4)=x+\log_2(2^{x+1}-3)$。

2. 已知函数 $f(x)=\log_a x$　$(2\leqslant x\leqslant 4)$ 的最大值比最小值大 2，求 a 的值。

3. 已知函数 $f(x)=x^2-x+k$，满足 $\log_2 f(a)=2$，$f(\log_2 a)=k(a>0,a\neq 1)$，求 $f(\log_2 x)$ 的最小值及相应的 x。

4. 在圆内，1 弧度的圆心角所对的弧长为 2，则这个圆心角所对的弧长为多少？

5. 扇形 OAB 的面积为 $1\ \text{cm}^2$，周长为 $4\ \text{cm}$，求它的圆心角和弦 AB 的长。

说明：由于星期一的数学课在下午，老师已经对周末训练卷作了批阅，所以上课开始的半节课订正讲评了该卷几道学生出错较多的题目，后半节课讲授新课《弧度制》。所以选择了 3 道复习性的题目，加上 2 道新课题目。

这样,这所学校的某老师在5天(含双休日)的时间里就指数方程与对数方程3节课的学习又添加了17大题27小题作为训练题,训练的合计题量达到了41大题69小题。

上述"海量"作业训练题的出现,源自许多教师对作业训练这个环节存在这样的一些认识:"同种类型作业多做几道会记得牢靠一些,熟能生巧""不同类型作业多做一些总是好的,见多识广""做作业总比几个同学打打闹闹或者待在家里看电视要好""我辛辛苦苦找题目、编题目,多布置几道题目,不都是为你们好吗?""做得不好,要你们重做或者再多做几道,不还是怕你们学不好吗!"。

面对这样的训练现状,我们要思考如下问题:训练的量是否合适?训练的要求是否基于课程标准?学生还有没有时间对数学进行思考整理,如思考有没有认识到自己哪里做得好哪里还有不足?教师在3天的工作日里有足够的时间处理5520道学生的作业吗(69小题×2个教学班×每班40名学生)?有没有针对性地解决学生切实存在的问题?

由此可见,当前,教师在教学实施过程中对作业效度的轻视几乎是个"致命伤"。

从根据学生学习的实际状况精选有针对性的作业,到认真逐一批改作业,再到发现学生的认知差异实施个别辅导,这个过程实际上是对课堂教学效果进行反馈——矫正——改进的循环过程。这个循环既能让教师清晰地了解学生现有的学习程度,又能为下一轮的教学找到扎实的新起点。上世纪80年代的青浦教改实验,就是强调抓反馈。

但是在当前的教学过程中,常常出现这样的现象:教师缺乏对学生学习状况的分析,又不加选择地压给学生过量的作业,以为只要多做练习就能提高质量,作业之后既不批又不改,只让学生自己对答案,耐心的"面批"不见了,有效的"订正"没有了,取而代之的是无穷无尽的、千人一面的"一课一练"。我们应该反思,这样的教学能有效吗?

高效率作业环节的缺失把教学的连贯过程"拦腰斩断",反馈失去效用,辅导又不跟进,学生学习成了"夹生饭",而考试和下一轮教学又按部就班地叠加上去,这样,学生的负担能不重吗?(2007年,上海市推进课程改革加强教学工作会议)

二、训练目的性针对性有待加强

根据上海高中数学教材习题部分编制小组的研究和梳理,认为作为数学学习的有效组成部分的训练系统,大致处于自发状态,每个老师根据自己的理解和爱好选取习题,常常把各种类型的考题不加鉴别地拿来使用,无形中加重了学生的负担。至于与课程标准有什么关系?量是多了还是少了?层次是否合理?难度如何?学生的承受力怎样?训练的目的是什么?等等,都是没有或者很少考虑。数学学习训练的目的性和针对性有待加强,具体应从如下方面加以改进:

1. 教材各部分习题在量上的分布不尽合理,多与少悬殊较大;

2. 整体要求偏高,基础性不够,很多章节在同步训练中出现了中考高考的具有一定综合性的题目;

3. 训练系统中难易不匀;少量习题偏深,增加了课时负担;

4. 训练系统的层次不够清晰;

5. 习题典型性不够,偏离课程标准。

根据对某区初中数学教学状况的调研情况,我们发现课堂训练的有效性问题还远没有解决,训练系统的配置有很大的盲目性和随意性,与学生水平以及教学进度的不够匹配,问题的设置不够规范,与训练的的科学性和有效性还有相当的距离。主要表现在:

1. 训练目的不明确,选题不恰当;

2. 针对"双基"的基本训练不到位;

3. 简单训练题重复过多,学生思维量不足;

4. 训练中对数学思想方法的规律性总结不够;

5. 训练后的反馈巩固不足,对学生的困难缺乏对策。

三、训练负担有待减轻

有效的训练体现在追求时间效益和达成训练目标上,否则就会造成训练负担过重。在现实中造成训练负担过重的表现为:脱离学生实际。随意拔高训练要求;偏离训练目标,缺乏训练针对性。

1. 脱离学生实际

以下是一位教师在课内选用的构造性问题,教学对象为普通中学高一学生。

问题1.已知函数 $h(x)=f(x)g(x)$，$g(x)=f(x+a)$，$a\in[0,\pi]$，试设计一个定义域为 **R** 的函数 $y=f(x)$ 及一个 a 的值，使 $h(x)=\cos 2x$。

[变式题1：已知函数 $h(x)=f(x)g(x)$，$g(x)=f(x+a)$，$a\in[0,\pi]$，试设计一个定义域为 **R** 的函数 $y=f(x)$ 及一个 a 的值，使 $h(x)=\cos 4x$。]

问题2.求值：(1) $\sin^2 20°+\cos^2 50°+\sin 20°\cos 50°$；

(2) $\sin 10°\sin 30°\sin 50°\sin 70°$。

本内容课程标准的要求为：掌握二倍角公式；了解半角的正弦、余弦、正切公式的推导过程，体会三角变换的思想方法。半角公式的运用列为高三拓展内容，高一不作教学要求。课程标准是我们教学的一个基本依据，教什么体现国家的意志，体现社会发展对教育的要求，体现学生发展的需求，因此课程标准是衡量有效数学训练设计的第一个标尺。

从本节课的素材选择来看，明显偏离课程标准的要求；结合施教的学生实际来看，学生无论是知识准备还是能力水平都无法对上述两个问题作出反应。脱离学生实际水平的所谓好题目变成了坏题目，成为加重学生负担的压力源。

2. 偏离训练目标

如果数学学习训练偏离了训练目标，漠视学生在训练中出现的问题，为训练而训练，就会成为加重学生负担的又一压力源。

以下是来之一节数学课的部分实录，课题为利用同角三角比的关系证明三角恒等式，对象为普通中学高一学生。

片段1.求证：$\sin^4\alpha+\sin^2\alpha\cos^2\alpha+\cos^2\alpha=1$。

生1：因为 $\sin^4\alpha+\sin^2\alpha\cos^2\alpha=1-\cos^2\alpha=\sin^2\alpha$ ①，

$\sin^2\alpha(\sin^2\alpha+\cos^2\alpha)=\sin^2\alpha$ ②，

所以①＝②，所以等式成立。

生2：$\sin^4\alpha+\sin^2\alpha\cos^2\alpha+1-\sin^2\alpha=1$，

$\sin^2\alpha(\sin^2\alpha+\cos^2\alpha)-\sin^2\alpha=0$，

$\sin^2\alpha(\sin^2\alpha+\cos^2\alpha-1)=0$，

$\sin^2\alpha(\sin^2\alpha-\sin^2\alpha)=0$，

$0=0$，

左边＝右边，等式成立。

生3：$\sin^2\alpha(\sin^2\alpha+\cos^2\alpha)+\cos^2\alpha=1$，

因为 $\sin^2\alpha+\cos^2\alpha=1$，

所以 $\sin^2\alpha+\cos^2\alpha=1$。

所以 $\sin^4\alpha+\sin^2\alpha\cos^2\alpha+\cos^2\alpha=1$。

片段 2.求证:$\dfrac{\cos\alpha}{1-\sin\alpha}=\dfrac{1+\sin\alpha}{\cos\alpha}$。

生 4:假设原式成立,则

$\cos^2\alpha=(1-\sin\alpha)(1+\sin\alpha)$,

$\cos^2\alpha=1-\sin^2\alpha$。

因为 $\sin^2\alpha+\cos^2\alpha=1$,

所以等式成立。

本学习训练的素材选自教材的例题,有很好的典型性和示范性。在课内学习训练的过程中,学生的思维呈无序状态(见上述 4 位学生的解答过程),这是很好的课内生成问题,但教师没能把握时机、良机,而是一味地讲如何做是对的,为完成教的任务而做题。学生的"思维缺陷"已经呈现在黑板上,此时应适时讨论、辨析,帮助学生认识问题所在,使学生的思维得到数学逻辑推理的滋润,这才是这些学习素材的训练目标所在、价值所在。由此可见,把准训练目标在数学学习训练中何等重要。

第二节　数学学习训练的理论研究

数学学习训练的研究发生于课堂,但又离不开有效训练的学理分析。运用训练学理的案例分析会使案例更有说服力,而成功的案例使学理变得可操作性。

一、科学的训练设计成就好课

科学的训练设计成就好课,这是分析下列案例得出的结论。

【案例 1】任意角的三角比,教学对象为区重点中学高一学生。

本案例中的训练设计与实施发生于某次上海市五个区范围内的教学评比课上,观课专家一致认为,因为本课训练中每一个(组)习题或练习的设计目的明确,训练效果明显,所以本课的教学针对性、有效性非常理想,从而本课的施教老师获得该项评比的第一。

教学目标:理解任意角三角比的定义。(1)知道三角比研究的问题;(2)经历坐标法定义三角比的过程;(3)知道三角比的对应法则、取值范围(定义域);

(4)体会定义三角比过程中的数形结合、类比推广、化归等思想方法。

训练1:已知角的终边经过点 $P(-3,4)$,求角的各个三角比的值。

设计目的:紧扣定义。现在的三角比有正有负的了,特别要注意把符号看清楚,把规定掌握清楚。

训练2:已知角 $\alpha=\pi$,求角的各个三角比的值。

设计目的:经历定义的操作过程(有利于数学概念的过程性与对象的统一);再次强调与所取点的位置无关(回应定义);追求数学的简洁性[如取点 $(-1,0)$];小结:角(实数)→找终边→取点→求 r →三角比。

训练3:按要求完成下列表格。

α	$\sin\alpha$	$\cos\alpha$	$\tan\alpha$	$\cot\alpha$	$\sec\alpha$	$\csc\alpha$
$\dfrac{\pi}{2}$						
$-\dfrac{\pi}{4}$						

设计目的:为探究三角比的定义域埋下伏笔:是否对于任意的一个角 α,它的六个三角比都存在呢?

训练4:当 $r=1$ 时,角 α 的终边上点 $P(x,y)$ 的坐标还可以表示为_____。

设计目的:定义的理解运用,为学习三角函数线的概念设置台阶。

训练5:作出 $-\dfrac{\pi}{3}$、$\dfrac{3\pi}{4}$ 的正弦线、余弦线和正切线。

设计目的:紧扣三角函数线,体会三角比的几何表示。

训练6:课后作业

(1) 已知角 α 的终边分别经过以下各点,求角 α 的正弦、余弦和正切的值:

① $(3,-4)$;② $(-1,-\sqrt{3})$。

(2) 求 $\dfrac{2\pi}{3}$、$\dfrac{4\pi}{3}$ 的六个三角比的值。

(3) 计算:① $6\cos 270°+10\sin 0°-4\tan 180°+5\cos 360°$;

② $\sin^2\dfrac{\pi}{4}-\cos^2\dfrac{\pi}{2}+2\tan^3\dfrac{\pi}{4}$。

(4) 求下列三角比的值:① $\sin 1110°$;② $\cos\left(-\dfrac{7\pi}{4}\right)$;③ $\tan\dfrac{19\pi}{3}$。

(5) 确定下列三角比的符号:① $\sin 237°$;② $\cos(-390°)$;③ $\tan\left(-\dfrac{7\pi}{6}\right)$。

设计意图:围绕教学目标,对应课内训练,学生在自主训练中体验计算三角比的过程,加深对三角比概念的理解。

训练7:课后探索:把实数轴想象成一条柔软的细线,原点固定在单位圆上的点 $A(1,0)$ 处,数轴的正半轴逆时针缠绕在单位圆上,负半轴顺时针缠绕在单位圆上,那么数轴上的任意一个实数(点) t 被缠绕到单位圆上的点 P 的坐标为_____。

设计意图:为促进学生理解三角比是刻画圆周运动的函数模型提供形象的认知载体,引导学生对三角比的本质理解。

【案例2】函数的单调性,教学对象为重点中学高一学生。

教学目标:(1)理解函数单调性的概念、定义,会根据函数的图像找出函数的单调区间,会应用函数单调性的定义证明函数在指定区间上的单调性;(2)由特殊到一般,由具体到抽象,由自然语言到符号语言,进而到数学语言,逐步发展归纳概括能力,逐步学会数学地思考问题。

训练1:观察以下图形:

(1) 根据近10年来上海市园林绿地面积的数据所作成的图像(图1-1);

(2) 某市一天24小时的气温变化图(图1-2)。

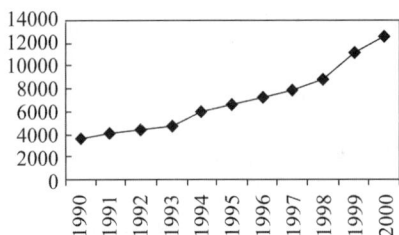

图 1-1

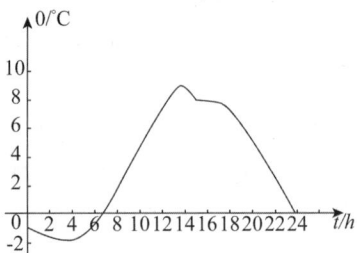

图 1-2

训练2:观察下列函数的图像,并指出图像的变化趋势。

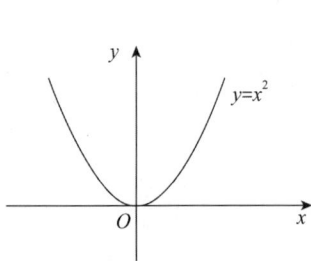

图 1-3

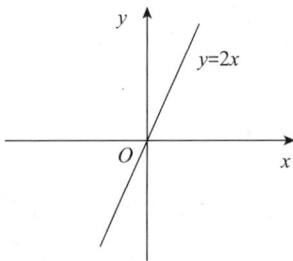

图 1-4

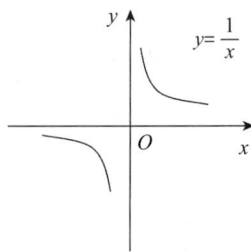

图 1-5

训练 3:你能明确说出图像呈上升趋势的意思吗?

设计意图:形成单调函数的图形化符号表述:

$$\begin{cases} 上升:x\uparrow,y=f(x)\uparrow; \\ 下降:x\uparrow,y=f(x)\downarrow。 \end{cases}$$

训练 4:如何用数学符号语言表述一个函数是增函数呢?

训练 5:定义在区间 $[a,b]$ 上的函数 $y=f(x)$,辨析下列命题的真假:

(1) 若存在 x_1、$x_2 \in [a,b]$,当 $x_1 < x_2$ 时,有 $f(x_1) < f(x_2)$,则说函数 $y=f(x)$ 在区间 $[a,b]$ 上是增函数;

(2) 若有 n 个数属于区间 $[a,b]$,当 $x_1 < x_2 < x_3 < \cdots < x_n$,有 $f(x_1) < f(x_2) < f(x_3) < \cdots < f(x_n)$,则说函数 $y=f(x)$ 在区间 $[a,b]$ 上是增函数;

(3) 将(2)中"n 个数"改成"无数个数",则说函数 $y=f(x)$ 在区间 $[a,b]$ 上是增函数;

(4) 将(2)中"存在"改成"任意",则说函数 $y=f(x)$ 在区间 $[a,b]$ 上是增函数。

训练 6:练一练

(1) 根据图像说出函数的单调区间;

(2) 证明函数 $f(x) = -\dfrac{1}{x} - 1$ 在 $(-\infty,0)$ 上是增函数。

案例说明:本节课的学习训练设计有如下特点:把构建知识、形成概念的训练和问题解决的训练合理搭配,使理解性的训练和探索性的训练协调互补。这个学习训练设计使学生无形中经历了四个概念学习的重要阶段:

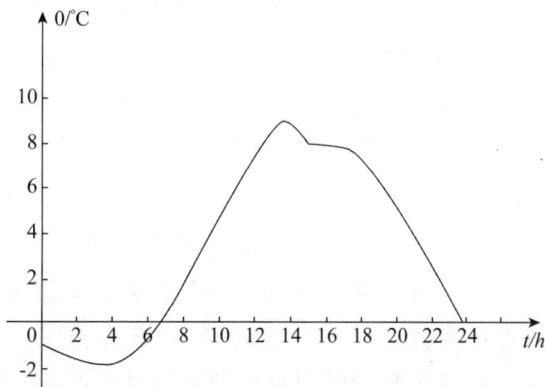

图 1-6

概念形成的类化阶段:函数图像在定义域某些部分表现出共同特点(上升或下降),在概念形成学习的类化阶段,其任务是引导学生概括出这几个函数图像的共同特征(见训练 1、2)。

文字性符号向图形化符号的转化阶段：上升，函数 $f(x)$ 随 x 的增大而增大用图形符号"$x\nearrow, y=f(x)\nearrow$"表示；下降，函数 $f(x)$ 随 x 的增大而减小用图形符号"$x\nearrow, y=f(x)\searrow$"表示(见训练3)。

概念的假设(增函数定义)验证阶段：提出的假设是否正确，需要验证，这里主要是利用变式来验证(见训练4、5)。

概念的继续同化阶段：对函数单调性意义的继续同化(见训练6练一练)。

这个学习训练内容针对如何引导学生理解函数单调性的本质涵义，既不在细枝末节上纠缠，又避免过于繁杂和技巧性过强的训练，通过四个辨析，在变式中逼近函数单调性的本质特征，化解了"用静态的数学符号来描述动态的数学对象"的思维难点，使抽象枯燥的数学成为火热的数学思考。

二、数学学习训练的学理研究

关于数学学习训练，传统的认知有：作业多多益善，"做题百遍，其意自现"，"天道酬勤"，"头悬梁，锥刺股"，"吃得苦中苦，方为人上人"等，事实并非如此。

上海市教科院普教所的"课业负担与学业成绩关系的实证研究"表明：作业并非多多益善，当学生感觉作业较轻时成绩最好；学生学业成绩与教师布置作业时间的相关曲线基本呈倒"U"形，没有作业时间与作业时间太多，学业成绩都不太好。

真正从学理上阐明适度数学学习训练的必要性和过度数学学习训练的危害性的是华东师范大学的李士锜教授，其"熟能生巧吗?"、"熟能生笨吗？——再谈熟能生巧问题"、"熟能生厌吗？——三谈熟能生巧问题"堪称为研究数学学习训练的经典"三部曲"。

1. 适度数学学习常规训练的必要性——"熟能生巧"

（1）数学概念的二重性

数学学习中，感念是第一位的。数学的概念表示出二重性：数学中，特别是在代数中，许多概念既表现为一种过程操作，又表现为对象、结构，概念往往兼有这样的二重性。例如：三角函数 $\cos\alpha$ 可以看作为直角三角形中锐角 α 的邻边与斜边之比 $\dfrac{x}{r}$，也可以当成计算结果。又如：多项式 $5(x+a)-8y$，是 x 与 a 相加后乘5，再从积中减去 $8y$ 这样的运算过程，

也可以看成由 $5,8,x,y,a$ 经运算关系组成的一个结构或运算结果,是一个代数对象。再如:数列极限既是一个过程:当 $n \to \infty$ 时,a_n 的发展趋势;最终又是被当作一个"东西"来处理的,成为被运算的对象。试想在应用 $\lim\limits_{n \to \infty} a_n b_n = \lim\limits_{n \to \infty} a_n \cdot \lim\limits_{n \to \infty} b_n$ 时,如要注重 a_n,b_n 的变化过程,那么运算过程就无法进行下去了。所以,极限又是一个简化了的"实体",一个对象。

(2) 数学概念二重性的依赖关系

数学概念的过程和对象这二者有着紧密的依赖关系。学习一个概念,往往要经历由过程开始,然后转变为对象的认知过程。而最终结果是二者在认知结构中共存,在适当的时机分别发挥作用。

概念在过程阶段表现为一系列的步骤,有操作性,相对直观,容易仿效学会。但是由于步骤的前后次序以及每一步中包含不少细节,如果停留在过程阶段,思维所考虑的因素呈序列动态,就不易全面掌握,较难抓住要害和实质。

当概念进入对象状态时,便呈现一种静态结构关系。易于整体把握性质,并可转变为被操作的"实体"。只有在此时,一个完整的理解才真正成型。

概念就像是一个光滑的大皮球,学生要设法控制它,总需要一个着手点。如果球面上有一个缺口。再借助一定的工具就可以与它打交道,设法操纵它。

概念形成的过程就如同这个缺口,学生可以从此开始跨出认识它的第一步。从过程入手经操作来体会概念中信息的具体关系和影响,就打开了认识上升的道路。

所以,常规性的习题练习对于概念形成、发展起着奠基作用,通过它先完成对过程的认识,踏上概念发展的第一个台阶。

某一个概念自身发展的情况只是个人认知中的一个横断面。一个概念是一串概念链索中的一个环节。例如,函数概念中的过程操作变量,它作为结构把握了变量之间的变化关系,成为一个"实体"。而在高一级的概念中,函数可被当作四则运算,可复合,可微分、积分。通过这些运算,逐步形成高一级概念。所以,作为对象的概念,在某一个层次和更高一级层次之间起着一种枢纽作用:它既操作别的对象,又被高层次的运算来操作。

(3) "熟能生巧"的合理性

上述学习活动过程和概念形成的发展过程的分析告诉我们,解题训练作为一种教学方法,其机制并不只是在让学生接触,熟悉和记住解题技能和技巧。运算操作是数学思维的发生之处,是完整的概念形成的一块基石。它为学生的理解领会提供了必要条件,或者说,熟能生巧的合理性表现在必要性上。

总之,数学的经验性活动和反省抽象都需以操作运算为基础。数学概念的二重性分析表明,过程操作是概念形成的第一步,所以常规训练是理解的必要条件,熟能生巧的积极意义也显示在这个必要性上。

2.过度数学学习训练的危害——"熟能生笨"

过度的常规训练会影响到学生的理解力和创造力的发展,造成"熟能生笨"。这里"熟能生笨"中的"熟"主要指"常规的操作性练习",也可指"大运动量"解题训练,而"笨"则是指缺少创造性能力,也指缺乏理解力。

(1) 过度训练的弊端分析

过度训练的一个严重弊病是,它剥夺了学生独立思考自由发挥的机会。重复操练除了能熟悉过程、法则外,主要是训练逻辑推理。

一个人如果总是在过度的限制中思考问题(包括题海战术式的解题训练),就可能出现思维定势,只在指定的情境下思考,依赖现成结论,按部就班,老是生怕越轨,突不破框框;只会低头拉车,不顾抬头看路,缺少主动性和好奇心,与当今个性化的信息社会要求相去甚远。

在实际教学中存在着一些较为严重的问题,如训练目的、内容、时机、方法等方面的不当。如果只是要学生"记住"知识,而非推进认知结构组织,就会将数学肢解成零散的小步骤来训练,活生生的数学思想被"碎尸万段",就变成无血无肉的东西了。训练的方法更关键,动辄让学生背定理,抄解答,订证几十遍,则是完全把学习数学看作是纯粹的行为训练,已经与智力培养无关了。下面的若干例证说明了"熟能生笨"的后果。

(2) 过度训练弊端的例证分析

① 初中学业考试数学卷评价报告的数据

样本1:中学1(144人)

从表1可以看出,中学1的120分(满分)考生在其学校2005—2006学年高一年级第一学期期中考试成绩等级的分布情况。这个水平的新生,在入学后发生了较为严重的分化(男生的变异系数为0.1350,男女生的变异系数为0.1349),有32.64%的2005年"数学中考"120分水平学生成绩已经在D等或D等以下。更甚至,有3人已经处于不及格状态。

表 1 中学 1 样本 2005 中考 120 分水平之男、女生总体数学学习差异比较

| 性别 | 2005—2006 学年高一年级第一学期期中考试不同成绩等级人数 | | | | | | 总人数 | 变异系数 |
	A [95,100]	B [85,95)	C [75,85)	D [65,75)	E [60,65)	F (60,0)		
男	11	23	14	13	2	2	65	0.1350
女	8	24	27	14	15	1	79	0.1349

说明：F 中最低分为 48 分。

样本 2：中学 2(84 人)

从表 2 可以看出，中学 2 的 2005 年"数学中考"120 分(满分)水平学生，在其学校 2005—2006 学年高一年级第一学期期中考试成绩等级也出现了较为明显的差异。特别地，有 1 人已经处于不及格状态。

表 2 中学 2 样本 2005 中考 120 分水平之男、女生总体数学学习差异比较

| 性别 | 2005—2006 学年高一年级第一学期期中考试不同成绩等级人数 | | | | | | 总人数 | 变异系数 |
	A [95,100]	B [85,95)	C [75,85)	D [65,75)	E [60,65)	F (60,0)		
男	13	20	6	3	0	1	43	0.1066
女	14	19	7	1	0	0	41	0.0833

说明：F 中最低分为 59 分。

样本 3：中学 3(18 人)

从表 3 可以看出，中学 3 的 2005 年"数学中考"120 分(满分)水平学生，在其学校 2005—2006 学年高一年级第一学期期中考试成绩等级的分布情况。这个水平的学生，不仅出现了较为严重的分化，而且已经没有一人的学习成绩达到 A 等级，有 1 人已经处于不及格状态。

表 3 中学 2 样本 2005 中考 120 分水平之男、女生总体数学学习差异比较

| 性别 | 2005—2006 学年高一年级第一学期期中考试不同成绩等级人数 | | | | | | 总人数 | 变异系数 |
	A [95,100]	B [85,95)	C [75,85)	D [65,75)	E [60,65)	F (60,0)		
男	0	4	4	3	1	1	13	0.1543
女	0	1	1	3	0	0	5	0.1057

说明：F 中最低分为 57 分。

综上三个样本的 2005 年"数学中考"120 分水平学生,无论是男生还是女生,从其入校的第一学期期中考试的成绩表现来看,120 分所反映的数学能力疲乏,满分 120 分与学生的学习能力联系不太紧密,或是试卷在数学学能考查上存在较为严重的缺陷,或是"大运动量"解题训练不利数学学能的发展。

② 学生能力测试喜忧参半

下列图表来自顾泠沅先生 2008 年在第 11 届国际数学教育大会(ICME,墨西哥)上的报告。图表显示,某区跨度 17 年的学生数学能力测试对比结果,学生在探究水平上没有显示出发展的趋势。

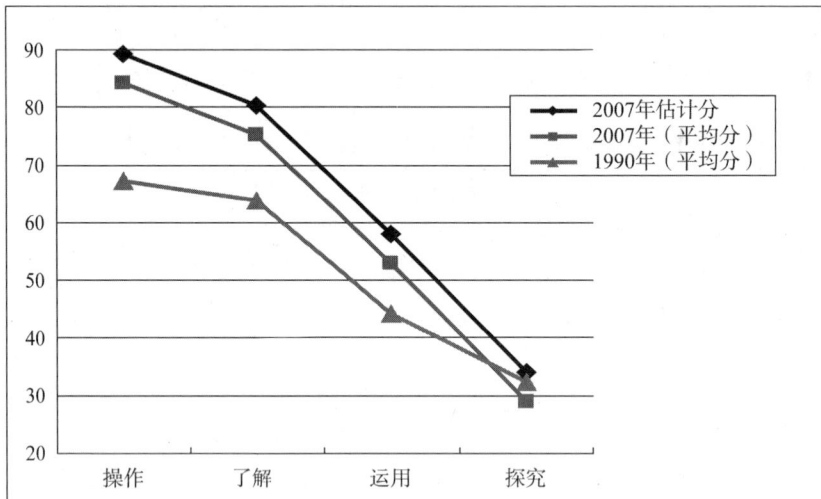

3. 过度数学学习训练的危害二——"熟能生厌"

常规训练强调到不适当的地步,可能使学生形成不良信念、态度、情绪,对他们今后学习产生不良影响。

(1) 不适当的训练会产生不良情感

在数学教学中我们尤其不可见"物"不见人,即不注意认知主体——学生,不注意他们在学习中的情感因素。现实的问题是,如果我们教师不能恰当地认识"熟能生巧"的观点的负效应,将"练"强调到不适当的地步,一味地采用灌输知识加大运动量训练的教学方法,就有可能使学生"熟能生厌"。形成不利于数学学习发展的情感反应,这里所说的"厌",除了指厌烦失去兴趣外,也泛指其他的不良情感反应。

情感因素涉及三大类。即信念、态度和情绪。并可分为积极和消极的两种性质。

信念是学生头脑里较长期较稳定的观念,并且包含了一定的认知成分。它涉及三个方面:关于数学的信念、关于数学学习的信念、关于自己的信念。例如,数学是什么,数学有没有用,为什么要学数学,学习数学是一种什么性质的活动,自己是否适合学数学,学好数学究竟是能力不强,还是不够努力;还包括自信心,自我分析,自我效能等等想法。态度则是相对短期的情感反应和倾向,认知成分稍少一点。如,对数学重视不重视,喜欢不喜欢。情绪是情感成分最多的、短期的、不太稳定的个人反应,象解题、考试过程中的兴奋或焦虑等。

有学习兴趣并不一定就能学好数学,但没有兴趣就一定会影响到学习行为及效果,也就是:"知之者不如好之,好之者不如乐之者。"

没有适当的数学学习的动机,缺乏动力将使学生学习的态度及效果打一定的折扣。如果认为数学的法则都是人为的规定,没有什么实际应用,他就有可能把数学当作无意义的符号游戏,也就可能对数学提不起兴趣来。而一个学生要是在数学学习中缺少正确的自我意识,譬如自信心不强,不能恰当地分析、评价自己进步或落后的原因(如认为自己不适宜学数学),缺乏自我管理和控制意识,长此以往,会影响到他们今后的努力,甚至一生的发展。

至于不良的情绪,如遇到考试就出现焦虑反应,其后果就更明显了。[一份对普通高中学生进行的问卷调查表明:80%以上的学生对高一数学学习感到困难,有近5%的学生开始讨厌数学学习(2004年,曙光中学,黄根初)。]

(2) 情感问题的产生过程

学生的情感问题是在他们日常的学习进程中,在遇到麻烦时产生的。各种类型的情感又存在着紧密联系,开始表现为短期的情绪反应,含较多的自发性、情感性成分。不良情感的重复出现将使之逐渐凝聚,转变为认识性成分较多的态度以至信念,信念相对说比较稳定,形成以后不太容易改变,能反过来长期地影响学习态度及情绪,指导自己的学习行为。尤其应注意到,他们的情感问题通常是在实际活动中经潜移默化,自下而上地发展的。

(3) 熟能生厌问题的分折

训练的数量:教学常规练习和解题训练量过大,是最常见的现象。有位住读的中学生周末回家,一共带回老师们发的各学科训练试卷30多张,即使每张只做一小时,也到了把学生两天的业余时间占满的地步。

训练的方式:教学训练中还常常有教师令学生读定理,背法则,考定义的现象,并成为训练的一种套路。如此做法是否好呢?这先要弄清楚,数学的定义、定理、法则究竟是怎样保存在人的头脑中。实际上,概念通常并非以逐字逐句的方式存储和回忆的,而是采用表象作媒介,有效的记忆编码就是表象(尽管它有缺点)。

训练的难度:训练内容的难度也值得商榷。有一些题目,只追求窄而小的"技巧",一时想不到,就满盘皆输,可挫伤学生的积极极态度。

三、数学学习训练的经典理论

1. "最近发展区"理论的指导价值

"最近发展区"理论提醒我们要区分以下三种情况的训练问题:

(1) 不需要别人的帮助,学生自己可以理解和解决的问题;

(2) 需要在别人(成人或能力较强者)的帮助下,学生才能理解和解决的问题;

(3) 在现有的认知水平下,任何帮助都不能使学生理解和解决的问题。

其中,中间这个层次就是所谓的"最近发展区",维果斯基认为,真正需要我们去分析的就是这一层次的问题,我们教师应该为学生提供帮助的以及以什么样的方式帮助的也是这个层次的问题,一条基本的实现途径就是搭建"脚手架"或者称为"铺垫",意为通过搭建适当的"台阶"使学生完成原先完成不了的任务。

2. "最近发展区"理论的实践应用

在现实的数学教学实践中,一个非常重要的问题是课程标准中并没有精确的描述具体的数学内容的教学目标要求,以致于一线教师无法较准确的把握教学基本要求,出现了随意拔高教学要求的现象,学生的过重负担一部分来自这里。例如某区的一所较一般的普通中学在高一阶段就提供给学生训练如此难度的数学练习:

已知定义在区间 $\left[-\dfrac{\pi}{2},\pi\right]$ 上的函数 $y=f(x)$ 的图像关于直线 $x=\dfrac{\pi}{4}$ 对称,当 $x\in\left[\dfrac{\pi}{4},\pi\right]$ 时,函数的解析式为 $f(x)=\sin x$。

（1）求函数 $y＝f(x)$ 的解析式；

（2）如果关于 x 的方程 $f(x)＝a$ 有解，那么将方程在 a 取某一确定值时所求得的所有解的和记为 M_a，求 M_a 的所有可能取值及相对应的 a 的取值范围。

事实证明，对该校的学生来讲，即使提供学生一定的帮助，也是无法理解和解决类似的问题的，这样的难度超出了该校大多数学生的最近发展区。在不久后的区调研中，该校在下列问题上的得分率仅 0.15。

已知定义在区间 $\left[-\dfrac{2\pi}{3},\pi\right]$ 上的函数 $y＝f(x)$ 的图像关于直线 $x＝\dfrac{\pi}{6}$ 对称，当 $x\in\left[\dfrac{\pi}{6},\pi\right]$ 时，函数的解析式为 $f(x)＝\sin x$。

（1）求函数 $y＝f(x)$ 的解析式；

（2）求方程 $f(x)＝\dfrac{1}{2}$ 的解集；

（3）如果关于 x 的方程 $f(x)＝a$ 有解，那么将方程在 a 取某一确定值时所求得的所有解的和记为 M_a，求 M_a 的所有可能取值及相对应的 a 的取值范围。

由此可见，把握教学基本要求，尤其是根据自己的学生实际把握教学要求是开展有效教学的一个基本出发点。不同层次的学校对训练素材难度水平的划定是不一样的，难题目多的是，要研究取舍，适合自己学生的才是好的训练素材，才是有效的。为此，教师首要一点应该明确我的学生的实际水平如何，他们学到什么程度算合格，学到什么程度算良好，学到什么程度算优秀，着力区分哪些问题是在同伴和教师的帮助下，我的学生能理解和解决的问题，唯有如此，才能从源头上提高数学学习训练的有效性。

第二章 数学学习训练的体系架构

世界经济正从工业经济过渡到知识经济,人类开始进入信息时代,数学及其应用越来越广泛而深刻地渗透到社会发展的各个领域,所起的作用也是空前的加强。数学的贡献在于对整个科学技术(尤其是高新科技)水平的推进与提高,对科技人才的培养和滋润,对经济建设的繁荣,对全体人民的科学思维与文化素质的哺育,这四方面的作用是极为巨大的,也是其他学科所不能全面比拟的。由于产业结构的不断调整,职业将频繁变更,这就要求劳动者要不断获取和应用数学知识处理信息,掌握新技术,才能适应日新月异的信息时代。

时代的呼唤与压力催生着数学教学的发展,伴随教育的信息时代来到,使学生获得可持续发展已经成为使命与重托。然而以怎样的形式有效地实施数学学习训练,是一个值得研究的课题。

第一节 数学学习训练体系的构建原则

当今世界各国的数学教育都已普遍重视数学学习训练系统的建立,无论是美国的"数学课程标准",还是英国的"国家数学课程"都对数学能力的发展十分重视。可以看到,在欧美日等国的中学数学教学都将数学素养的提高放在很高的地位展开。

教育的根本目的在于为国家和社会培养合格的人才,促进个体的发展。教育课程的开发与管理是为实现教育目的服务的,它通过确立正确的目标(包括协调共同目标与个体目标间的关系)、建立合理的组织、制订科学的规划、进行科学的评价、提高课程管理质量,最终实现培养高质量学生的目的。

理论与实践的结合是开展教育教学研究的基本原则。教育教学需要理论指导,但教育的高质量不是从书本上得出的,教育研究需要脚踏实地的实践精神;教育教学的高质量也不单纯是干出来的,是理论与实践结合的成果。理论与实践的结合点是研究,没有研究,教育教学的实践经验得不到概括;同样,没有研究,一种正确的理论也不可能直接指导实践。

我国目前的中学数学教育现状可以从以下几个方面看。第一,我国教育工作会议的指导思想：第三次全国教育工作会议指出，深化教育改革全面推进素质教育的重点是"培养学生的创新精神和实践能力"，这与创造性的问题解决密不可分。第二，我国各省市自治区直辖市数学大纲。1996年全日制普通高级中学数学教学大纲（新）正式颁布。"教什么永远比怎样教更重要"，只有真正解决了教什么的问题，才有可能解决如何教的问题。新大纲设置的"立体几何向量化处理没有得到响应，说明改革的路还很长"。1999年《面向21世纪上海市中小学数学学科教育改革行动纲领》中明确指出：新的课程体系必须正确处理教材、教师、学生三者之间的关系，要坚持加强基础，要特别重视发挥学习主体在认识活动中的主动和能动作用，重视由此导致的从问题出发，设计以解决问题的活动为基础的数学认知活动。《基础教育课程改革纲要（试行）》在"课程改革的目标"这一部分明确指出，要"改变课程实施过于强调接受学习、死记硬背、机械训练的现状"，"倡导学生主动参与、乐于探究、勤于动手"的学习方式。于是，在新一轮课程改革中，"转变学生的学习方式"成为课堂教学改革的关键。如何在课堂教学中引导学生有效开展"研究性学习"、组织学生进行各种形式的"合作学习"，成为极其重要的研究课题。

但是，在具体的课堂教学实践中，尤其是在我国班容量较大的班级授课制、依然繁重的教学任务和固定的教学时间的制约下，我们发现，"接受学习"依然是中小学生很重要的学习方式，所以在新的课程标准的引导下，我们应当更多的考虑"发现学习"方式，美国著名的教育心理学家布鲁纳令人信服地强调"发现学习"可以使每一个学生获得最好的智力发展。所以我们急需改变的是"单纯依赖"模仿与记忆，"过于强调"接受学习的现状。

2004年上海市中小学数学课程标准中在高中十到十二年级内容与要求中明确指出，"数学学习训练系统是教材的重要组成部分。这个系统中的训练内容部分，包括为形成数学概念或引出有关定理、法则、公式等而设置的问题情境；为指导学生理解、运用有关知识而安排的例题；为学生开展解题活动和参加数学实践而提供的各种训练等。""数学学习训练是数学教学的一种基本活动，其目的是'打好基础，促进发展，反馈教学'。数学习题是组织数学学习训练的主要载体，也是教材中最为有利于展现学生才能和创新能力的、最具活力的成分。"

这就要求我们教师在教学中，要贯彻《标准》精神，把握《教材》实践性特点,体会编者真实意图,克服传统教学中重理论轻实践的倾向,切实改变学生处理实际问题能力差的现状,抓好数学学习训练。

一、促进学生理解学习,完善学生 CPFS 结构原则

1. 理解学习的含义

数学学习中,"理解"无疑是第一位的。理解是数学学习的关键,学生可以通过对数学知识、技能、概念与原理的理解与掌握发展他们的数学能力。理解就是个体运用已有知识、经验,认识事物的联系、关系直至其本质规律的思维活动,数学中的理解学习是学生对数学对象的本质特征及规律的抽取认识过程。

2. 促进学生理解学习的三个步骤

(1) 使学生能用自己的语言来正确表述数学概念、方式、法则等数学知识。

(2) 使学生根据的数学知识进行实际操作,即根据所学数学知识进行判断、运算、推理、证明等。

(3) 使学生进行具体应用,解决相关的数学问题。

3. 促进学生理解学习的主要途径

(1) 提供丰富的感性材料,加强新旧知识的联系

有效学习的一般条件告诉我们:"影响学习的唯一最重要的因素,就是学习者已经知道了什么。要探明这一点,并应据此进行教学"。理解是以已有的知识经验为基础的,向学生提供足以说明有关知识的丰富的感性材料,有助于学生对数学知识的理解。

新旧知识的相互作用是理解数学知识的关键,同化和顺应是最基本的学习机制。

(2) 融"过程"与"结论"为一体,使数学理解顺理成章

"二期课改"非常强调"过程与方法",要求在"过程"中落实"知识与技能",在"过程"中孕育"态度情感价值观"。其目的之一就是促进学生的数学理解。所以,数学训练设计,应尽可能展现数学基本概念的抽象和概括过程,基本原理的归纳和推导过程,解题思路的探索和分析过程,基本规律的发现和总结过程,数学模型的建立、求解和解释过程,融"过程"与"结论"为一体,使数学理解顺理成章。

例如一元二次不等式的解法训练应体现一元二次不等式、一元二次

方程、一元二次函数图像(抛物线)间的对应转换过程。

又如"$a=0$ 或 $b=0$"的否定是"$a\neq0$ 且 $b\neq0$",但如果缺少对 a、b 与 0 的关系(a、b 与 0 的关系($a=0$ 且 $b=0$;$a=0$ 且 $b\neq0$;$a\neq0$ 且 $b=0$;$a\neq0$ 且 $b\neq0$),"$a=0$ 或 $b=0$"的含义($a=0$ 且 $b=0$;$a=0$ 且 $b\neq0$;$a\neq0$ 且 $b=0$)的探求过程,学生最多是对结论的记忆。

(3) 实施概念性变式和过程性变式

概念性变式包括概念变式和非概念变式,前者主要是概念的正例变式,后者主要是概念的反例变式。概念性变式的主要作用是有利于把握概念的内涵与外延,实现对概念的多角度理解。

过程性变式的主要含义是在数学活动过程中,通过有层次的推进,使学生逐步形成概念或者解决问题,从而形成多层次的活动经验系统,使学生经历了"数学化"的过程。

4. 完善学生的 CPFS 结构

(1) 概念域、概念系、命题域、命题系形成的结构简称为 CPFS 结构,CPFS 结构是对数学认知结构的精确描述。

概念域的含义是指某个观念的一些等价定义(知识)个体头脑中形成的知识网络,概念系就是在个体头脑中形成的概念网络,这个网络中的概念存在一些特定的数学关系。

命题域的含义是指某个命题的一些等价命题在个体头脑中形成的命题网络,是个体数学认知结构的组成部分,命题系就是在个体头脑中形成的命题网络,这个网络中的命题存在推出关系。

(2) CPFS 结构是数学学习特有的认知结构,CPFS 结构是优良的数学认知结构。个体形成 CPFS 结构是知识理解的基础,CPFS 结构有助于知识储存和提取,CPFS 结构融知识和方法于一体。

例如下列具有推出关系的命题构成命题域:不等式 $x^2+(k-1)x+4>0$ 的解集为 $(-\infty,+\infty)\Leftrightarrow f(x)=x^2+(k-1)x+4$ 的图像在 x 轴的上方 $\Leftrightarrow$ 方程 $x^2+(k-1)x+4=0$ 无实数根 $\Leftrightarrow$ 二次三项式 $x^2+(k-1)x+4$ 在实数范围内不能因式分解 $\Leftrightarrow\Delta=(k-1)^2-16<0\Leftrightarrow$ 函数 $f(x)=x^2+(k-1)x+4(x\in\mathbf{R})$ 的最小值大于零 $\Leftrightarrow x^2+(k-1)x+4\leqslant0$ 的解集为 $\varnothing$。通过类似这些不同数学表达形式之间的转换、联想式的推理训练,可训练学生思维的严谨性、流畅性,构建具有活性的知识结构,融知识和方法于一体。

二、促进学生掌握数学思想方法原则

1. 主动学习原则

数学学习活动是一个以学生已有的数学认知结构为基础的"建构"过程,是一个积极、主动的数学思维活动的过程,它要求学生积极、主动地学习。数学思想方法是对数学知识本质特征的反映,它蕴含于数学基本知识的发展和应用的过程中,它是反复使用、长期思索的结果。因此,数学思想方法的学习,较数学基本知识的学习更需要学生全身心地投入数学教学过程,在教师的启发引导下,逐步领悟、形成、掌握和应用数学思想方法。没有人能教会别人思考的方法,思想只能由学生自己产生,最好的学习是主动学习。因此,数学思想方法教学的首要原则是主动学习原则。

2. 持久性原则

持久性原则体现在数学思想方法的教与学贯穿于整个教学过程之中,是一项长期的教学任务;数学思想方法的教与学应该落实在每一堂数学课上。每一节课的设计和实施都要善于激发学生的动机,使之处于最佳动机状态;应时刻注意利用数学知识的形成过程,使数学思想方法的教学融合在具体的数学知识的学习过程之中,又要及时地使隐藏于数学知识之中的数学思想方法显性化,让学生悟出数学思想方法的精妙之处。数学思想方法由隐到显的过程,从数学知识的学习中明朗数学思想方法的过程是一个长期的须持之以恒的过程。因此,数学思想方法的教学必须坚持持久性原则。

3. 螺旋式上升原则

数学思想方法的教学应遵循螺旋式上升原则,这是教材的编排,数学思想方法的层次性以及个体的心理发展规律性决定的。

教材的编排是以基本概念、基本原理为核心,"螺旋式"地安排知识体系,以便学生能够反复地接触重要的基本概念和基本原理,这也是个体形成良好认知结构的前提条件。教材的这种安排要求教学随着知识的螺旋上升逐步使蕴含的数学思想方法得到提炼、归纳、上升。

数学思想方法是有层次性的,第一层次是与某些特殊问题联系在一起的方法,通常称为"解题术";第二层次是解决一类问题时采用的共同方法,称为"解题方法";第三层次是数学思想,这是人们对数学知识以及数学方法的本质认识,在数学研究范围的拓展、研究对象的延伸、数学方法

的形成、各种方法之间的融合并发展成新的方法等之中都体现出数学思想的核心作用;第四层次是数学观念,这是数学思想方法的最高境界,是一种认识客观世界的哲学思想。

数学知识和方法是形成数学思想的基础,但有了知识不等于就有思想,方法如果没有思想作灵魂,就只能是一种机械的"操作手册"。思想是对知识融会贯通的理解和升华,有思想的知识才是具有自我生长能力的知识。所以就数学思想方法的形成而言,需要有一螺旋上升的过程。

学生的心理发展是有规律的,皮亚杰把它分成感知运动阶段、前运算阶段、具体运算阶段、抽象运算阶段,而具体运算和抽象运算常常交替进行。学生数学思想方法的形成和发展呈现"替意识、明朗、形成、深化"四个阶段。这决定了数学思想方法的教学是一个长期的过程,既要注意学生的思维发展水平,量力而行,又要经常渗透、挖掘、形成和应用,螺旋上升。

4. 数学思想方法教学实例

解析几何的基本思想。解析几何是用代数方法研究几何图形的一门科学,"几何图形代数化与代数结果几何化"是解析几何的基本思想。

图形问题代数化是解析几何的核心。用坐标表示点的观点和用方程表示曲线的观点在代数几何之间架起了一座桥梁,使两种数学形式根据需要可以"互化",同时还把变数引入了数学,把辩证法引入了数学,是数学史上划时代的里程碑,深刻认识和理解这两个观点学习解析几何的最高境界。

解析几何中代数运算具有明确的几何意义。在进行代数运算时,一定要时时处处再现其几何意义,这样做将会更深刻地理解解析几何的基本思想。

(1) 基本思想的酝酿阶段

小学初中阶段两种数学形式的"互化":

实数↔数轴;

点 P↔一维坐标 $P(x)$→两点间距离 $|AB|=|x_1-x_2|$;

射线↔一元不等式 $x\geq a$;

线段↔一元不等式组 $x_1\leq x\leq x_2$;

平面上点 P ↔ 二维坐标 (x, y) → 两点间距 $|AB|=\sqrt{(x_1-x_2)^2+(y_1-y_2)^2}$。

（2）基本思想的明朗阶段

有向线段↔有向线段的数量 $AB=X_2-X_1$→有向线段的定比分点；

平面上的直线（包括射线、线段）↔……

平面上的曲线（包括圆、椭圆、双曲线、抛物线）↔……

平面区域↔……

（3）基本思想的形成阶段

曲线的几何特征与方程的代数特征的统一（曲线与方程的定义）。

知曲线求方程，再用方程研究曲线性质；

知方程画曲线，再用曲线研究方程性质。

（4）基本思想的深化阶段

平面曲线（包括圆、椭圆、双曲线、抛物线）的专题讨论；

方程思想的渗透；

函数思想方法的渗透；

用等价反映轨迹条件的思想，求轨迹方程；

类比与推广。

三、促进学生再创造，提高一般能力的原则

近年来，高考数学命题进行了一系列的改革，从知识立意转向能力立意，能力立意的数学高考对中学数学教育改革起到了非常积极的促进作用。能力立意的高考数学命题质量观认为高考主要是测试学生的能力和潜能，包括应用能力、学习能力、探索能力、创新能力。只有具备了这些能力的学生才是高质量的学生，因此，构建学生数学训练体系必须贯彻促进学生创新精神，提高学生一般能力的原则。

1. 应用能力

主要训练和培养学生应用学到的数学知识和数学思想方法的能力，解决生产生活实际中产生的数学应用问题或是模拟实际问题的应用题。

2. 学习能力

主要训练和培养学生通过阅读并理解在中学教学内容中没有学过的新的数学知识（一个新的概念、新的定理、新的规则），并能运用它进行运算、推理和解决问题的能力。

3. 探索能力

主要训练和培养学生运用学过的数学知识，通过观察、试验、联想、演

绎、归纳、类比、分析、综合等思维形式,对数学问题进行探索和研究的能力。有的根据所提供的信息,寻找问题的规律、数量关系或位置关系;有的探究问题的结论是否成立或符合条件的对象是否存在;还有的根据已知条件探索相应的结论;也有些是给出问题的结论,探求结论成立的条件等等。

4. 创新能力

主要训练和培养学生在运用已知信息开展思维活动中,通过类比和联想,延伸和推广,对某些真命题进行深化和拓展,得出新的结论的能力。

第二节　数学学习训练体系的定位与编制

数学学习训练应根据学生当前学习和长远发展的需要,进行整体设计、系统安排,形成综合效应。这个训练系统中,要有重在数学知识的构建和巩固的基础性训练,还要有重在数学知识应用和创新的发展性训练。

一、定位和基本理念

上海市普通中小学课程标准(试行稿)提出:"数学学习训练系统是教材的重要组成部分",要"整体设计、系统安排,形成综合效应"。由此,习题册的编制应根据学生当前学习和长远发展的需要,形成合理的数学训练体系。

训练系统的编制以相应的课程标准为依据,以教材为基础紧扣教材内容,以问题为载体,以提高学生数学素质为核心,通过多种形式、不同层次、不同要求的问题,在帮助学生巩固课堂所学知识和加深理解教学内容的同时,着重培养学生分析和解决问题的能力,既注重基础知识的巩固,又强调基本能力的培养,注意总结近几年来教学改革实践经验的变化和发展,并吸取同类教材习题编写的优点。训练系统的编制要为学生提供多种学习实践的经历,增强数学应用的意识,满足学生多样化和个性化发展,构建数学学习与实践的平台,为学生终生学习和可持续发展打好基础。

习题编选立足于基础知识的掌握、基本技能的训练、基本数学思维养成和基本数学方法的运用。数学训练是数学教学的一种基本活动,其目的是"打好基础,促进发展,反馈教学"。其训练内容包括"问题情景、例题和各种数学问题",纵向按数学知识的螺旋上升展开,横向让理解性与探索性的训练协调互补。习题的编选既要有重在数学知识的构建和巩固的基础性训练,还要有重在数学知识的应用和创新的发展性训练。从有利于学生发展的角度,力求体现数学学科教育的现代观念,促进学生全面、和谐、主动地发展。既有覆盖面又突出重点,题量适当,难易适度,形成坡度。同时关注不同学生的数学需要,提供选择和发展的空间。

1. 普适性原则

树立面向全市学生学习数学的基础观,注重培养学生基本的能力和方法。植根于学生对数学的基本的认识和理解,精心选编习题。基于巩固知识、实践技能和对常规问题的解决的需要,训练习题的选编,要针对学生的特点,突出主干知识、基本原理和通性通法,夯实基础。对数学概念,在"理解"上下工夫;对基础知识,在"联系"上下工夫;对基本技能和基本方法,在"应用"上下工夫。

2. 渐进性原则

遵循认知发展的客观规律,关注学生生理和心理的发展过程以及学习效果的累积和上升过程,突出学生的主体地位。让学生依据自己的学习水平选择不同的学习内容,在确保训练的基本底线基础上,有序、有度、合理地自主与主动地发展。注意选题的层次性、适切性、实效性和选择性。力求做到由浅入深,平易近人。

3. 发展性原则

建立科学的实践发展观,围绕有利于学生可持续、和谐发展设置习题,处理好数学知识螺旋上升和数学实践应用开放性、研究性和综合性的关系。选题在"精"不在"多",让学生在"悟"与"活"上下工夫。

二、习题配置的基本要求

随着数学学习进程的推进,学生的数学知识、数学认知水平、解题策略和方法、问题分析能力和应用意识都在不断地发展。数学教学也必须充分考虑到学生上述各个因素的发展性,设置不同的阶段,不同层次的教学目标与教学内容,笔者结合自己的教学,将一学年的数学训练分为以下几个阶段。

习题配置要有坡度、有层次,由易到难形成台阶,要体现与已有学习内容的衔接,能引起学生注意,激发学习兴趣,促使学生主动去发现、理解、应用和创新。既要有体现有意义记忆水平、解释性理解水平的基础训练和能力训练,又要有体现探究性理解水平的发展训练。题型可多样,如开放性问题、数学建模问题等。总之,能对双基、题型训练到位,同时要做到适量、典型、分层、有效,切实提高数学学习效率和效益。

例如,在"不等式"一章,"2.2 一元二次不等式的解法练习 2.2(1)"紧扣教材第一小节内容,只考虑 $\Delta > 0$ 且不含等号的不等式的解法。注意到本节课为不等式解法的起始课,本节教材内容为不等式解法的起始内容,故练习分为四个基本层次:(1)直接给出分解好的不等式;(2)可直接分解的不等式;(3)用求根公式;(4)逆向思维。这四个层次是解不等式的基本技能,逐步深入。

三、习题构成结构

练习的设计力求摆脱"应试"的模式。其主要功用在于按照《课程标准》关于学习评价的规定,检验学生对本课内容的理解、运用程度以及实际接受情况,并促使学生进一步巩固和掌握所学内容。为此,在不同题型的设计和活动建议的构思上,突出了对认知能力和实践能力的要求。

1. 练习题

练习题要与课本例题相对应,有利于促进基础内容的理解和基本技能的掌握。练习题立足于课堂内能够解决。

例如:判断下列各组对象能否构成集合,若能构成集合,指出是有限集还是无限集,若不能构成集合,请你说明理由:

① 上海市各区县名称;

② 末位数是 3 的自然数;

③ 我们班的高个子同学。

这样的习题着眼于学生对集合概念的理解,练习的过程同时也是一种无言的沟通。

2. 习题

每单元设置习题,且分 A、B 组。A 组问题侧重于基础知识、基本技能与基本的通性通法的训练,面向全体学生,是所有高中生经过努力都能够理解并予以解决的问题。B 组问题侧重于知识的应用理解与能力的提升(包括思想方法),有一点延伸,但所应用的知识点不宜过多。尊重教材,习题的选取要与教材内容、例题、课本练习相呼应,支撑课程标准相应内容要求。对原来的习题进行筛选,原则上以多用或改编后使用为准,经过试验成熟的习题加以选用,适度地配置新的问题。所选习题层次梯度要合理,要照顾到前面所学的学习内容,还要考虑与初中数学内容的衔接。

例如,2.1不等式的基本性质单元习题 A 组习题。第一题体现与初中的衔接;第二、三、四题巩固课本基本性质(核心知识多次多角度再现);第五题配合课本例五;第六题配合课本例二基本性质的应用,涉及做差的结果为完全平方式、恒正恒负、常数;第七题配合课本例三;第八题不等式知识的实际应用,体现知识的螺旋上升。

3. 每章复习题

每章复习题分 A、B 组,A 组问题侧重于对本章基础知识与基本技能,基本的通性通法的训练,是所有学生经过努力或在老师或同学的帮助下都能够解决的问题。B 组问题有适当的综合及简单应用,有部分是本章知识的综合应用与能力的提升(包括思想方法),有一点延伸,但所应用的知识点不宜过多。题型多样,控制难度,适当配制应用性问题,但要注意应用问题的背景和结构。

4. 学期总复习题

总复习题分 A、B 组,内容、题型选配上要注意分到节,要贯穿本学期的知识。A 组问题侧重于本册教材基础知识与基本技能,基本的通性通法的训练。B 组问题侧重于本学期知识的理解与能力的提升(包括思想方法),有适度的综合。从新的角度强调每章的核心内容与重点思想方法,达到课程标准相应的要求。

第三节 数学学习训练体系的功能与使用

根据训练系统的编制的特定规范,我们强调训练系统既不同于一般教辅读物,也不同于一般理论著作或理论教程的压缩本。一方面,我们提倡训练系统要有可读、好用,但并不是消极地去迎合学生的训练兴趣;另一方面,我们按照课程标准坚持向学生施加有目的、有计划的影响,但并不是仅仅意味着表达课标观点的精确和完整。因此,我们既要完整、准确地表达课程标准规定的训练内容和基本要求,又要充分体现训练系统引导教学的工具性质。我们力求发掘和拓展训练系统的使用功能,使之更具时代特征。比如,有助于引导教学的功能;有利于能力培养的功能;有益于实践活动的功能。

一、促进数学概念的理解

数学学习中,"理解"无疑是第一位的。理解是数学学习的关键,学生可以通过对数学知识、技能、概念与原理的理解与掌握发展他们的数学能力。理解就是个体运用已有知识、经验,认识事物的联系、关系直至其本质规律的思维活动,数学中的理解学习是学生对数学对象的本质特征及规律的抽取认识过程。习题训练与问题解答是促进理解的一种有效途径。

例如,函数的基本知识是高中数学的核心内容之一,函数是描述变化规律的重要数学模型,也是数学的基本概念,函数思想是研究问题的重要思想,用函数的观点研究问题是一种重要的观念。函数的概念及思想方法贯穿于高中数学课程的始终,渗透到数学的各个领域。

配合函数的概念教学内容,在练习与习题中应分别从解析式和图像两方面对函数的概念设置判别问题,使学生根据已经学习的函数概念进行实际操作,即根据所学数学知识进行判断、运算、推理。这类问题可结合课堂教学,在课内完成。

问题1:下面四组中函数 $f(x)$ 与 $g(x)$ 表示同一个函数的是(　　)。

A. $f(x)=|x|,g(x)=(\sqrt{x})^2$　　　　B. $f(x)=2x,g(x)=\dfrac{2x^2}{x}$

C. $f(x)=x,g(x)=\sqrt[3]{x^3}$　　　　D. $f(x)=x,g(x)=\sqrt{x^2}$

问题2:下列各图像中,哪些是函数的图像,哪些不是函数的图像? 为什么?

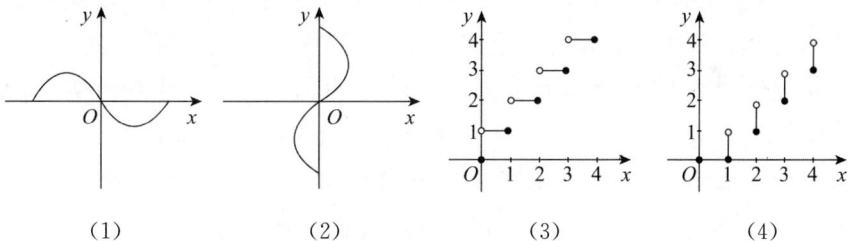

（1）　　　　（2）　　　　（3）　　　　（4）

二、促进数学思想方法的形成

数学学习活动是一个以学生已有的数学认知结构为基础的"建构"过

程,是一个积极、主动的数学思维活动的过程,它要求学生积极、主动地学习。数学思想方法是对数学知识本质特征的反映,它蕴含于数学基本知识的发展和应用的过程中,它是反复使用、长期思索的结果。没有人能教会别人思考的方法,思想只能由学生自己产生,最好的学习是主动学习。因此,数学思想方法的形成需要通过学生主动完成相应的习题训练而获得。

例如,已知函数 $f(x)=x^2$,$x \in (0,2)$,函数 $f(x)+$ $g(x)$ 的图像如图 2-1 所示,求函数 $y=g(x)$ 的解析式。

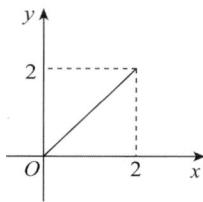

配备这样的习题,目的是通过学生自己的思考、观察、分析,理解图像中蕴含的信息,由"形"的特征得出"数"的结论。体会数与形之间美妙的关系,使学生能用自己的语言来正确表述自己的想法,在进行具体应用过程中解决相关的数学问题。

图 2-1

三、促进教师改善自己的教学

习题册中对每节课都配有相应的习题供训练,为教师按照教材教学的进度,合理取舍提供了方便。习题册中的习题都是有其特定功能的,可以根据自己学生实际情况决定拓展深化还是巩固消化。不必是按顺序逐一布置讲解,学生基础较好、理解到位,可跳过几道基本题,反之则加强基础,较难习题可给予适当的提示。很多类型的问题如开放性、应用性、研究性的问题不要仅仅作为一个问题来解决,而是要开发其内涵的价值,按照其指引的路线,根据需要进行校本化的实施。

另外,要重视数学训练中的"对话",实现数学学习训练的多重功能。对话的目标,在于合作探究过程中提出反对意见,给出创新的意义。而教育便是要通过对话不断捕捉学生创造的潜力,促使学生潜能的实现,从而促进学生创新精神。智力、知识技能等各方面的发展,训练系统中的对话使所有学生都能够参与和分享数学建模的创造性过程和结果,从而能在群体中对数学问题萌生新的理解,获得创新性的共识,在"对话"中,无论是文字语言表达,图形语言表达,还是符号语言表达,都是一种探索交流的机会,表达每个人对训练问题的认识和理解,这正是一种数学探究过程。在作业点评课上有这样片段:

T：大家已经听完了这组同学的发言，应该对该组同学建模的主要思路有了大致了解，他们的困惑该如何解决呢？大家一起来出出主意。

（学生们热烈地展开讨论）

S_1：最后不满10公里路程所花的费用要分情况说明。

T：为什么要分情况，如何用数学式子表示呢？

S_1：如果所剩路程不满3公里，则就是起步费10元，如果所剩路程超过3公里，则最后这段路程费用为 $10+\left[2\left(x-10\cdot\left[\dfrac{x}{10}\right]-3\right)\right]$。

T：很好，S_1同学不仅考虑到最后那段路程的计算方式要进行分类讨论，而且正确地运用了取整符号来表达关系式，的确动了一番脑筋。

……

S_2：我认为这组同学的乘车方式还可以继续改进，我有更好的方案。

（教室里又一次沸腾起来）

T：是吗？给大家讲讲你的想法？

S_2：我同意每满10公里重新换辆车，但最后一次路程如果不满14公里就不要换了，而不是10公里。

S_3：为什么，能解释一下吗？（作疑惑状）

S_2：因为按照前面方案当最后剩下路程不满3公里时，重新换辆车都按10元起步费算，但如果不再换车虽然每公里按3元计算，但绝对不会超过10元。

S_4：有道理……

T：S_2同学考虑问题十分细致，大家同意他的观点吗？

（学生们七嘴八舌地议论开来，有人点头，有人一脸疑惑）

T：看来模型又得作修改了，我们到底选择哪种方案更有利呢？会不会还有更好的方案呢？

……

以上的这段对话完全是出乎教师的预料的，它也是给教师提出挑战，这段讨论的价值远远超出教师的原本教学计划，因为它是基于某种假设的合作性探究，每一个闪现的新问题与思想火花都引起了学生和教师的兴趣与共鸣。学生经历困惑、质疑乃至错误，但在教师的积极引导与一次一次的纠正下，对问题的本质越来越接近，思路越来越清晰。所以在对话中教师与学生，学生与学生不是对抗，而是合作，人人都是获益者。正常的认知发展是一个变化的过程,不过这并不意味着这一过程是杂乱无章的。也许传统的评估过多地侧重于认知的稳定方面,忽视了与认知的变化更为相关的方面,在"对话"中学生的能动认知力是不可测的,而且是绝对会超出教师预计的,这认知的突变性正是我们的数学学习训练所希望促成的。

第三章　数学学习训练的内容设计

数学概念是数学知识组成的基本单元,概念学习是数学学习的逻辑起点;数学命题由概念组合而成,反映了数学概念之间的联系,命题学习其复杂程度高于概念学习;数学解题是在概念、命题学习的基础上,应用概念、命题去解决问题的学习形式;数学学习需要经历由"薄"到"厚",再由"厚"变"薄"的过程,数学复习不可缺少。所以数学学习训练的内容涉及数学概念、数学命题、数学解题和数学复习,这四块内容几乎涵盖了数学学习训练内容设计的全部。

第一节　概念学习的训练设计

概念学习永远是数学学习的首要环节,正确理解数学概念是学好数学的关键。

学生理解和掌握概念的过程实际上是掌握同类事物的共同本质属性的过程。例如,学习"棱锥"这个概念,就是掌握:凸多面体、底面是多边形、侧面是有一个公共顶点的三角形等这几个关键属性。同类事物的关键属性可以由学生从大量的同类事物的不同例证中独立发现,这种概念获得的方式叫做概念形成;也可以用定义的方式向学生直接揭示,学生利用已有认知结构中的有关知识来理解新概念,这种获得概念的方式叫做概念同化。概念形成与概念同化是两种基本的概念获得方式。

通常,由于数学学习是掌握前人已经发现的数学知识,把前人的数学活动经验转变成自己的经验,使其成为自己解决问题的工具的过程,因此概念同化是学生获得数学概念的最基本的方式。但是,由于学生的认知结构处于发展过程之中,他们的数学认知结构比较简单、数学知识比较贫乏而具体,在学习新的数学知识时,作为"固着点"的已有知识往往很少或者不具备,这时他们就只能采取概念形成的方式来学习。另一方面,随着年龄的增长,知识经验的不断丰富,学生所掌握的概念系统也从具体到抽象、从简单到复杂、从未分化到分化、从分散到统一地连续不断地获得发展,相应的,学生获得概念的方式也在发生变化。年龄越小,认知结构越简单而具体,概念形成的方式就用得越多。

　　掌握数学概念的标志是能够区分出概念的本质特征和非本质特征，通过变式有助于学生达成正确区分的目的。主要的变式方法有通过非标准变式突出概念的本质属性，通过非概念变式明确概念的外延。

　　当数学概念的内涵中不仅包括概念的本质特征，还包括非本质特征，即缩小概念时，有效的方法是多提供包括非本质特征的概念变式，并把标准变式与非标准变式进行比较，以便分辨出哪些是概念的本质特征，哪些是其非本质特征。例如：

	垂直	三线八角	等腰三角形
标准变式			
非标准变式			

　　上述关于"垂直"、"三线八角"、"等腰三角形"的标准变式有助于学生对这些数学对象的准确把握，但也容易限制学生的思维，缩小概念的外延；若利用它们的非标准变式与标准变式加以比较，变换数学对象的非本质属性，有助于学生理解领会其本质属性。

　　如果概念的内涵中不能包括数学对象的本质特征的全部，就有可能不合理地扩大概念，这时有效的做法是列举一些容易混淆的非概念变式，让学生进行比较和分析。概念变式是指变换概念的表达和陈述方式，从而加深对概念的理解的方法。非概念变式是指提出与概念内涵不符的事例让学生辨伪，从而加深对概念本质属性的认识。亦即通过概念对象和非概念对象的变异，突出概念的本质属性及其固有边界。

　　例如，高中数学中"映射"概念的教学。教学中通过一系列非概念变式和概念变式的比较与分析，可以十分直观地、并从本质上理解概念的本质属性。

　　根据以上分析，数学概念课的训练设计应根据学习数学概念的方式而定。

一、概念形成方式学习概念的训练设计

下面以方程概念的学习为例,说明数学概念形成的主要阶段和对应的训练设计:

形成方程概念的主要阶段	训练设计举例
(1) 辨别阶段	【训练1】比较两个等式:$3+2=5$ 和 $3x+2=5$,这两个等式有什么不同?
(2) 分化与概括阶段	【训练2】判别下列式子是不是方程,并说明理由:① $2x+1$;② $2x-1=-3x$;③ $5x>1$;④ $\frac{1}{4}y^2=y+1$;⑤ $10-7=3$;⑥ $x-2y=6$;⑦ $a+0.2b=8$(a、b 为未知数)
(3) 在特定的情境中检验假设,确认含有未知数的等式这一关键属性。	【训练3】根据条件列方程:① 某数减去5得5;② 某数乘以2后减去3,得5;③ 某数加上2后乘以3,得5;④ 某数的3倍与2的和等于8;某数除以2后减去3,等于-7.5。
(4) 把新概念的共同关键属性推广到同类事物中去。	【训练4】 ① 检验下列各数是不是方程 $2x-3=5$ 的解。(i)$x=6$;(ii)$x=4$; ② 检验下列各数是不是方程 $3x-1=2x+1$ 的解。(i)$x=4$;(ii)$x=2$; ③ 检验 $x=9$ 是不是方程 $\frac{x}{2}-3=-7.5$ 的解。

根据概念形成的辨别—分化与概括—确认关键属性—关键属性推广四个阶段,就集合及其表示法的形成,比较合符认知规律的训练序设计如下:

集合及其表示法——概念形成的训练作业设计

【训练1】供概念形成的例子	设计意图
① 所有的正奇数:$1,3,5,7,9,\cdots\cdots$; ② 方程 $x^2-x-6=0$ 的解的全体; ③ 不等式 $2x-5<0$ 的所有解; ④ 所有的平行四边形; ⑤ 我们班不低于 1.60 米的所有同学。	辨别:集合是有确定的对象(元素)构成的,元素的确定性是集合概念的核心,构成集合的对象可以是数、点、图形、同学等等;元素与集合之间只存在属于与不属于两种关系。
【训练2】判断下列对象能否组成集合	设计意图
(1) 不等式 $2x-11<0$ 的正整数解; (2) 方程 $x+y=2$ 的解; (3) 数轴上非常靠近原点的点; (4) 使 $|x-1|$ 的值很小的 x 的值; (5) 方程 $x^2+x+1=0$ 的实数解。	分化与概括:理解集合的元素是确切指定的对象,理解集合概念从理解元素的确定性入手。
【训练3】用 ∈ 或 ∉ 填空	设计意图
(1) 0 _____ $\{0\}$; (2) 0 _____ $\varnothing$; (3) 0 _____ **N**; (4) 0 _____ **Z**; (5) $\sqrt{2}$ _____ **Q**; (6) 0 _____ **N***	在特定的情境中检验假设,确认"元素对于集合的确定性"这一关键属性,掌握符号 ∈ 或 ∉ 表达的含义,在具体常见的数集中领会其元素的确定性,领会 0、$\{0\}$、$\varnothing$ 的区别。
【训练4】用适当的方法表示集合	设计意图
(1) 由英文元音字母组成的集合; (2) 所有奇数组成的集合; (3) 方程 $(x^2-1)(x^2-x-2)=0$ 的解的集合; (4) 函数 $y=x^2-2x-3$ 的图像上所有点的坐标组成的集合; (5) 函数 $y=x^2-2x-3$ 的所有函数值组成的集合。	把新概念的共同关键属性推广到同类事物中去,在练习中领会集合元素的确定性,并能合理选择列举法或描述法表示各种集合

（续表）

集合及其表示法——概念形成的训练作业设计	
用列举法表示下列集合： (1) $\{(x,y)\,|\,x+y=5, x\in\mathbf{N}^*, y\in\mathbf{N}^*\}$； (2) $\left\{x\,\middle|\,\dfrac{6}{x}\in\mathbf{N}, x\in\mathbf{N}\right\}$； (3) $\{y\,|\,y=x^2-1, |x|\leqslant 2, x\in\mathbf{Z}\}$	
【训练5】解释 $\{x\,|\,P(x)\}$	设计意图
如果集合 A 的元素用 x 表示，x 的共同的特征性质用 $P(x)$ 表示，则集合 A 就能表示成 $\{x\,|\,P(x)\}$，请结合实例解释集合 $\{x\,|\,P(x)\}$。	关键属性的内化：集合 A 表示成 $\{x\,|\,P(x)\}$ 意味着：凡具有性质 $P(x)$ 的对象 x 都是 A 的元素，凡是 A 的元素 x 都具有性质 $P(x)$。 例如平面内线段 AB 的垂直平分线可以表示成 $\{P\,|\,PA=PB\}$，即到 A、B 两点距离相等的点（元素）属于这个集合，这个集合的元素（点）到 A、B 两点距离相等；$\angle AOB$ 的角平分线可以表示成 $\{P\,|\,PA=PB$，PA、PB 分别是点 P 到 AO、BO 的距离$\}$；平面内以 O 为圆心，以 r 为半径的圆可以表示成 $\{P\,|\,|PA|=r\}$；方程 $x^2+x-6=0$ 的解的集合可表示成 $\{x\,|\,|x^2+x-6=0\}$ 或 $\{2,-3\}$；不等式 $x-3<2$ 的解的集合可表示成 $\{x\,|\,|x-3<2\}$ 或 $\{x\,|\,x<5\}$，等等。

二、概念同化方式学习概念的训练设计

同化方式学习数学概念,需要教师引导学生仔细辨认概念与已经学习过的有关概念之间的异同,剖析概念的结构,揭示概念内涵,明辨概念外延,充分利用已有概念同化新概念。继后采用正反例结合的方法,进一步强化对概念的理解,再加以概念的应用。

下面以一次函数的学习为例,说明同化方式学习概念的主要阶段:

同化方式学习概念的主要阶段	训练设计举例
(1) 揭示概念的关键属性,给出定义、名称和符号。 "一次函数"的定义为"函数 $y=kx+b$,其中 k、$b\in\mathbf{R}$,$k\neq0$)。"	【训练1】函数 $y=kx$(k 是常数且 $k\neq0$),$y=x$,$y=-x$ 是否是一次函数,为什么? 【训练2】下列式子中,其中 y 是 x 的一次函数的是_____。① $y=2x$;② $y=1-\dfrac{1}{2}x$;③ $kx+b=0(k\neq0)$。
(2) 对概念进行特殊的分类,讨论这个概念所包含的各种特例,突出概念的本质特征。(讨论一次函数的特例,突出函数表达式中,自变量 x 的次数为一次这个关键特征)。	【训练3】下列函数中哪些是一次函数? ① $y=\dfrac{1}{x}+1$;② $y=-2x$; ③ $y=x^2+2$;④ $y=kx+b$(k、b 是常数)
(3) 使新概念与已有认知结构中的有关观念建立联系,把新观念纳入到已有概念体系中,同化新概念。(把一次函数与函数概念、一次多项式概念等作比较,认识一次函数与这些相关概念的联系与区别)。	【训练4】函数 $y=x-1$,$y=-x+b$,$y=0$,$y=1$,$y=-x$,$y=x^2$,$ay=x+3$($a\neq0$)是否是一次函数,若是,指出相应的 k、b 各是多少。
(4) 用肯定例证与否定例证让学生辨认,使新概念与已有认知结构中的相关概念分化。	【训练5】已知函数 $y=(m+3)x+m$。 (i) 当 m 取何值时,这个函数是正比例函数? (ii) 当 m 在什么范围内取值时,这个函数是一次函数?
(5) 把新概念纳入到相应的概念体系中去,使有关概念融会贯通,组成一个整体。	【训练6】已知 y 是 x 的一次函数,当 $x=-3$ 时,$y=-6$;当 $x=3$ 时,$y=-2$.求这个函数的解析式。

高中函数概念的学习是在初中函数学习的基础上,进一步理解函数是变量之间相互依赖关系的反映,学习用集合与对应的语言刻画函数。因此,采用同化方式学习函数概念将更能符合课程标准的要求。下面的训练设计来自一堂成功的教学示范课(黄根初,2005,曙光中学):

【训练1】考察几个熟悉的函数	设计意图
(1) $y=c$; (2) $y=2x+1$; (3) $y=\dfrac{1}{x}$; (4) $y=x^2$。	辨认:引导学生回忆和重现初中学习的已有函数概念(依赖关系)——两个变量 x 与 y,y 随 x 的变化而变化.为建立函数概念(对应关系)提供固着点(新旧概念之间的联系)。
【训练2】考察几个实例	设计意图
(1) 大巴以 $60\,\text{km/h}$ 的速度从甲地开往乙地,试分析大巴离开甲地的距离 S 与时间 t 的关系。 (2) 研究图像(函数 $y=|x|$)中变量的对应关系。 (3) 指出上海市人均住房面积统计表中的对应关系。	同化:引导学生分析情景中的两个变量,变量的取值范围,两个变量之间的对应关系(透过现象看到变量与变量之间的对应关系)。 把新概念纳入原有认知结构中,同时对原有认知结构进行改组,构建一种新的认知结构。
【训练3】写出下列函数的定义域、对应关系、值域	设计意图
(1) $y=2x+1$; (2) $y=\dfrac{1}{x}$; (3) $y=x^2$; (4) $y=x^2,D=\{-2,-1,0,1\}$。	强化:(正例)引导学生得出函数的三要素:定义域、对应关系、值域,定义域和对应关系决定值域。
【训练4】由图像辨析对应关系	设计意图
(1) 观察图中对应关系的特点,是"一对一"还是"多对一"。 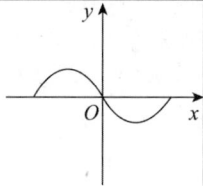	强化:(正例与反例)引导学生观察图像中隐含的对应关系特点:"一对一"或"多对一",紧扣函数概念中的"唯一性"。

（续表）

【训练4】由图像辨析对应关系	设计意图
（2）上海现行高一上数学教材 P56/练习 2,判断图像是不是函数的图像。	引导学生得出判断图像是不是函数图像的几何方法。

【训练5】函数值和定义域	设计意图
已知 $f(x)=x^2+1$,求: $f(1)$, $f(-1)$, $f(a^2+1)$。	应用:引导学生会求函数值,知道 $f(a)$ 的涵义。
求下列函数的定义域: （1）$y=\dfrac{\sqrt{2-x}}{\sqrt{x+4}}$; （2）$y=\dfrac{x^2-9}{x-3}$; （3）$y=\dfrac{3x}{2x-\sqrt{3-4x}}$。	引导学生会求函数的定义域,注意函数解析式中的偶次根式、分式、零次幂的取值要求。 利用(3),引导学生会判断两个函数是否相同。

三、多角度理解概念的训练设计

中国数学教师运用概念性变式进行教学的基本特征是:通过各种概念变式之间以及概念变式与非概念变式之间的差异与联系来把握概念的内涵与外延,实现对概念的多角度的理解(顾泠沅,数学教学,2003.1)。

例如,函数概念表示的多样性,一方面表现在定义域、值域表示的多样性,可以用集合、区间、不等式等不同形式表示;另一方面表现在它可以用图像、表格、对应、解析式等方法表示,从每一种表示中都可以独立地抽象出函数概念来。认识学习函数概念一般有三个角度:用变量的依赖关系认识函数、用图形认识函数、用对应关系认识函数。

能否正确地使用函数的不同表示形式,灵活地对不同的表示进行转换,是考察函数概念形成水平的重要标准。为此,我们可以设计配置如下作业训练:

【训练1】下列图形中,能作为某个函数的图像的只能是（　　）。

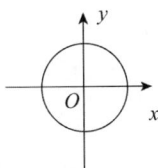　　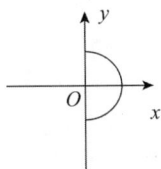　　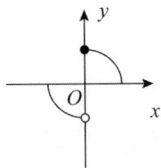　　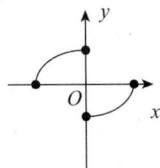

　A.　　　　　　B.　　　　　　C.　　　　　　D.

【训练 2】某企业 2005 年四个季度生产某种型号机器的数量 y（万台）与季度 x 的函数关系是：

x（季度）	1	2	3	4
y（万台）	10	12	14	16

试写出函数的定义域,并作出函数的图像。

【训练 3】下面四组中函数 $f(x)$ 与 $g(x)$ 表示同一个函数的是(　　　)。

A. $f(x)=\dfrac{x^2-1}{x+1}$，$g(x)=x-1$

B. $f(x)=|x|$，$g(x)=\begin{cases}x(x\geqslant0),\\-x(x<0)\end{cases}$

C. $f(x)=x^0$，$g(x)=1$

D. $f(x)=(\sqrt{x})^2$，$g(x)=\sqrt{x^2}$

【训练 4】观察下列各函数的图像,并写出它们的值域。

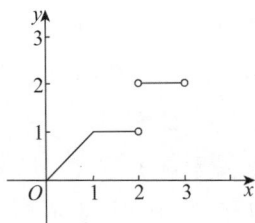　　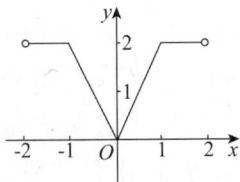　　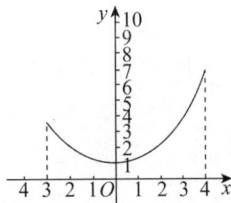

　　　　(1)　　　　　　　　(2)　　　　　　　　(3)

图 3-1

【训练 5】以下作业活动的例子,学生可以表现出对函数概念的理解:

(1) 针对某一物种数量在一段时期内每天翻一番的增长状况,请作出图表和解释(发现、描述、归纳模型,并以变量和表达式表示);

(2) 运用图形、表格、文字和公式来表示广场的边长与周长、面积的关

系(发现、描述、归纳模型,并以变量和表达式表示;以表格、图形、文字语言或符号语言表示关系);

(3) 你的老板雇你为她工作 10 天,每天付你 6 美元;或第一天付 1 美元,第二天付 2 美元,以此类推;或是第一天付 0.1 美元,以后每天比前一天翻一番。哪种付法你得钱最多?哪种最少?(分析表格、图形和规则,以确定函数关系)

(4) 一辆用过的汽车以 9500 美元出售,如果以每年 5% 跌价,一年后汽车值多少钱?5 年以后呢?12 年以后呢?n 年以后呢?(用公式与函数对给出的情况建构模型)

【训练6】田径队的小刚同学,在教练指导下进行 3000 米跑的训练,训练计划要求是:

(1) 起跑后,匀加速,10 秒后达到每秒 5 米的速度,然后匀速跑到 2 分;

(2) 开始均匀减速,到 5 分时已减到每秒 4 米,再保持匀速跑 4 分时间;

(3) 在 1 分之内,逐渐加速达到每秒 5 米的速度,保持匀速往下跑;

(4) 最后 200 米,均匀加速冲刺,使撞线时的速度达到每秒 8 米。

请按照上面的要求,解决下面的问题:

(1) 画出小刚跑步的时间与速度的函数图像;

(2) 写出小刚进行长跑训练时,跑步速度关于时间的函数;

(3) 按照上边的要求,计算跑完 3000 米的所用时间。

根据以上作业训练,学生可以从图像、表格、解析式等角度对函数的概念进行理解,在此过程中帮助他们在各种函数的表示(语言的、图像的、表格的、符号的)之间相互转换,从而促进对函数概念的理解。

多角度理解概念的训练本质上是从多角度揭示概念的内涵,如在多种背景下揭示概念的内涵,在多重层次中揭示概念的内涵,从不同侧面揭示概念的内涵,在不同结构中揭示概念的内涵,从而形成相互等价或半等价的概念链,架构起概念域,一种具有活性的数学知识结构。

例如,等腰三角形的概念域:有两条边相等的三角形叫做等腰三角形⇔有两个角相等的三角形叫做等腰三角形⇔一个角的内角平分线平分对边的三角形叫做等腰三角形⇔有两条边上的高相等的三角形叫做等腰三角形⇔有两条中线相等的三角形叫做等腰三角形⇔……

又如,等差数列的概念域:数列 $\{a_n\}$ 是等差数列,当且仅当 $a_{n+1}-a_n$ $=d$,其中 d 为常数,$n\in\mathbf{N},n\geqslant1\Leftrightarrow$ 数列 $\{a_n\}$ 是等差数列,当且仅当 $a_{n+1}-a_n=a_n-a_{n-1}$,$n\in\mathbf{N},n\geqslant2\Leftrightarrow$ 数列 $\{a_n\}$ 是等差数列,当且仅当 $a_n=a_1+(n-1)d$,d 为常数,$n\in\mathbf{N},n\geqslant2\Leftrightarrow$ 数列 $\{a_n\}$ 是等差数列,当且仅当 $a_n=a_m+(n-m)d$,d 为常数,n、$m\in\mathbf{N}\Leftrightarrow\cdots\cdots$

再如,平面上的点集与有序实数对一一对应;函数的解析表达式与图像之间一一对应;用代数方式定义的函数问题也可以用几何方式去定义;用代数方法研究的函数问题可以转化为用几何方法去解决。这种数与形的对应,就形成了一个概念网络,从而内化为概念域。

在此基础上,由多条相交的概念链组成的概念网络称为概念系,它是专家学者头脑中常有的数学知识结构。如四边形的概念系及数列的概念系:

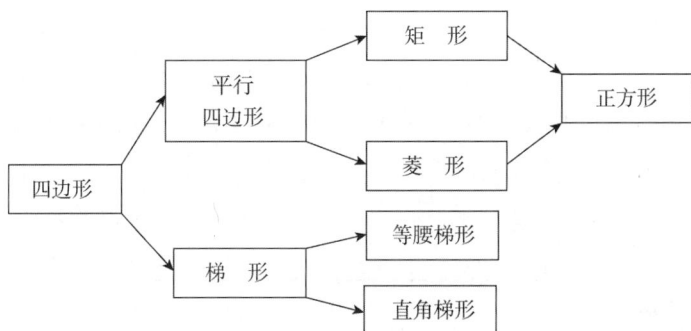

图 3-2　四边形的概念系

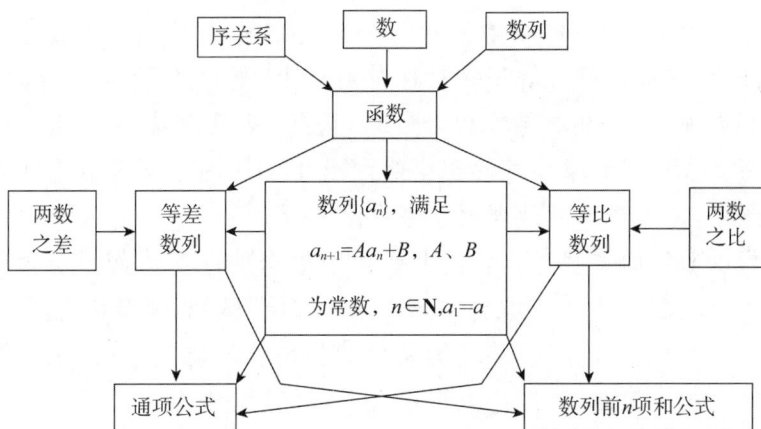

图 3-3　数列的概念系

第二节　命题学习的训练设计

一般地,数学命题学习分为命题获得、命题证明和命题应用三个阶段。以学习命题"若 $f(x)$ 是奇函数,且 $f(x)$ 在 $(0,+\infty)$ 上是增函数,则 $f(x)$ 在 $(-\infty,0)$ 上也是增函数"为例。

命题获得	(1) 结合图像,考察函数 $f(x)=2x,f(x)=x^3,f(x)=\dfrac{1}{x^3}$,奇偶性、单调性,并归纳这些函数的共同性质(① 均为奇函数;② 在 $(0,+\infty)$ 上是增函数;③ 在 $(-\infty,0)$ 上也是增函数)。并以此为基础抽象概括出函数的一个一般性命题。
命题证明	(2) 证明:若 $f(x)$ 是奇函数,且 $f(x)$ 在 $(0,+\infty)$ 上是增函数,则 $f(x)$ 在 $(-\infty,0)$ 上也是增函数。
命题应用	(3) 已知 $f(x)$ 是定义在 $(-1,1)$ 上的奇函数,在区间 $[0,1)$ 上是增函数,且 $f(1-a)+f(1-a^2)<0$,求实数 a 的取值范围。 (4) 若 $f(x)$ 定义在上 $(-\infty,0)\bigcup(0,+\infty)$ 是奇函数,且在 $(-\infty,0)$ 上是增函数,又 $f(-3)=0$,则 $f(x)<0$ 的解集是＿＿＿＿＿＿。

一、强化命题学习的变式训练设计

数学命题学习的整个心理过程包含着刺激—反应的联结因素和信息加工的认知因素,数学命题学习是一个知识信息获取和智能信息获取并存的过程,数学命题学习的高级目标是通过上、下位学习,同位学习,并列学习从而形成个体的命题域和命题系,改组、丰富和完善个体的认知结构。采用变式教学的策略可使学生辨别数学命题的不同表达形式或者错误表达形式,从而多角度地理解掌握数学命题。

我们以曲线的方程与方程的曲线两个概念的理解为例说明如下。为使学生本质理解曲线的方程与方程的曲线两个概念,需要为学生提供在特定的情境中检验假设,确认关键属性的机会。检验过程中,采用变式是一种有效手段。为此,可安排以下三组训练练习:

【训练 1】下列方程分别对应下列曲线中的哪一条?

① $x-y=0$;② $x^2-y^2=0$;③ $\sqrt{x}-\sqrt{y}=0$;④ $|x|-y=0$。

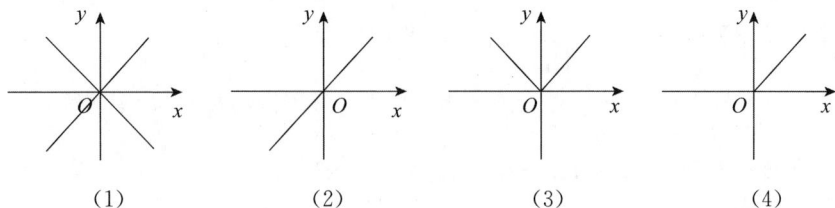

图 3-4

【训练2】(1) 以 y 轴为对称轴的等腰三角形的底边的方程是 $x=0$ 吗？为什么？

(2) 到 x 轴的距离等于 2 的点的轨迹的方程是 $y=2$ 吗？为什么？

【训练3】(1) 写出表示下列图形(实线部分)的方程：

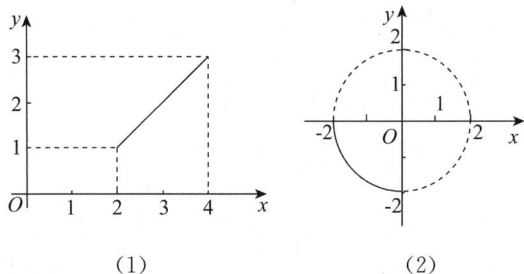

图 3-5

(2) 作下列方程所表示的图形：① $y=-x-1(0\leqslant x\leqslant 2)$;② $y=\sqrt{1-x^2}$。

二、强化规则学习的变式训练设计

规则学习带有操作的特点,"做中学"是一个基本规律。通过适度的操作获得对规则的感性认识,积累操作经验,又通过对操作的反省加深对规则的理解。例如合并同类项的训练设计:

【训练1】判断下列各式是否正确,如果不正确请改正。

① $8x-3x=5$;② $2x+3y=5xy$;③ $-2x^2+2x^2=0$;④ $3x^2+5x^3=5x^5$。

【训练2】合并同类项:① $2x^3+3x^3-4x^3$;② $-pq-pq-qp$;

③ $\frac{1}{2}ab^2-2ab^2+\frac{3}{4}ab^2$。

【训练3】合并同类项,并说明该多项式是几项式。

① $3x^2+\frac{2}{3}x+2-2x-2x^2-5$；② $2xy^2z-4xyz-3xzy^2+2xyz$。

【训练4】在[]里填上同一个数,使多项式$[]x^2+[]x+1+2x^2-x+[]$是二项式。

再如"因式分解、提公因式法"的训练设计:

训练内容	设计意图
【训练1】指出下列多项式中各项的公因式: (1) $4a^2+10ab$； (2) $12xy^3z-9x^3y^2$； (3) $3a^2-9ab+a$(引申:$-3a^2-9ab+a$)； (4) $6m(p-3)+5n(p-3)$(引申:$6m(p-3)+5n(3-p)^2$,$6m(p-3)+5n(3-p)^3$)。	(1) 确定公因式是分解因式的关键; (2) 公因式由数字系数与字母因数组成; (3) 数字系数要注意正负。
【训练2】把训练1中的各题分解因式。	体会分解因式是乘法分配律的逆运用。
【训练3】填空:(1) $3x^3+6x^2=\underline{\qquad}(x+2)$; (2) $7a^2-21a=\underline{\qquad}(a-3)$; (3) $x^2y+xy^2-xy=xy(\underline{\qquad})$。	(1) 如何提取公因式; (2) 提取公因式后"留"下哪个多项式; (3) 如何验证运算正确。
【训练4】把下列各式分解因式: (1) $-24x^2y-12xy^2+28y^3$; (2) $56x^3yz+14x^2y^2z-21xy^2z^2$; (3) $mn(m-n)-m(n-m)^2$	对提供因式法规则的小结: (1) 因式分解的结果是整式积的形式; (2) 确定公因式是关键; (3) 要注意系数的正负。

又如图形折叠问题中勾股定理的应用。

已知矩形$ABCD$中,$AB=4$,$BC=3$,按下列要求折叠,试求出所要求的结果:

(1) 如图(1),把矩形$ABCD$沿对角线BD折叠,得△EBD,BE交CD于点F,求$S_{\triangle BFD}$。

(2) 如图(2),折叠矩形$ABCD$,使AD与对角线BD重合,求折痕

DE 的长。

（3）如图（3），折叠矩形 $ABCD$，使点 B 与点 D 重合，求折痕 EF 的长。

（4）如图（4），E 为 AD 上的一点，把矩形 $ABCD$ 沿 BE 折叠，若点 A 恰好落在 CD 上的点 F 处，求 AE 的长。

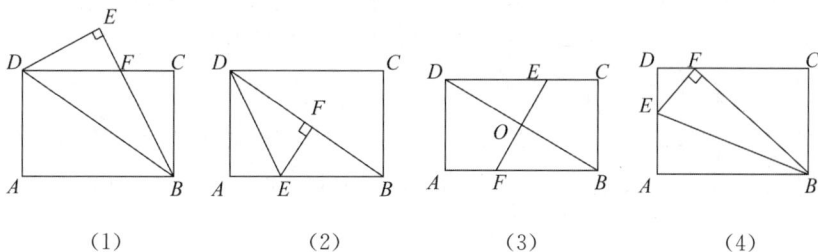

图 3-6

本训练设计以一个基本图形为载体，让学生在长方形的有关折叠中，寻找变与不变的量，以勾股定理等知识来建立关系，从而解决问题。围绕某个基本图形和某个核心知识进行有变式的训练既有助于完善学生的认知结构又有助于发展学生的能力。

通过本训练，学生可以在勾股定理及其逆定理的运用中，体会它在度量几何中的作用，进一步理解形数之间的联系。

三、有层次推进的训练设计

数学活动过程的基本特征是层次性。这种层次性既可以表现为一系列的台阶，也可以表现为某种活动策略或经验。因此，在数学活动过程中，可以通过有层次的推进，使学生分步解决问题，积累多种活动经验。所以，在数学训练作业设计中，对同一问题设问的梯度由易到难，使学生踏着阶梯一步一步探索，可以让每一位学生都能获得不同程度的成功尝试，激发学生的潜能。从学习的效果来看，设问的多梯度性可以帮助学生发掘问题的各个方面，达到深层次认识问题的本质，从而培养思维的深刻性。

【训练 1】有关百分比的问题

某联通分店经营手机批发。（1）若 1 月份批发 3000 只，3 月份批发 3630 只，问：每月批发的平均递增的百分比为多少？（2）若 1 月份批发 3000 只，3 月份批发 4500 只，3 月比 2 月递增的百分比高 5%，求 2 月份的销售量。(3)若 2 月比 1 月批发增长 20%,若 3 月比 2 月批发增长 25%,且第一季度共销售手机 9250 只,求 3 月份的销售量。

这个训练的特点是围绕百分比这一概念,所设计的问题起点低(第 1 题只需列出 $3000(1+x)^2=3630 \Rightarrow x=10\%$ 即可),问题有层次,在变化的设问中应用百分比的概念(第 2 题的关键仍是设 2 月份比 1 月份增长 x),既达到透彻理解概念的目的,又培养了学生看到问题本质的能力(第 3 题的关键是设 1 月份的销售量为 x,而不是问什么设什么)。

【训练 2】函数的单调性

对于定义在区间 $[a,b]$ 上的函数 $y=f(x)$,辨析下列命题的真假:

(1) 若存在 x_1、$x_2 \in [a,b]$,当 $x_1 < x_2$ 时,有 $f(x_1) < f(x_2)$,则说函数 $y=f(x)$ 在区间 $[a,b]$ 上是增函数。

(2) 若有 n 个数属于区间 $[a,b]$,当 $x_1 < x_2 < x_3 < \cdots < x_n$,有 $f(x_1) < f(x_2) < f(x_3) < \cdots < f(x_n)$,则说函数 $y=f(x)$ 在区间 $[a,b]$ 上是增函数。

(3) 将(2)中"n 个数"改成"无数个数",则说函数 $y=f(x)$ 在区间 $[a,b]$ 上是增函数。

(4) 将(1)中"存在"改成"任意",则说函数 $y=f(x)$ 在区间 $[a,b]$ 上是增函数。

这个训练内容针对如何引导学生理解函数单调性的本质,既不在细枝末节上纠缠,又避免过于繁杂和技巧性过强的训练,通过四个辨析,在变式中逼近函数单调性的本质特征,化解了"用静态的数学符号来描述动态的数学对象"的思维难点,使冰冷抽象的数学成为火热的思考。

有层次的推进还表现在问题解决过程中思维的深化,发散思维和收敛思维的交织转换。例如,以下训练就体现了数学思维有层次推进的无穷魅力。

【训练 3】究竟有多少解

如图(1),已知在直角坐标系 xOy 中,一次函数 $y=-\dfrac{\sqrt{3}}{3}x+2$ 的图像分别与 x 轴、y 轴交于点 A、B。

(1) 求 $\angle BAO$ 的正切值;

(2) 若以 AB 为一边的等腰 $\triangle ABC$ 的底角为 $30°$,试求点 C 的坐标。

解:(1) 因为点 A、B 两点的坐标为 $A(2\sqrt{3},0)$、$B(0,2)$,所以 $OB=$

2，$OA=2\sqrt{3}$，所以，$\tan\angle BAO=\dfrac{OB}{OA}=\dfrac{2}{2\sqrt{3}}=\dfrac{\sqrt{3}}{3}$。

（2）由（1）可知，$\angle BAO=30°$。

（i）较初步的想法：从"AB 为一边的等腰 $\triangle ABC$ 的底角为 $30°$"入手考虑，有两种情况：一是 AB 为底边，$\angle BAC=30°$ 为底角，此时点 C 的坐标为 $C\left(\dfrac{2\sqrt{3}}{3},0\right)$；二是 AB 为一腰，$\angle BAC_1=30°$ 为底角，此时点 C_1 的坐标为 $C_1(-2\sqrt{3},0)$（如图(2)）。学生作业中的这种答案，初具分类思想，但思维尚缺乏完整性、严密性。

（ii）较深入的想法：有的学生运用轴对称性质将思路拓宽，又求得两解：$C_2\left(\dfrac{4\sqrt{3}}{3},2\right)$，$C_3(0,6)$（如图(3)）。

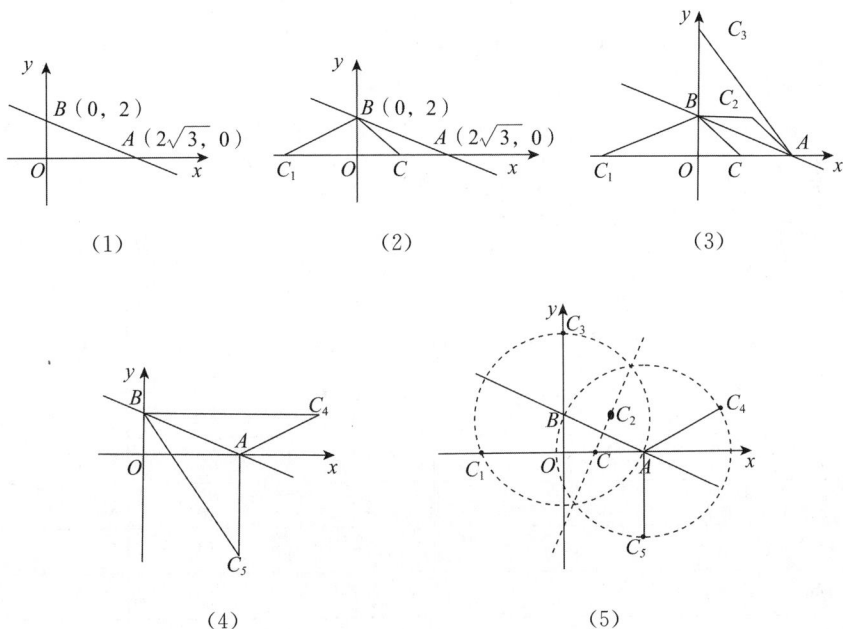

(1)　　　　(2)　　　　(3)

(4)　　　　(5)

图 3-7

（iii）完整的想法：有的学生再以顶角的顶点分类，又得到两解：$C_4(4\sqrt{3},2)$，$C_5(2\sqrt{3},-4)$（如图(4)）。

这个作业训练的意图不在于要求所有学生一步到位，而在于作业后的完整而深入的交流与共享。在交流与共享的过程中，不仅可以培养学生的发散思维能力和完善各自的思维品质,尤其是分类讨论的思想,还可以相互激发学习兴趣,增强学习的主动性和能动性。

(iv) 完整而深入的想法:点 C 是具有某种性质的点的轨迹的交点,本问题的实质是轨迹问题(如图(5))。

这个作业训练,通过学生的自主实践探究、相互交流、教师的恰当引导,思维活动层层深入。既达到培养思维的灵活性、严密性、深刻性的目的,又能让学生在有趣的、高张的、激动的情绪中学习与思考,体会智慧的力量,体验创造的欢乐。

【训练 4】"空罐换饮料"问题

某饮料厂搞促销,公开承诺:"凡购买本厂某种饮料的顾客可用 3 只空罐换一罐饮料。若购买 10 罐饮料,实际饮用多少罐饮料?购买 20 罐呢?购买 100 罐呢?若需饮用 10 罐,应购买多少罐?需饮用 20 罐呢?需饮用 100 罐呢(注:不能借他人的空罐)?

为解 100 罐的问题,自然想到建立购买罐数 n 与实际饮用罐数 a_n 间的关系,由此引出:

问题 1:请你完成 n 与 a_n 间关系的表格的填写,从表格中你能发现什么规律?

购买罐数 n	实际饮用罐数 a_n	剩余空罐数 b_n	购买罐数 n	实际饮用罐数 a_n	剩余空罐数 b_n
1	1	1	11	16	1
2	2	2	12	17	2
3	4	1	13	19	1
4	5	2	14	20	2
5	7	1	15	22	1
6	8	2	16	23	2
7	10	1	17	25	1
8	11	2	18	26	2
9	13	1	19	28	1
10	14	2	20	29	2

通过观察、讨论、分析,可以发现不少规律:

(1) 实际饮用罐数 a_n 不是 3 的倍数,当 n 是奇数时,a_n 是被 3 除余 1 的自然数;当 n 是偶数时,a_n 是被 3 除余 2 的自然数。

（2）剩余的空罐数 b_n 只能是 1 或 2，因为空罐数大于等于 3 时就可以 3 只空罐换 1 罐饮料。当 n 是奇数时，b_n 是 1；当 n 是偶数时，b_n 是 2。

（3）每多买 2 罐饮料，可多饮用 3 罐饮料。

（4）$a_{2n-1}=3n-2$，$a_{2n}=3n-1$，$n\in\mathbf{N}^*$。

问题 2：从上述规律中，能否猜想出 a_n 的表达式，并证明你的结论。

分析上述规律：a_n 的奇数项组成的子数列 a_{2n-1} 是首项为 1，公差为 3 的等差数列；a_n 的偶数项组成子数列 a_{2n} 是首项为 2，公差为 3 的等差数列。由于这是从 $n=1$ 至 $n=20$ 中得到的结论，对于 $n\in\mathbf{N}^*$ 来说，此结论仅仅是猜想。需要证明此结论的正确性。解决问题的关键是建立关于 a_n 的递推式

$$
\begin{cases}
a_{2n}=a_{2n-1}+1,\\
a_{2n+1}=a_{2n}+2,\\
a_{2n+2}=a_{2n+1}+1,
\end{cases}
\text{从而由}
\begin{cases}
a_{2n}=a_{2n-1}+1,\\
a_{2n+1}=a_{2n}+2,\\
a_{2n+2}=a_{2n+1}+1
\end{cases}
\Rightarrow
$$

$$
\begin{cases}
a_{2n+1}=a_{2n-1}+3,\\
a_{2n+2}=a_{2n}+3,
\end{cases}
\text{这就证明了所猜想的结论是正确的。}
$$

问题 3：求出数列 $\{a_n\}$ 的表达式。

由上述递推公式，很容易得出：

$$
a_n=
\begin{cases}
\dfrac{3n-1}{2}(n=2k-1,k\in\mathbf{N}^*),\\
\dfrac{3n-2}{2}(n=2k,k\in\mathbf{N}^*)
\end{cases}
=\left[\dfrac{3n-1}{2}\right],n\in\mathbf{N}^*,
$$

从而得出购买 100 罐，实际可饮用 149 罐。而需饮用 100 罐，只需购买 67 罐。

问题 4：若将问题 1 中的 3 只空罐换 1 罐饮料改为 4 只空罐换 1 罐饮料又将如何？5 只呢？$m(m\geqslant3)$ 只呢？

这些问题可以作为学生的长作业，以小组合作的方式完成，并以小论文的形式呈现。也可以作为选择性作业，供学生选做。

设计这个训练活动，旨在经历从实际问题中抽象出等差数列模型的过程，归纳和证明具体问题中的递推关系，求解通项公式，有助于形成归纳、猜想、建立数学模型解决问题的思想方法，培养数学表达、解决实际问题的能力。

【训练 5】从错误中积淀智慧

从讲评学生的作业题开始：在 $\triangle ABC$ 中，$(\overrightarrow{BC}+\overrightarrow{BA})\cdot\overrightarrow{AC}=|\overrightarrow{AC}|^2$，

则 $\triangle ABC$ 的现状是（　　　）。

  A. 等边三角形   B. 等腰三角形

  C. 直角三角形   D. 等腰直角三角形

  学生的错误：如图（1），因 $\overrightarrow{BC}+\overrightarrow{BA}=\overrightarrow{BD}$，故原式变为 $\overrightarrow{BD}\cdot\overrightarrow{AC}=|\overrightarrow{AC}|^2$，得 $|\overrightarrow{BD}|=|\overrightarrow{AC}|$，故平行四边形 $ABCD$ 为矩形，所以 $\triangle ABC$ 为直角三角形（$\angle ABC$ 为直角），选 C。

  学生的解题过程是错误的，因为他错误地认为向量乘法运算也可以有消去律，但是答案却是正确的。这是学生作业中出现的典型问题，将这类错误看作训练学生的资源与素材是一个数学老师的明知选择，如何纠正这种错误，如何选择恰当的时机，则将考验教师的教学机智。

  通过启发帮助学生纠正自己的错误：研究三角形的形状，一般是从研究边或角展开的；在这道题中，表面看，题目只给了一个条件：$(\overrightarrow{BC}+\overrightarrow{BA})\cdot\overrightarrow{AC}=|\overrightarrow{AC}|^2$，但我们结合图形还可以找到其他条件，然后把这些条件通过整理变形，找到表示三角形边角关系的条件，上述学生就是这样想的，那么还有没有其他思路呢？

  思路1：因 $\overrightarrow{BC}=\overrightarrow{BA}+\overrightarrow{AC}$，故 $(\overrightarrow{BC}+\overrightarrow{BA})\cdot\overrightarrow{AC}=(2\overrightarrow{BA}+\overrightarrow{AC})\cdot\overrightarrow{AC}^2=2\overrightarrow{BA}\cdot\overrightarrow{AC}+|\overrightarrow{AC}|^2=|\overrightarrow{AC}|^2$，所以 $2\overrightarrow{BA}\cdot\overrightarrow{AC}=0$，$BA\perp AC$，所以 $\triangle ABC$ 为直角三角形（$\angle BAC$ 为直角），选（C）。

  思路2：因 $|\overrightarrow{AC}|^2=\overrightarrow{AC}\cdot\overrightarrow{AC}$，故由 $(\overrightarrow{BC}+\overrightarrow{BA})\cdot\overrightarrow{AC}=|\overrightarrow{AC}|^2$，可得 $(\overrightarrow{BC}+\overrightarrow{BA}-\overrightarrow{AC})\cdot\overrightarrow{AC}=0$，即得 $2\overrightarrow{BA}\cdot\overrightarrow{AC}=0$，从而 $BA\perp AC$。

  至此，学生对自己的错误恍然大悟。还有什么比自己纠正自己的错误更有训练价值呢？更进一步，从错误中我们还能得到什么有益的启示呢？

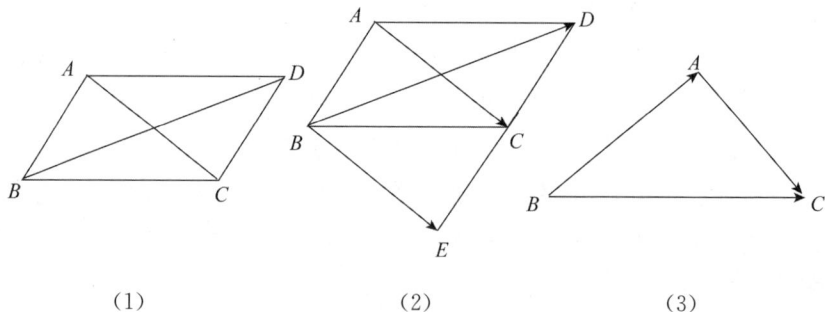

  （1）   （2）   （3）

图 3 - 8

思路 3：虽然由于学生用了错误的法则导致解题过程错误，但其思考方法体现了数形结合的思想，能充分利用图形的特点，由此为我们打开了思考问题的大门。

如图（2），将 $\overrightarrow{AC}$ 平移到 $\overrightarrow{BE}$，则由 $(\overrightarrow{BC}+\overrightarrow{BA})\cdot\overrightarrow{AC}=|\overrightarrow{AC}|^2$，可得 $\overrightarrow{BD}\cdot\overrightarrow{BE}=|\overrightarrow{AC}|^2$。

又因为 $\overrightarrow{BD}\cdot\overrightarrow{BE}=|\overrightarrow{BD}|\cdot|\overrightarrow{BE}|\cos\angle DBE$，所以 $|\overrightarrow{AC}|^2=|\overrightarrow{BD}|\cdot|\overrightarrow{BE}|\cos\angle DBE$。

又 $|\overrightarrow{AC}|=|\overrightarrow{BE}|$，所以 $\cos\angle DBE=\dfrac{|\overrightarrow{BE}|}{|\overrightarrow{BD}|}$。

在 $\triangle BDE$ 中，记 $\angle DBE$、$\angle BDE$、$\angle BED$ 的对边分别为 b、d、e，则 $\cos\angle DBE=\dfrac{d^2+e^2-b^2}{2de}$，所以 $\dfrac{d^2+e^2-b^2}{2de}=\dfrac{d}{e}$，化简得 $e^2=b^2+d^2$，于是 $\angle E$ 为直角，从而 $\angle BAC$ 为直角。

思路 4：受思路 3 的启发，可以得到更为简洁的解法。

如图（3），由 $(\overrightarrow{BC}+\overrightarrow{BA})\cdot\overrightarrow{AC}=|\overrightarrow{AC}|^2$，得 $\overrightarrow{BC}\cdot\overrightarrow{AC}+\overrightarrow{BA}\cdot\overrightarrow{AC}=|\overrightarrow{AC}|^2$。

从而 $ab\cos C+cb\cos(\pi-A)=b^2$，即得 $ab\dfrac{a^2+b^2-c^2}{2ab}-cb\dfrac{b^2+c^2-a^2}{2bc}=b^2$。

化简得 $a^2=b^2+c^2$，所以 $\angle A$ 为直角。

这个训练素材，由学生作业中的错误开始，利用古希腊教育家苏格拉底的"产婆术"，为思想"接生"，引导学生产生正确的思想，自己纠正自己的错误，把学生的思维引向高层次发展，积淀数学活动经验和智慧。

四、形成命题域和命题系的训练设计

要对命题有更深层次的理解，在命题应用中形成命题域和命题系是至关重要的。例如，对于命题：$a^2+b^2=0\Leftrightarrow a=0$ 且 $b=0$，要对该命题有深刻理解，就应把握与此相关的一些等价命题，如：$|a|+|b|=0\Leftrightarrow a=0$ 且 $b=0$，$\sqrt{a}+\sqrt{b}=0\Leftrightarrow a=0$ 且 $b=0$ 等。进一步，还应掌握该命题的一些弱抽象命题，如：$a^n+b^n=0$，n 为偶数，$a\in\mathbf{R}$，$b\in\mathbf{R}\Leftrightarrow a=0$ 且 $b=0$ 等。这样就形成了个体的命题域和命题系，逐步完善了认知结构。由此可见，数学命题的应用是在使学生获得智能信息的同时，逐步形成稳的命题域和命题系，充实和完善个体认知结构的过程（喻平，论数学命题学习，数学教

育学报,1999.11)。

以下是关于四边形的性质的相关命题作业训练设计:

【训练1】求证:顺次联结四边形四条边的中点,所得的四边形是平行四边形。

强化训练1中的条件"四边形"为"平行四边形",则得:

【训练2】求证:顺次联结平行四边形四条边的中点,所得的四边形是平行四边形。

【训练3】求证:顺次联结矩形四条边的中点,所得的四边形是平行四边形(菱形)。

【训练4】求证:顺次联结菱形四条边的中点,所得的四边形是平行四边形(矩形)。

【训练5】求证:顺次联结正方形四条边的中点,所得的四边形是平行四边形(正方形)。

强化训练1中的条件"四边形"为"梯形",则得:

【训练6】求证:顺次联结梯形四条边的中点,所得的四边形是平行四边形。

【训练7】求证:顺次联结等腰梯形四边形四条边的中点,所得的四边形是平行四边形(菱形)。

【训练8】求证:顺次联结直角梯形四条边的中点,所得的四边形是平行四边形。

归纳训练3、5、7中的条件矩形、正方形、等腰梯形的共性:对角线相等,则得:

【训练9】求证:如果四边形的对角线相等,则顺次联结其四条边的中点,所得的四边形是菱形。

归纳训练4、5中的条件菱形、正方形的共性:对角线相互垂直,则得:

【训练10】求证:如果四边形的对角线相互垂直,则顺次联结其四条边的中点,所得的四边形是矩形。

结合训练9、10的条件,则得:

【训练11】求证:如果四边形的对角线相等且相互垂直,则顺次联结其四条边的中点,所得的四边形是正方形。

以上训练设计,运用"一般性寓于特殊性之中"的原理,形成等价或半等价的命题链。通过这样的作业训练,可以帮助学生把握知识的内在联系,理清来龙去脉,完善具有活性的认知结构。

第三节　数学解题的训练设计

　　数学解题的一个很重要的特点就是练习,练习是数学学习的一种重要手段,概念、定理、公式和法则是需要通过练习才能巩固和掌握。数学解题可以集中训练学生的技能技巧,培养学生实际操作能力。精心设计的习题课才能达到预期的效果。通常是设计编制一题多解、一题多变、一题多用、多题一法的习题,以提高学生灵活运用知识的能力。

　　通过数学解题的学习可以帮助学生巩固基础、消除疑难、梳理知识、形成知识系统,从而培养学生的数学思维能力,使学生深化对数学思想方法的理解和应用。

一、"串"题的方法

　　所谓串题就是把能反映和揭示某一数学知识、技能、方法和思想一组数学题串在一起,形成一组序列。有经验的老师认为,一堂习题课,就应是一串有内在联系的作业训练题。

　　例如下列训练作业能反映分式方程的基本解法。解不等式 $(x+4)(x-1)<0$(课本引例)→解不等式 $\frac{x+4}{x-1}<0$→解不等式 $\frac{x+4}{x-1}<2$→解不等式 $\frac{x+4}{x-1}\geqslant 2$→解不等式 $\frac{1-a}{x-1}<a\,(a\in \mathbf{R})$。这组训练题,能够较好地反映分式不等式的解法,体现蕴涵其中的化归思想。

　　再如以下训练作业较全面体现了二次函数最值得基本求法:求下列函数的最大值或最小值,并求出取最值时相应的自变量 x 的值。(1) $f(x)=x^2-4x-2,x\in \mathbf{R}$ →(2) $f(x)=6x-3x^2,x\in \mathbf{R}$ →(3) $f(x)=-x^2-4x-3,x\in [-3,1]$ →(4) $f(x)=x^2-2x-3,x\in [-2,0]$ →(5)求函数 $f(x)=x^2-4x+1$ 在 $[t,4]$ 上的最大值和最小值,其中 $t<4$。这组训练在安排上循序渐近,层次清晰,思维要求由浅入深,体现了作业的渐进性和发展性要求。而且我们认为,与二次函数有关的最值问题,到达上述第(5)题的思维要求是比较恰当的,对下列训练作业要慎重对待:求函数 $f(x)=x^2-2x+2,x\in [t,t+1]$ 的最小值,其中 $t\in \mathbf{R}$。

一法多用，能使学生对同一类型的数学问题，有一个基本的思路和基本方法，透过不同现象抓住其本质。"多题一法"也是训练设计的基本方法。

例如，"一元二次方程的根与系数的关系"可以设计如下训练题：

设 x_1、x_2 是方程 $2x^2+4x-3=0$ 的两个根，利用根与系数的关系，求下列各式的值：(1)$(x_1+1)(x_2+1)$；(2)$\dfrac{x_2}{x_1}+\dfrac{x_1}{x_2}$；(3)$x_1^2+x_2^2$；(4)$(x_1-x_2)^2$；(5)$x_1^3+x_2^3$；(6)$x_1^2x_2+x_1x_2^2$；(7)$\left(x_1+\dfrac{1}{x_2}\right)\left(x_2+\dfrac{1}{x_1}\right)$；(8)$\dfrac{1}{x_1^2}+\dfrac{1}{x_2^2}$。

通过这个作业训练，学生可以掌握求关于已知方程两根的对称式的值的思路、依据、基本步骤，熟练代数式的恒等变形。

再如，已知 $A(-1,1)$，$B(1,2)$，点 P 在 x 轴上，求 $|PA|+|PB|$ 的最小值。

本题借助数形结合、利用三角形边的关系即可获解：$|PA|+|PB|=|PA_1|+|PB|\geqslant|A_1B|=\sqrt{13}$，$A_1(-1,-1)$。这种思想方法可以解决如下问题：

(1) 已知 $A(-1,1)$，$B(1,2)$，点 P 在 x 轴上，求 $|PA|-|PB|$ 的最小值；

(2) 已知 $x\in\mathbf{R}$，求函数 $f(x)=\sqrt{x^2+2x+2}+\sqrt{x^2-2x+5}$ 的最小值；

(3) 设 a、b、c、$d\in\mathbf{R}$，求证：

对任意 p、$q\in\mathbf{R}$，$\sqrt{(a-p)^2+(b-q)^2}+\sqrt{(c-p)^2+(d-q)^2}\geqslant\sqrt{(a-c)^2+(b-d)^2}$；

(4) 已知 $0<x<1$，$0<y<1$，求证：

$\sqrt{x^2+y^2}+\sqrt{x^2+(1-y)^2}+\sqrt{(1-x)^2+y^2}+\sqrt{(1-x)^2+(1-y)^2}\geqslant2\sqrt{2}$；

(5) 设 x_k，$y_k(k=1,2,3)$ 均为非负实数，求证：

$\sqrt{(2012-y_1-y_2-y_3)^2+x_3^2}+\sqrt{y_3^2+x_2^2}+\sqrt{y_2^2+x_1^2}+\sqrt{y_1^2+(x_1+x_2+x_3)^2}\geqslant2012$。

上述多题一法的训练极具数学魅力,这个过程让学生看到了数学通性通法的作用,正如波利亚教导的那样:一个有责任心的教师与其穷于应付繁琐的数学内容和过量的题目,还不如适当选择某些有意义但又不太复杂的题目去帮助学生发掘题目的各个方面,在指导学生解题的过程中,提高他们的才智与推理能力。

"不怕不识货,就怕货比货",在比较中认识问题,用比较的方法设计的训练作业,可以帮助学生深刻认识知识、正确运用知识,提高分析问题解决问题的能力。

例如,一元二次方程根的判别式的应用训练设计:

【训练1】不解方程,判别下列方程的根的情况:(1)$2x^2+3x-4=0$;(2)$16y^2+9=24y$;(3)$5(x^2+1)-7x=0$。

【训练2】k取什么值,方程$2x^2-(4k+1)x+2k^2-1=0$有两个不相等的实数根?有两个相等的实数根?没有实数根?

【训练3】求证:方程$(m^2+1)x^2-2mx+m^2+4=0$没有实数根。

以上三个训练题,其共同点都是一元二次方程根的判别式的应用。不同点是,训练1是已知系数,判定根的情况;训练2是已知根的情况,求系数中字母的值(或取值范围);训练3是运用非负数性质判定方程的根的判别式的值得符号,从而证明根的性质。训练的设计目的在于让学生在操作实践比较问题的异同点,加深对问题的认识和把握。

二、"变"题的方法

变题的方法是围绕某一数学知识、技能、方法和思想,从其正面、反面、侧面的角度,从思维的顺向和逆向、横向和纵向呈现训练题。常见的有一题多解型:一题多解即引导学生对同一来源材料从不同角度、不同方位快速联想及思考问题,探求不同的解答方案,从而拓广思路,培养思维的敏捷性;一法多用型:一法多用即将解决某一问题的方法加以归纳、总结,形成技巧,并用以解决其他问题,通过这种变化,达到多题归一的目的,培养学生知识、方法的潜移能力;一题多变型:一题多变即从一道习题出发,通过逆向思考、探求新知、变化难度、改变条件、变化题型、变数、变字、变符号等手段,使原来的一道题变成一类题,再由一类题变为多类题,并通过对变式题的研究、解决、形成完整的知识结构,培养学生思维的灵活性,达到举一反三,触类旁通,熟一片,通一类的效果。

例如两角和与差的正切公式,围绕公式所揭示的法则,采用全方位、多角度的方法,体现层次分明、思维递进,有助于学生全面深刻地掌握公式,有助于学生代数推理能力的提高。

(1) 顺用公式:已知 $\tan\alpha=\dfrac{1}{3}$,$\tan\beta=-2$,求 $\tan(\alpha+\beta)$、$\tan(\alpha-\beta)$ 的值。

变式 1:已知 $\tan\alpha=\dfrac{1}{3}$,$\cot\beta=-\dfrac{1}{2}$,求 $\cot(\alpha+\beta)$ 的值。

变式 2:已知 $\tan\alpha=\dfrac{1}{3}$,$\tan(\alpha+\beta)=-2$,求 $\tan\beta$ 的值。

(2) 逆用公式:求值:$\dfrac{\tan5°+\tan40°}{1-\tan5°\tan40°}$。

变式 1:求值:$\dfrac{\cot5°+\cot40°}{1-\cot5°\cot40°}$。

变式 2:求值:$\dfrac{1+\tan15°}{1-\tan15°}$。

(3) 变用公式:已知:$\alpha+\beta=\dfrac{\pi}{4}$,求 $(1+\tan\alpha)(1+\tan\beta)$ 的值。

上面讲的是"一题变多题",反过来,从多个指向某种同类属性的习题中,经过改编、演变、变化成一道适合需要的习题,这一道习题,既脱胎于这些原形习题保持了训练价值的内核,又具有鲜明的个性特色。

第四节　数学复习的训练设计

在数学教学中经常要进行复习,它的作用是巩固基础知识、加深对知识、方法及应用的认识。帮助学生形成良好的认知结构。同时还可以帮助学生对阶段学习查漏补缺,巩固提高。因此,数学复习也是数学科的一种基本训练形式。

数学复习分为两种:一种是经常性的复习,一种是阶段性的复习(含学段总复习)。前者又包括新知识教学前的复习,新知识教学中的复习和新知识教学后的复习。教师可根据这三种复习的目的、作用来设计好内容和问题,为新课的运作铺平道路,并把旧知识纳入新知识的体系中,以及明确新知识在解决问题中的作用。后者是一个教学单元或一章结束或期中、期末以及学段总复习。通常数学复习是指这种形式。它的作用是：系统归纳整理阶段所学的知识、方法以及梳理知识方法所反映的数学思想,沟通知识、方法间的联系,形成所学数学内容的整体结构,再通过解决一些综合或应用问题,训练技能,进而达到提高能力。我们认为数学复习对调整教与学,特别对加强知识、方法的理解,提高学生分析问题和解决问题的能力,培养创新意识和应用能力很有脾益。

根据以上分析,数学复习的训练设计可采用以下方法：

一、设计阶梯型题组

根据教材内容的需要,精选不同层次的题目,由易到难,按照不同能力要求编成题组,有针对性地设置知识、方法、能力的最近发展区,使思考坡度循序渐进,恰到好处,学生每解一题,都能亲身体会到其中蕴含的规律,领略到解题的意境和命题的构思。

【训练1】三角函数的最值复习设计

A组题	1. 函数 $y=-5\sin x$ 的最大值是_____,最小值是_____。
	2. 函数 $y=1-\dfrac{1}{2}\cos x$ 的最大值是_____,最小值是_____。
	3. 函数 $y=\sin x\cos x$ 的最大值是_____,最小值是_____。
	4. 函数 $y=\sin x-\sqrt{3}\cos x$ 的最大值是_____,最小值是_____。
B组题	1. 函数 $y=\sin\left(x+\dfrac{\pi}{4}\right)\cos x+\sin x\cos\left(x+\dfrac{\pi}{4}\right)$ 的最大值是_____。
	2. 函数 $y=\sin\left(x+\dfrac{\pi}{4}\right)+\sin\left(x-\dfrac{\pi}{4}\right)$ 的最小值是_____。
	3. 函数 $y=\sin^2 x-\sin x\cos x+\cos^2 x$ 的最大值是_____。
	4. 函数 $y=\sin 2x-2\cos^2 x$ 的最小值是_____。

（续表）

C组题	1. 函数 $y=\cos^2 x-3\cos x+2$ 的最大值是＿＿＿＿。	
	2. 函数 $y=2\sin x-\cos 2x$ 的最小值是＿＿＿＿。	
	3. 当 $-\dfrac{\pi}{2}\leqslant x\leqslant \dfrac{\pi}{2}$ 时，函数 $f(x)=\sin x+\sqrt{3}\cos x$ 的最大值是＿＿＿＿。	
	4. 函数 $y=\sin x\cos x+\sin x+\cos x$ 的最小值是＿＿＿＿。	

【训练 2】如何研究函数 $y=x^3+6x^2+2x+1$ 图像的对称性

A组题	1. 函数 $y=x^3$ 是奇函数还是偶函数？它的图像具有怎样的对称性？ 2. 函数 $y=x^3-10x$ 是奇函数还是偶函数？它的图像具有怎样的对称性？	从最基础的问题着手探究
B组题	3. 函数 $y=(x+2)^3$ 的图像与 $y=x^3$ 的图像有何关系？函数 $y=(x+2)^3+13$ 的图像与 $y=(x+2)^3$ 的图像有何关系？那么，函数 $y=(x+2)^3+13$ 的图像的对称中心是什么？	问题螺旋上升、循序渐进
C组题	4. 函数 $y=(x+2)^3-10(x+2)$ 的图像的对称中心是什么？ 5. 函数 $y=(x+2)^3-10(x+2)+13$ 的图像的对称中心是什么？ 6. 函数 $y=(x+2)^3-10(x+2)+13$ 的右边展开、整理后是什么？	问题再次螺旋上升、延续发展

　　这样分层次、阶梯性创设问题链，可使难易程度尽量贴近学生的最近发展区，使设计的问题链触及学生的兴奋点，搭建成功的阶梯，激起学生主动训练探究的欲望。

二、一题多解的训练题

　　为实现数学复习的教学目的，适当的设计一题多解的训练题，体现数学一题多解的无限魅力，可以激发学生去发现和去创造的强烈欲望，加深学生对所学知识的深刻理解，训练学生对数学思想和数学方法的娴熟运用,锻炼学生思维的广阔性和深刻性、灵活性和独创性,从而培养学生的思维品质,发展学生的创造性思维,培养学生的发散思维能力,这对学生今后的数学学习和数学知识的应用将产生深远的影响。

【训练1】比较 $\dfrac{3}{4}$ 和 $\dfrac{5}{6}$ 的大小。(胡松林,数学教师札记,上海教育出版社,1999.10)

解法一:化作同分母比较。

解法二:化作同分子比较。

解法三:化作小数比较。

解法四:借助"1",作"差比":$1-\dfrac{3}{4}=\dfrac{1}{4}$,$1-\dfrac{5}{6}=\dfrac{1}{6}$,因为 $\dfrac{1}{4}>\dfrac{1}{6}$,所以 $\dfrac{3}{4}<\dfrac{5}{6}$。

解法五:借助"$\dfrac{1}{2}$",作"和比":$\dfrac{3}{4}=\dfrac{2}{4}+\dfrac{1}{4}=\dfrac{1}{2}+\dfrac{1}{4}$,$\dfrac{5}{6}=\dfrac{3}{6}+\dfrac{2}{6}=\dfrac{1}{2}+\dfrac{1}{3}$,因为 $\dfrac{1}{4}<\dfrac{1}{3}$,所以 $\dfrac{3}{4}<\dfrac{5}{6}$。

解法六:借助"分母的最小公倍数12",作"积比":$\dfrac{3}{4}\times12=9$,$\dfrac{5}{6}\times12=10$,因为 $9<10$,所以 $\dfrac{3}{4}<\dfrac{5}{6}$。

解法七:借助"同数相除 $\dfrac{3}{4}$",作"商比":$\dfrac{3}{4}\div\dfrac{3}{4}=1$,$\dfrac{5}{6}\div\dfrac{3}{4}=\dfrac{10}{9}$,因为 $1<\dfrac{10}{9}$,所以 $\dfrac{3}{4}<\dfrac{5}{6}$。

解法八:借助线段直观图作比较。

【训练2】(一元二次方程根与系数的关系)已知方程 $x^2+7x+2=0$ 的两根为 a、b,计算 $|a^2b|+|ab^2|$ 的值。

解法一:由题意,得 $\begin{cases} a+b=-7, \\ ab=2, \end{cases}$ 所以 a、b 同号,且 a、b 同为负号。

所以,$|a^2b|+|ab^2|=-a^2b-ab^2=-ab(a+b)=(-2)\times(-7)=14$。

解法二:由题意,得 $\begin{cases} a+b=-7, \\ ab=2, \end{cases}$

所以，$|a^2b|+|ab^2|=\sqrt{(|a^2b|+|ab^2|)^2}$

$\qquad\qquad\qquad\quad=\sqrt{a^4b^2+2|a^2b||ab^2|+a^2b^4}$

$\qquad\qquad\qquad\quad=\sqrt{a^2b^2(a^2+b^2)+2|a^2b\cdot ab^2|}$

$\qquad\qquad\qquad\quad=\sqrt{a^2b^2[(a+b)^2-2ab]+2|a^3b^3|}$

$\qquad\qquad\qquad\quad=\sqrt{4\times(47-4)+2\times8}=\sqrt{196}=14。$

解法三：由题意，得 $\begin{cases}a+b=-7,\\ab=2,\end{cases}$

所以，$|a^2b|+|ab^2|=|2a|+|2b|=2(|a|+|b|)$

$\qquad\qquad\qquad\quad=2\sqrt{(|a|+|b|)^2}=2\sqrt{a^2+b^2+2|ab|}$

$\qquad\qquad\qquad\quad=2\sqrt{(a+b)^2-2ab+2|ab|}$

$\qquad\qquad\qquad\quad=2\sqrt{(-7)^2-2\times2+2\times2}$

$\qquad\qquad\qquad\quad=14。$

解法四：由题意，得 $\begin{cases}a+b=-7,\\ab=2,\end{cases}$ 所以 a、b 同号，所以，a^2b 与 ab^2 也同号，所以，$|a^2b|+|ab^2|=|a^2b+ab^2|=|ab(a+b)|=|2\times(-7)|=14。$

一题多解的数学训练能够克服思维定势，本题可以从一元二次方程根与系数的关系入手得到解法一，可以从 $|A|=\sqrt{A^2}$ 入手得到解法二，可以从 $a^2b=a\cdot ab=2a$，$ab^2=ab\cdot b=2b$ 得到解法三，也可以利用"同号两数的绝对值得和等于和的绝对值"入手得到解法四。多角度的入手可以为学生独立生动地思维活动提供条件，如果训练以后再能及时交流，就能达到思维碰撞，以少胜多的训练目的。

【训练3】（半角的正弦、余弦和正切）用多种方法求 $\tan 15°+\cot 15°$ 的值。

解法一：$\because\ \tan 15°=\tan\dfrac{30°}{2}=\sqrt{\dfrac{1-\cos 30°}{1+\cos 30°}}=\sqrt{\dfrac{1-\dfrac{\sqrt{3}}{2}}{1+\dfrac{\sqrt{3}}{2}}}=2-\sqrt{3}$，

$\cot 15°=\dfrac{1}{\tan 15°}=2+\sqrt{3}$，

$\therefore\ \tan 150°+\cot 150°=2-\sqrt{3}+2+\sqrt{3}=4。$

解法二：∵ $\tan 15° = \tan(45° - 30°) = \dfrac{1 - \frac{\sqrt{3}}{3}}{1 + \frac{\sqrt{3}}{3}} = 2 - \sqrt{3}$，$\cot 15°$

$= 2 + \sqrt{3}$，

∴ $\tan 15° + \cot 15° = 2 - \sqrt{3} + 2 + \sqrt{3} = 4$。

解法三：$\tan 15° + \cot 15° = \dfrac{1 - \cos 30°}{\sin 30°} + \dfrac{1}{\dfrac{\sin 30°}{1 + \cos 30°}} = \dfrac{2}{\sin 30°} = 4$。

解法四：$\tan 15° + \cot 15° = \dfrac{\sin 15°}{\cos 15°} + \dfrac{\cos 15°}{\sin 15°} = \dfrac{1}{\sin 15° \cos 15°} = \dfrac{2}{\sin 30°}$

$= 4$。

解法五：$\tan 15° + \cot 15° = \tan 15° + \dfrac{1}{\tan 15°} = \dfrac{1 + \tan^2 15°}{\tan 15°} = \dfrac{2}{\sin 30°}$

$= 4$。

【训练 4】(不等式的证明)在 a 克庶糖溶液中含有 b 克庶糖($a > b$)，若再加入 m 克庶糖，则糖水变得更甜了，请根据以上叙述写出其中蕴涵的数学关系式，并加以证明。

蕴涵的数学关系式为：$\dfrac{b + m}{a + m} > \dfrac{b}{a}$。

证法一：作差比较法证明，即可。

证法二：作商比较法证明，即可。

证法三：分析法，要证 $\dfrac{b + m}{a + m} > \dfrac{b}{a}$ 成立，只要证 $a(b + m) > b(a + m)$，即证 $am > bm$，即可。

证法四：综合法，由已知 $a > b > 0$，$m > 0$ 得 $am > bm$，两边同加 ab，得 $a(b + m) > b(a + m)$ 即可。

证法五：函数法，构造函数 $f(x) = \dfrac{b + x}{a + x}$，只需用函数的单调性，比较 $f(0) < f(m)$ 即可。

证法六：斜率法构造，点 (a, b) 与 $(0, 0)$ 和 $(-m, -m)$ 两点连线的斜率，借助数形结合即可。

这样，学生从不同的思路去剖析数量关系，通过学生自己的主动思考和动手解题,既达到了巩固知识的教学目的,又充分体现了学生的主体作用与参与意识,还把学生的创新意识的培养实实在在地落实在了基础知识上,增加了学生的动脑、动手的能力。

【训练 5】已知菱形的边长等于两条对角线长的比例中项,求菱形的锐角。

如图 3-9,设菱形的对角线 $AC=2a$,$BD=2b$,$\angle ABC=2\alpha$(2α 为锐角),则边长 $AB=2\sqrt{ab}$,且 $a<b$。

解法一:由菱形的性质可知:$AB^2=AO^2+BO^2$,所以,$(2\sqrt{ab})^2=a^2+b^2$。

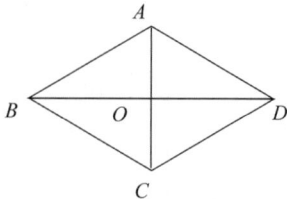

图 3-9

因为 $a<b$,解得 $a=(2-\sqrt{3})b$。

所以 $\tan\alpha=\dfrac{AO}{BO}=\dfrac{a}{b}=2-\sqrt{3}$;$\tan2\alpha=\dfrac{2(2-\sqrt{3})}{1-(2-\sqrt{3})^2}=\dfrac{2-\sqrt{3}}{2\sqrt{3}-3}=\dfrac{\sqrt{3}}{3}$。

因为 2α 为锐角,所以 $2\alpha=\dfrac{\pi}{6}$.即菱形的锐角为 $\dfrac{\pi}{6}$。

解法二:由菱形的面积可知:$2\times\dfrac{1}{2}AB\times BC\sin2\alpha=\dfrac{1}{2}AC\times BD$。

从而 $2\times2\sqrt{ab}\times2\sqrt{ab}\sin2\alpha=2a\times2b$,所以 $\sin2\alpha=\dfrac{1}{2}$。

因为 2α 为锐角,所以 $2\alpha=\dfrac{\pi}{6}$.即菱形的锐角为 $\dfrac{\pi}{6}$。

解法三:用解析法求解.以对角线 BD 为 x 轴,O 为原点建立平面直角坐标系,则菱形的顶点 A、B 的坐标为 $A(0,a)$,$B(-b,0)$.于是,$\tan\alpha=k_{BA}=\dfrac{a-0}{0-(-b)}=\dfrac{a}{b}$.以下同解法一。

解法四:由余弦定理可知,在 $\triangle ABC$ 中,$\cos2\alpha=\dfrac{AB^2+BC^2-AC^2}{2AB\cdot BC}=1-\dfrac{a}{2b}$。

由解法一可知 $a=(2-\sqrt{3})b$,所以 $\cos2\alpha=\dfrac{\sqrt{3}}{2}$。

因为 2α 为锐角,所以 $2\alpha=\dfrac{\pi}{6}$.即菱形的锐角为 $\dfrac{\pi}{6}$。

解法五:从倍角的正弦公式可知,在△ABO中,$\sin\alpha = \dfrac{AO}{AB} = \dfrac{a}{2\sqrt{ab}}$;

$\cos\alpha = \dfrac{BO}{AB} = \dfrac{b}{2\sqrt{ab}}$,$\sin2\alpha = 2\sin\alpha\cos\alpha = 2 \cdot \dfrac{a}{2\sqrt{ab}} \cdot \dfrac{b}{2\sqrt{ab}} = \dfrac{1}{2}$。

因为 2α 为锐角,所以 $2\alpha = \dfrac{\pi}{6}$。即菱形的锐角为 $\dfrac{\pi}{6}$。

【训练6】"等比数列求和公式"的多种证明

证明一:设 $S_n = a_1 + a_1q + \cdots + a_1q^{n-2} + a_1q^{n-1}$,两边同乘,

得 $qS_n = a_1q + a_1q^2 + \cdots + a_1q^{n-1} + a_1q^n$,两式相减,

得 $(1-q)S_n = a_1 - a_1q^n$,当 $q\neq1$ 时,得 $S_n = \dfrac{a_1(1-q^n)}{1-q}$ $(q\neq1)$。

证明二:由乘法公式 $(1-q)(1+q+\cdots+q^{n-1}) = 1-q^n$(当 $q\neq1$),

得 $S_n = a_1(1+q+\cdots+q^{n-1}) = \dfrac{a_1(1-q^n)}{1-q}$。

证明三:因为 $a_2 + a_3 + \cdots + a_n = (a_1 + a_2 + \cdots + a_{n-1})q$,

所以 $S_n - a_1 = (S_n - a_n)q$,所以 $S_n = \dfrac{a_1 - a_nq}{1-q}$ $(q\neq1)$。

证明四:因为 $\dfrac{a_2}{a_1} = \dfrac{a_3}{a_2} = \cdots = \dfrac{a_n}{a_{n-1}} = q$,

所以 $\dfrac{a_2 + a_3 + \cdots + a_n}{a_1 + a_2 + \cdots + a_{n-1}} = q(a_1 + a_2 + \cdots a_{n-1} \neq 0)$,

所以 $\dfrac{S_n - a_1}{S_n - a_n} = q$,所以 $S_n = \dfrac{a_1 - a_nq}{1-q}$ $(q\neq1)$。

证明五:$S_n = \dfrac{1-q}{1-q}(a_1 + a_2 + a_3 + \cdots + a_n)$

$= \dfrac{1}{1-q}[(a_1 + a_2 + a_3 + \cdots + a_n) - q(a_1 + a_2 + \cdots + a_n)]$

$= \dfrac{1}{1-q}[a_1 + q(a_1 + a_2 + \cdots + a_{n-1}) - q(a_1 + a_2 + \cdots + a_{n-1} + a_n)]$

$= \dfrac{a_1 - a_nq}{1-q}$ $(q\neq1)$。

证明六:因为 $S_n - S_{n-1} = a_n = a_1q^{n-1}\dfrac{1-q}{1-q} = \dfrac{a_1q^{n-1}}{1-q} - \dfrac{a_1q^n}{1-q}$,

所以 $S_n + \frac{a_1 q^n}{1-q} = S_{n-1} + \frac{a_1 q^{n-1}}{1-q}$，$\left\{ S_n + \frac{a_1 q^n}{1-q} \right\}$ 是常数列。

所以 $S_n + \frac{a_1 q^n}{1-q} = S_1 + \frac{a_1 q}{1-q} = a_1 + \frac{a_1 q}{1-q}$，$S_n = \frac{a_1(1-q^n)}{1-q}$ $(q \neq 1)$。

证明七：因为 $S_n = a_1 + a_2 + a_3 + \cdots + a_n = a_1 + q(a_1 + a_2 + \cdots + a_{n-1}) = a_1 + q S_{n-1}$，

而 $S_{n-1} = S_n - a_n = S_n - a_1 q^{n-1}$，代入上式得 $S_n = a_1 + q(S_n - a_1 q^{n-1})$，

所以 $S_n = \frac{a_1(1-q^n)}{1-q}$ $(q \neq 1)$。

证明八：用数学归纳法证明。

【训练 7】对于满足等式 $a_1^2 + a_{10}^2 = 20$ 的所有等差数列 $\{a_n\}$，a_{19} 的最大值是_____。

解法 1：柯西不等式。由等差数列性质，得 $2a_{10} = a_1 + a_{19}$，即 $a_{19} = 2a_{10} - a_1$。由柯西不等式 $(a_{10}^2 + a_1^2)[2^2 + (-1)^2] \geq (2a_{10} - a_1)^2$，得 $20 \times 5 \geq a_{19}^2$，$-10 \leq a_{19} \leq 10$，当且仅当 $\frac{2}{a_{10}} = \frac{-1}{a_1}$ 等号成立。所以，a_{19} 的最大值是 10。

解法 2：数形结合。令 $a_1 = x$，$a_{10} = y$，则 $x^2 + y^2 = 20$，点 (x, y) 的轨迹是以 $(0,0)$ 为圆心，$2\sqrt{5}$ 为半径的圆。由题意得 $a_{19} = 2y - x$，令直线 $x - 2y + a_{19} = 0$ 与圆 $x^2 + y^2 = 20$ 有交点，那么，当直线与圆相切时，a_{19} 可取得最大值。由 $\frac{|a_{19}|}{\sqrt{2^2 + 1^2}} = \sqrt{20}$，解得 $|a_{19}| = 10$，所以，a_{19} 的最大值是 10。

解法 3：三角代换。设 $a_1 = 2\sqrt{5}\cos\theta$，$a_{10} = 2\sqrt{5}\sin\theta$，则满足 $a_1^2 + a_{10}^2 = 20$，$a_{19} = 2a_{10} - a_1 = 4\sqrt{5}\sin\theta - 2\sqrt{5}\cos\theta = 2\sqrt{5}(2\sin\theta - \cos\theta) = 10\sin\left(\theta - \arctan\frac{1}{2}\right) \leq 10$，所以，$a_{19}$ 的最大值是 10。

解法 4：判别式法。设 $\{a_n\}$ 的公差为 d，则 $a_1 = a_{19} - 18d$，$a_{10} = a_{19} - 9d$，代入 $a_1^2 + a_{10}^2 = 20$ 得 $(a_{19} - 18d)^2 + (a_{19} - 9d)^2 = 20$，整理得 $405d^2 - 54a_{19}d + 2a_{19}^2 - 20 = 0$，将其看做关于 d 的一元二次方程，由 d 存在，可得 $\Delta \geq 0$，得 $(-54a_{19})^2 - 4 \times 405 \times (2a_{19}^2 - 20) \geq 0$，$\Rightarrow a_{19}^2 \leq 100$。所以，$a_{19}$ 的最大值是 10。

【训练8】2011 年高考理科数学卷第 21 题

已知 O 为坐标原点，F 为椭圆 $C:x^2+\dfrac{y^2}{2}=1$ 在 y 轴正半轴上的焦点，过点 F 且斜率为 $-\sqrt{2}$ 的直线 l 与 C 交于 A、B 两点，点 P 满足 $\overrightarrow{OA}+\overrightarrow{OB}+\overrightarrow{OP}=\overrightarrow{0}$。

（Ⅰ）证明：点 P 在 C 上；

（Ⅱ）设点 P 关于点 O 的对称点为 Q，证明：A、P、B、Q 四点在同一圆上。

第（Ⅱ）证法 1：通过证明 A、P、B、Q 四点到某一定点的距离相等，从而证明这四点共圆。

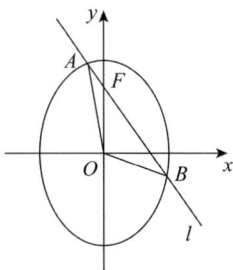

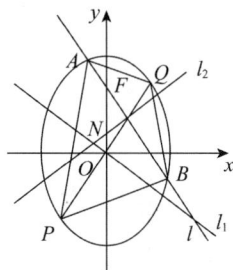

证明如下：如图，由（Ⅰ）知 $P\left(-\dfrac{\sqrt{2}}{2},-1\right)$，从而知 $Q\left(\dfrac{\sqrt{2}}{2},1\right)$，$PQ$ 的垂直平分线 l_1 的方程为 $y=-\dfrac{\sqrt{2}}{2}x$……①，AB 的垂直平分线 l_2 的方程为 $y=\dfrac{\sqrt{2}}{2}x+\dfrac{1}{4}$……②；有①、②得 l_1、l_2 的交点 $N\left(-\dfrac{\sqrt{2}}{8},\dfrac{1}{8}\right)$，所以，$NP=NQ=\dfrac{3\sqrt{11}}{8}$。

由 $AB=\sqrt{1+(-\sqrt{2})^2}\cdot|x_2-x_1|=\dfrac{3\sqrt{2}}{2}$，点 N 到直线 l 的距离为 d

$=\dfrac{\left|\sqrt{2}\times\left(-\dfrac{\sqrt{2}}{8}\right)+\dfrac{1}{8}-1\right|}{\sqrt{3}}=\dfrac{3\sqrt{3}}{8}$，$NA=NB=\sqrt{d^2+\left(\dfrac{AB}{2}\right)^2}=\dfrac{3\sqrt{11}}{8}$。

故 $NP=NQ=NA=NB$，从而 A、P、B、Q 四点在同一圆上。

第（Ⅱ）证法 2：通过证明四边形 $APBQ$ 的某两对角互补，从而证明这四点共圆。

证明如下:如图,设 $A(x_1,y_1)$,$B(x_2,y_2)$,则

$$\tan\angle APB=\frac{k_{PA}-k_{PB}}{1+k_{PA}k_{PB}}$$

$$=\frac{\dfrac{y_1-(-1)}{x_1-\left(-\dfrac{\sqrt{2}}{2}\right)}-\dfrac{y_2-(-1)}{x_2-\left(-\dfrac{\sqrt{2}}{2}\right)}}{1+\dfrac{y_1-(-1)}{x_1-\left(-\dfrac{\sqrt{2}}{2}\right)}\cdot\dfrac{y_2-(-1)}{x_2-\left(-\dfrac{\sqrt{2}}{2}\right)}}$$

$$=\frac{3(x_2-x_1)}{3x_1x_2-\dfrac{3\sqrt{2}}{2}(x_1+x_2)+\dfrac{9}{2}}=\frac{4(x_2-x_1)}{3}$$

同理 $\tan\angle AQB=\dfrac{k_{QB}-k_{QA}}{1+k_{QA}k_{QB}}$

$$=\frac{\dfrac{y_2-1}{x_2-\dfrac{\sqrt{2}}{2}}-\dfrac{y_1-1}{x_1-\dfrac{\sqrt{2}}{2}}}{1+\dfrac{y_2-1}{x_2-\dfrac{\sqrt{2}}{2}}\cdot\dfrac{y_1-1}{x_1-\dfrac{\sqrt{2}}{2}}}=\frac{x_2-x_1}{3x_1x_2-\dfrac{\sqrt{2}}{2}(x_1+x_2)+\dfrac{1}{2}}=-\frac{4(x_2-x_1)}{3}$$

所以 $\tan\angle APB=-\tan\angle AQB$,由于 $\angle APB$ 与 $\angle AQB$ 是四边形的内角,从而 $\angle APB+\angle AQB=180°$,所以点 A、P、B、Q 四点共圆。

第(Ⅱ)证法 3:利用托勒密定理的逆定理:若四边形的两对边乘积之和等于其对角线乘积,则该四边形内接于一圆。

证明如下:由 $\begin{cases}y=-\sqrt{2}\,x+1\\x^2+\dfrac{y^2}{2}=1\end{cases}$ 得:$4x^2-2\sqrt{2}\,x-1=0$,解得 $x_1=$

$\dfrac{\sqrt{2}-\sqrt{6}}{4}$,$x_2=\dfrac{\sqrt{2}-\sqrt{6}}{4}$,从而得 $A\left(\dfrac{\sqrt{2}-\sqrt{6}}{4},\dfrac{1+\sqrt{3}}{2}\right)$,$B\left(\dfrac{\sqrt{2}+\sqrt{6}}{4},\dfrac{1-\sqrt{3}}{2}\right)$,即

可得 $AB=\dfrac{3\sqrt{2}}{2}$;

由 $P\left(-\dfrac{\sqrt{2}}{2},-1\right)$ 及题设 $Q\left(\dfrac{\sqrt{2}}{2},1\right)$,即可得 $PQ=\sqrt{6}$;从而 $AB\cdot PQ=$

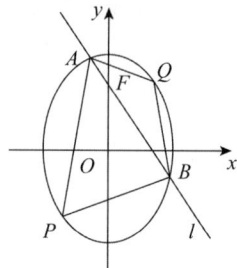

$3\sqrt{3}$；

又由于 $PA=\sqrt{\dfrac{18+3\sqrt{3}}{4}}$，$QB=\sqrt{\dfrac{6+\sqrt{3}}{4}}$，$PB=\sqrt{\dfrac{18-3\sqrt{3}}{4}}$，$QA$

$=\sqrt{\dfrac{6-\sqrt{3}}{4}}$，

所以 $PA\cdot QB=\dfrac{3+6\sqrt{3}}{4}$，$PB\cdot QA=\dfrac{-3+6\sqrt{3}}{4}$，即得 $PA\cdot QB+$

$PB\cdot QA=3\sqrt{3}$。

所以 $PA\cdot QB+PB\cdot QA=AB\cdot PQ$，所以点 A、P、B、Q 四点共圆。

第（Ⅱ）证法 4：利用相交弦定理：若四边形 $APBQ$ 的两对角线交于 M，若能证明 $AM\cdot BM=PM\cdot QM$，则点 A、P、B、Q 四点共圆。

证明如下：如图所示，由 $\begin{cases}y=-\sqrt{2}x+1 \\ x^2+\dfrac{y^2}{2}=1\end{cases}$ 得：$4x^2-$

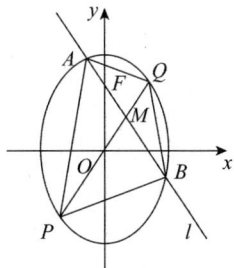

$2\sqrt{2}x-1=0$，解得 $x_1=\dfrac{\sqrt{2}-\sqrt{6}}{4}$，$x_2=\dfrac{\sqrt{2}-\sqrt{6}}{4}$，从而

得 $A\left(\dfrac{\sqrt{2}-\sqrt{6}}{4},\dfrac{1+\sqrt{3}}{2}\right)$，$B\left(\dfrac{\sqrt{2}+\sqrt{6}}{4},\dfrac{1-\sqrt{3}}{2}\right)$，从而直线

AB 的方程为：$y=-\sqrt{2}x+1$；由 $P\left(-\dfrac{\sqrt{2}}{2},-1\right)$、$Q\left(\dfrac{\sqrt{2}}{2},1\right)$ 得直线 PQ 的方

程为 $y=\sqrt{2}x$；

由 $\begin{cases}y=-\sqrt{2}x+1 \\ y=\sqrt{2}x\end{cases}$ 得 $\begin{cases}x=\dfrac{\sqrt{2}}{4} \\ y=\dfrac{1}{2}\end{cases}$，所以 $M\left(\dfrac{\sqrt{2}}{4},\dfrac{1}{2}\right)$；

从而 $|MA|\cdot|MB|=\sqrt{\left(\dfrac{\sqrt{2}-\sqrt{6}}{4}-\dfrac{\sqrt{2}}{4}\right)^2+\left(\dfrac{1+\sqrt{3}}{2}-\dfrac{1}{2}\right)^2}+$

$\sqrt{\left(\dfrac{\sqrt{2}+\sqrt{6}}{4}-\dfrac{\sqrt{2}}{4}\right)^2+\left(\dfrac{1-\sqrt{3}}{2}-\dfrac{1}{2}\right)^2}=\dfrac{9}{8}$；$|MP|\cdot|MQ|$

$=\sqrt{\left(-\dfrac{\sqrt{2}}{2}-\dfrac{\sqrt{2}}{4}\right)^2+\left(-1-\dfrac{1}{2}\right)^2}+\sqrt{\left(\dfrac{\sqrt{2}}{2}-\dfrac{\sqrt{2}}{4}\right)^2+\left(1-\dfrac{1}{2}\right)^2}=\dfrac{9}{8}$，

所以$|MA| \cdot |MB| = |MP| \cdot |MQ|$，从而点$A$、$P$、$B$、$Q$四点共圆。

第（Ⅱ）证法5：利用同底同侧两个三角形顶角相等，即若能证明$\angle AQP = \angle ABP$，则点A、P、B、Q四点共圆。

证明如下：如图，由$\begin{cases} y = -\sqrt{2}x + 1 \\ x^2 + \dfrac{y^2}{2} = 1 \end{cases}$　得：$4x^2 - 2\sqrt{2}x - 1 = 0$，解得$x_1 = \dfrac{\sqrt{2} - \sqrt{6}}{4}$，$x_2 = \dfrac{\sqrt{2} - \sqrt{6}}{4}$，从而得$A\left[\dfrac{\sqrt{2} - \sqrt{6}}{4}, \dfrac{1 + \sqrt{3}}{2}\right]$，$B\left[\dfrac{\sqrt{2} + \sqrt{6}}{4}, \dfrac{1 - \sqrt{3}}{2}\right]$，由（Ⅰ）可知，$P\left[-\dfrac{\sqrt{2}}{2}, -1\right]$、$Q\left[\dfrac{\sqrt{2}}{2}, 1\right]$；所以$k_{AQ} = \sqrt{6} - 2\sqrt{2}$，$k_{BP} = -\sqrt{6} + 2\sqrt{2}$；又因为，$k_{PQ} = \sqrt{2}$，$k_{AB} = -\sqrt{2}$，所以$\tan\angle AQP = \dfrac{\sqrt{2} - (\sqrt{6} - 2\sqrt{2})}{1 + \sqrt{2}(\sqrt{6} - 2\sqrt{2})} = \dfrac{3\sqrt{2} - \sqrt{6}}{2\sqrt{3} - 3}$，

$\tan\angle ABP = \dfrac{(2\sqrt{2} - \sqrt{6}) + \sqrt{2}}{1 - \sqrt{2}(2\sqrt{2} - \sqrt{6})} = \dfrac{3\sqrt{2} - \sqrt{6}}{2\sqrt{3} - 3}$，所以$\angle AQP = \angle ABP$，从而点$A$、$P$、$B$、$Q$四点共圆。

第（Ⅱ）证法6：在平面直角坐标系中，如果四个点的坐标分别为(x_1, y_1)，(x_2, y_2)，(x_3, y_3)和(x_4, y_4)，那么这四个点共圆的条件是：

$$\begin{vmatrix} x_1^2 + y_1^2 & x_1 & y_1 & 1 \\ x_2^2 + y_2^2 & x_2 & y_2 & 1 \\ x_3^2 + y_3^2 & x_3 & y_3 & 1 \\ x_4^2 + y_4^2 & x_4 & y_4 & 1 \end{vmatrix} = 0$$

【训练9】2004年全国高中数学联赛第4题：如图，设O点在$\triangle ABC$内部，且有$\overrightarrow{OA} + 2\overrightarrow{OB} + 3\overrightarrow{OC} = \vec{0}$，则$\triangle ABC$的面积和$\triangle AOC$面积之比为_____。

解：设D、E分别为AC、BC的中点，因为$\overrightarrow{OA} + 2\overrightarrow{OB} + 3\overrightarrow{OC} = \vec{0}$，
所以$\overrightarrow{OA} + \overrightarrow{OC} = -2(\overrightarrow{OC} + \overrightarrow{OB})$，
所以$\overrightarrow{OD} = -2\overrightarrow{OE}$，所以$D$、$O$、$E$三点共线。

从而有$\dfrac{S_{\triangle AOC}}{S_{\triangle AEC}} = \dfrac{2}{3}$且$\dfrac{S_{\triangle AEC}}{S_{\triangle ABC}} = \dfrac{1}{2}$，所以$\dfrac{S_{\triangle ABC}}{S_{\triangle AOC}} = 3$。

同理还可求得 $\dfrac{S_{\triangle ABC}}{S_{\triangle BOC}}=6$，$\dfrac{S_{\triangle ABC}}{S_{\triangle AOB}}=2$。

在上述解决问题的基础上提出研究课题：设 O 点在 $\triangle ABC$ 内部，当 $\overrightarrow{OA}+m\overrightarrow{OB}+n\overrightarrow{OC}=\vec{0}$，求 $S_{\triangle ABC}:S_{\triangle OBC}$ 的值.那么能不能找到解答此题的通法呢？

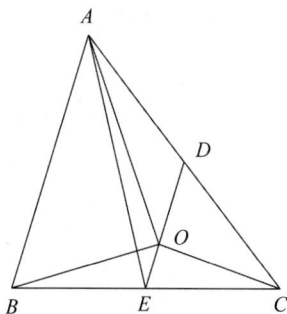

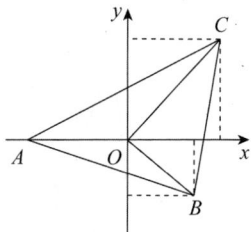

解法 1：正交分解法

以点 O 为原点，AO 为 x 轴建立直角坐标系，不妨设点 A 的坐标为 $(-1,0)$.对 $\overrightarrow{OB}$、$\overrightarrow{OC}$ 进行正交分解，令 $\overrightarrow{OB}=(x_1,y_1)$，$\overrightarrow{OC}=(x_2,y_2)$，如图所示。

由 $\overrightarrow{OA}+m\overrightarrow{OB}+n\overrightarrow{OC}=\vec{0}$ 可得 $(-1,0)+(mx_1,my_1)+(nx_2+ny_2)=(0,0)$，

从而得 $\begin{cases} mx_1+nx_2=1 \\ my_1+ny_2=0 \end{cases}$（点 O 在 $\triangle ABC$ 内部，故 $m,n>0$）。

直线 BC 的方程为 $(x_1-x_2)y-(y_1-y_2)x+x_2y_1-x_1y_2=0$。

设 O、A 到直线 BC 的距离分别为 d_O,d_A，则

$$\dfrac{S_{\triangle ABC}}{S_{\triangle OBC}}=\dfrac{d_A}{d_O}=\dfrac{|y_1-y_2+x_2y_1-x_1y_2|}{|x_2y_1-x_1y_2|}=\left|\dfrac{y_1-y_2}{x_2y_1-x_1y_2}+1\right|=$$

$$\left|\dfrac{my_1-my_2}{x_2my_1-mx_1y_2}+1\right|=\left|\dfrac{-ny_2-my_2}{-x_2ny_2-(1-nx_2)y_2}+1\right|=m+n+1。$$

解法 2：力的平衡法（利用起点相同的三个力 F_1、F_2、F_3 的合力为 0，则达到力的平衡）

如图，设 $F_1=\overrightarrow{OA}$，$F_2=m\overrightarrow{OB}=\overrightarrow{OB_1}$，$F_3=n\overrightarrow{OC}=\overrightarrow{OC_1}$。由 $\overrightarrow{OA}+m\overrightarrow{OB}+n\overrightarrow{OC}=\vec{0}$ 可知 F_1、F_2、F_3 三个力平衡。延长 AO 到 A_1，使得 $OA_1=OA$，连结 A_1B_1、A_1C_1，则四边形 $OC_1A_1B_1$ 为平行四边形。连结 A_1B_1、A_1C_1，

B_1C_1，于是有 $S_{\triangle OB_1C_1}=S_{\triangle OB_1A_1}=S_{\triangle OB_1A}=S_{\triangle OC_1A}$，而 $S_{\triangle OBC}=\dfrac{1}{mn}S_{\triangle OB_1C_1}$，

$S_{\triangle OAB}=\dfrac{1}{m}S_{\triangle OAB_1}$，$S_{\triangle OAC}=\dfrac{1}{n}S_{\triangle OAC_1}$，故，$\dfrac{S_{\triangle ABC}}{S_{\triangle OBC}}=\dfrac{\dfrac{1}{m}+\dfrac{1}{n}+\dfrac{1}{mn}}{\dfrac{1}{mn}}=m+n+1$。

解法 3：重心性质法（利用三角形的重心性质：若 $\triangle ABC$ 的重心是 G，

则 $\overrightarrow{GA}+\overrightarrow{GB}+\overrightarrow{GC}=\vec{0}$，且 $S_{\triangle GBC}=S_{\triangle GCA}=S_{\triangle GAC}$）

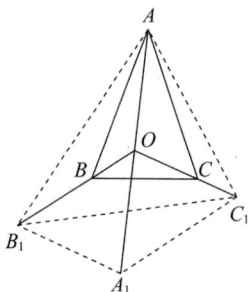
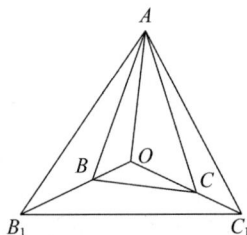

如图，O 点在 $\triangle ABC$ 内部，且 $\overrightarrow{OA}+m\overrightarrow{OB}+n\overrightarrow{OC}=\vec{0}$，令 $\overrightarrow{OB_1}=m\overrightarrow{OB}$，

$\overrightarrow{OC_1}=n\overrightarrow{OC}$，显然，点 O 是 $\triangle AB_1C_1$ 的重心，故 $S_{\triangle OAB_1}=S_{\triangle OB_1C_1}=S_{\triangle OAC_1}$。

由于 $S_{\triangle OBC}=\dfrac{1}{mn}S_{\triangle OB_1C_1}$，$S_{\triangle OAC}=\dfrac{1}{n}S_{\triangle OAC_1}$，$S_{\triangle OAB}=\dfrac{1}{m}S_{\triangle OAB_1}$，故 $\dfrac{S_{\triangle ABC}}{S_{\triangle OBC}}=$

$\dfrac{\dfrac{1}{m}+\dfrac{1}{n}+\dfrac{1}{mn}}{\dfrac{1}{mn}}=m+n+1$。

解法 4：平面向量法

由 $\overrightarrow{OA}+m\overrightarrow{OB}+n\overrightarrow{OC}=\vec{0}$，得 $\overrightarrow{AO}=m\overrightarrow{OB}+$
$n\overrightarrow{OC}$。如图，设 BC 与 AO 的延长线的交点为 N。因
B、N、C 三点共线，故存在唯一的实数 λ，使 $\overrightarrow{ON}=$
$\lambda\overrightarrow{OB}+(1-\lambda)\overrightarrow{OC}$，又 A、O、N 共线，故存在唯一的
实数 t，使 $\overrightarrow{AO}=t\overrightarrow{ON}$，即得 $m\overrightarrow{OB}+n\overrightarrow{OC}=t\lambda\overrightarrow{OB}+$

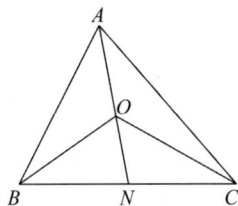

$t(1-\lambda)\overrightarrow{OC}$，由于 $\overrightarrow{OB}$、$\overrightarrow{OC}$ 不共线，故 $\begin{cases}m=t\lambda\\n=t(1-\lambda)\end{cases}$，于是 $t=\dfrac{m}{\lambda}=\dfrac{n}{1-\lambda}=$

$\dfrac{m+n}{1}=m+n$，因此，$\dfrac{S_{\triangle ABC}}{S_{\triangle OBC}}=\dfrac{|\overrightarrow{AN}|}{|\overrightarrow{ON}|}=\dfrac{|\overrightarrow{AO}|}{|\overrightarrow{ON}|}+1=m+n+1$。

通过上述一题多解的研究，我们找到了解答此类问题的通法，达到了解一题通一类的效果．而且这些方法都具有一般性，称得上优秀的解法．值得一提的是：力的平衡法和平面向量法中的直线 AO 显然过 B_1C_1 的中点，同样，直线 B_1O 也过 AC_1 的中点，即点 O 就是 $\triangle AB_1C_1$ 的重心。可见，力的平衡法重心性质法和平面向量法之间存在内在联系，重心是联系三种方法的纽带。通过上述训练活动，学生主动复习了向量知识、解析几何知识、平面几何知识和力学知识，发现了向量和解析几何平面几何力学之间的联系，无意间折射出学科间的知识和方法可以相互渗透，数学是其他学科的基础，其他学科未必不是数学的基础，只有把各门学科知识有机结合融会贯通，才能产生智慧和创新。

因此，在教学中，尤且在复习教学中，教师应注意精选题目，精选典型的具有代表性的训练素材；加强多解训练，注重引导学生进行解题后再思考，诱导学生从多角度、多方位去认识问题，解决问题；引导学生评价各种解法的特点及优劣，探究具有普适性的解题方法，寻求最简解题方法，以此实现解一题通一遍，解一题通一类的效果。从而达到提高效率，培养能力，提高数学学习训练的有效性。

三、突出核心的训练题

数学复习的一个特点是围绕某一核心知识展开，相对应的训练设计也要围绕概念或问题的本质，变换对象的非本质要素，突出对象的本质要素，达到丰富学生的感性认识、梳理知识脉络、掌握概念或问题本质的目的。

例如，全等三角形复习课的训练设计。

【训练1】如图(1)，已知：$AB=AC$，分别取 AB、AC 的中点 D、E，联结 BE、CD 交于点 O，求证：$BE=CD$。

【训练2】如图(2)，已知：$AB=AC$，分别取 AB、AC 的点 D、E，使得 $AD=AE$，联结 BE、CD 交于点 O，求证：$BE=CD$。

【训练3】如图(3)，已知：$AB=AC$，分别取 AB、AC 上的点 D、E，使得 $CD\perp AB$，$BE\perp AC$，BE、CD 交于点 O，求证：$BE=CD$。

【训练4】如图(4)，已知：$AB=AC$，分别取 AB、AC 的点 D、E，使得

$\angle B=\angle C$，BE、CD 交于点 O，求证：$BE=CD$。

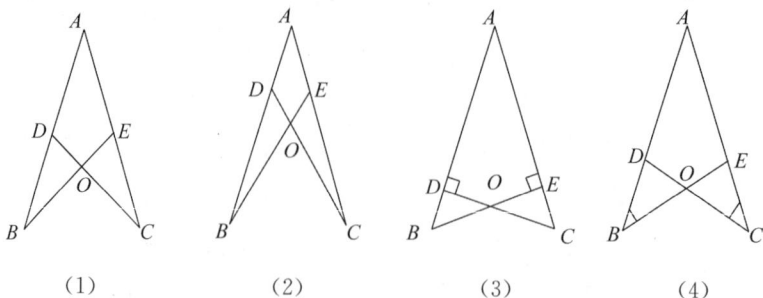

（1）　　　　　（2）　　　　　（3）　　　　　（4）

图 3－10

【训练5】在【训练1】中，保持条件不变，除了得到线段 BE 与 CD 相等外，还可以得到哪些相等的线段？用什么知识加以证明？

本组训练题的特点是围绕一个基本图形，通过变化问题的条件或结论，形成一组"万变不离其宗"的训练题，突出了全等三角形的判定定理 1（SAS）和判定定理 2（ASA）的核心地位，达到激发兴趣、巩固定理，启迪思维的效果。

又如，直线的斜率。

直线斜率概念的复习思路可设想为，先通过"坡度"概念类比得出直线的斜率定义，即 $k=\dfrac{y_1-y_2}{x_1-x_2}=\dfrac{\Delta y}{\Delta x}$，再在几何直观下引入倾斜角并导出两者之间的关系：$k=\tan\theta$，进一步揭示两者变化时的情况。这样就能将变化率的思想凸显出来，以此为中心，将其他表征形式结合

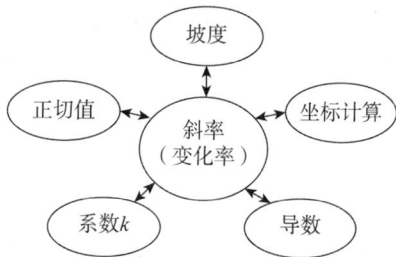

图 3－11　斜率概念图式图

起来，形成了斜率概念的图式（如图 3－11 所示）。

对斜率概念的把握需要从多角度入手，数形相结合、解题活动与日常生活实践相结合，加强多种表征方式之间的联系，让学生在螺旋上升的过程中不断加深认识。斜率作业题可设计如下：

【训练1】在平面直角坐标系中，将过原点的一次函数 $y=kx$ 图像上某点 P 沿 x 轴方向向右平移 4 个单位，再沿 y 轴方向向上平移 3 个单位，得到点 Q 仍在原图像上，则系数 $k=$ _____。

【训练2】在日常生活中，我们用"坡度"来刻画道路的倾斜程度，如楼

梯、屋顶、铁路、公路等等。铁路的坡度通常用千分率(‰)来表示,公路坡度用百分率(%)来表示。试回答:

(1) 图 3-12 是一段斜坡为 7% 的山路标记,请解释数值 7% 的含义。

(2) 坡度为 9% 的道路比这段 7% 的山路要陡还是缓? 为什么?

(3) 请你从数学角度来描述"坡度"一词的含义。

图 3-12

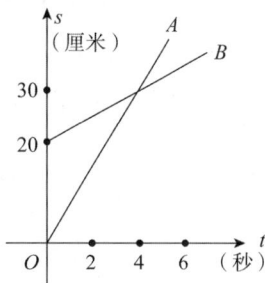

图 3-13

【训练 3】图 3-13 给出了两物体 A 与 B 作匀速直线运动时的位移—时间变化图,请回答:

(1) 当 $t=2$ 秒时,比较 A 与 B 的速度 v_A 和 v_B 大小;$t=4$ 秒呢? 说明理由;

(2) 分别求物体 A 与 B 的速度 v_A 和 v_B,并写出简单过程;

(3) 在 $s-t$ 图像中,直线表示什么含义?

(4) 分别求出图中两直线的斜率 k_A 和 k_B,并解释它们的含义。

【训练 4】在平面直角坐标系中,直线 $x=1$ 的斜率为_____,倾斜角为_____;直线 $y=3$ 的斜率为_____,倾斜角为_____;经过两点 $(-3,2)$ 和 $(2,-3)$ 的直线斜率为_____,倾斜角为_____。

【训练 5】如图 3-14,直线 l_1、l_2 和 l_3 的斜率分别为 k_1、k_2 和 k_3,则 k_1、k_2 和 k_3 的大小关系(从小到大)为_____。

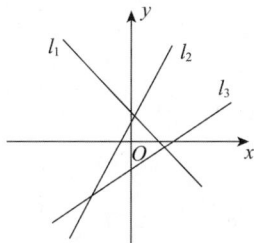

图 3-14

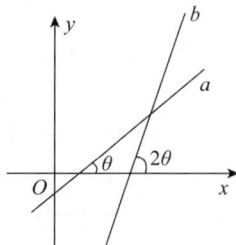

图 3-15

【训练 6】如图 $3-15$，已知直线 a、b 的倾斜角分别为 θ 和 2θ，其中直线 a 的斜率为 $k_a = \dfrac{1}{3}$，求直线 b 的斜率。

【训练 7】在中学物理课本中有许多图像，右图是物体甲和乙作匀速直线运动时的 $s-t$ 图像．试回答：

图(1)中直线的斜率 $k_1 =$ _____ ，

图(2)中直线的斜率 $k_2 =$ _____ 。

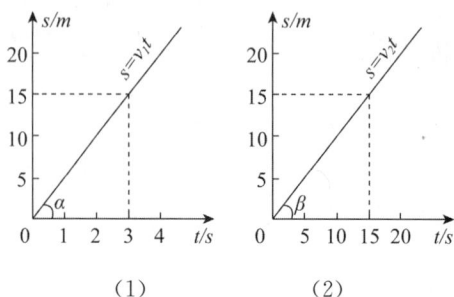

(1)　　　　(2)

图 $3-16$

再如，三角函数。

【训练 1】围绕正余弦函数的有界性，求下列函数的值域：

(1) $y = \sin^2 x + 2\cos x - 2$；(2) $y = \dfrac{1 - \sin x}{2 + \sin x}$；(3) $y = \sin x + \sqrt{3}\cos x$。

设计意图：题(1)由有界性确定换元函数的定义域；题(2)根据有界性列不等式求值域；题(3)直接用来确定线性式函数的最大(小)值；将以上三点放在一起形成一个整体，帮助学生建立关于"正余弦函数的有界性"的认知结构。

【训练 2】围绕两类基本式子(二次式和齐次式)。

1. 求下列函数的最小正周期、单调区间和值域：

(1) $y = \sin x(\sin x + \cos x)$；

(2) $y = 4\cos x \cdot \cos^2 \dfrac{x}{2} - \cos 2x$；

(3) $y = \sin\left(2x + \dfrac{\pi}{3}\right) - \sqrt{3}\sin^2 x + \sin x \cos x$。

2. 若 $f(x) = \cos^2 x - 2k\cos^2 \dfrac{x}{2}$，且 $f(x)$ 的最大值为 1，则实数 k 的取值范围是 _____ 。

若 $k < -4$，则函数 $y = \cos 2x + k(\cos x - 1)$ 的最小值为 _____。

3. 已知函数 $f(x) = \dfrac{1 + \cos 2x}{4\sin\left(\dfrac{\pi}{2} - x\right)} - a\sin\dfrac{x}{2}\cos\left(\pi - \dfrac{x}{2}\right)$，$(a > 0)$。

(1) 若 $a = \sqrt{3}$，求 $f(x)$ 的最小正周期和单调区间；

(2) 若 $f(x)$ 的最大值为 2，求 a 的值；

(3) 若 $f(x)(\sin x + \cos x) = \dfrac{a}{2}$，求 $\tan x$。

设计意图：(1)题组中的六个式子可以千变万化，丰富多彩；(2)万变不离其宗，六个式子最终都可以化归为两类基本式子；(3)以不变应万变，用处理两类基本式子的基本方法来解决问题；上述题组根据两类化归目标(二次式与齐次式)和不同化归方法来选择不同类型的化归对象，并且具有足够的覆盖性。

【训练 3】角度的选择。

1. 求值：$\dfrac{2\cos 5° - \sin 25°}{\cos 25°}$。

2. 若 $\sin\left(\dfrac{\pi}{6} - \alpha\right) = \dfrac{1}{3}$，则 $\cos\left(\dfrac{2\pi}{3} + 2\alpha\right) =$ _____。

3. 若 α、β、γ 均为锐角，且 $\sin\alpha + \sin\beta = \sin\gamma$，$\cos\alpha + \cos\beta = \cos\gamma$，则，$\alpha - \beta =$ _____。

4. α 是锐角，记 $f(\alpha) = \sqrt{6}\cos\alpha + \sqrt{2}\sin\alpha$，$g(\alpha) = \sqrt{2}\sin\alpha - \sqrt{6}\cos\alpha$，若 $g(\alpha) = -\dfrac{8\sqrt{2}}{5}$，求 $f(\alpha)$ 和 $\sin\alpha$ 的值。

设计意图：对问题结构的把握和思维方向的自我监控；以数学思想方法覆盖替代题目覆盖。

【训练 4】三角函数的应用

1. 一个半径为 10 米的水轮按逆时针方向旋转，每分钟转 4 圈，记水轮上一点 P 距水面的距离为 d(米)(P 在水面下面则 $d < 0$)，则 d(米)与时间 t(秒)之间满足关系式：$d = A\sin(\omega x + \varphi) + k\left(A > 0, \omega > 0, |\varphi| < \dfrac{\pi}{2}\right)$，且当 P 点从水面上浮现时开始计算时间，则有如下

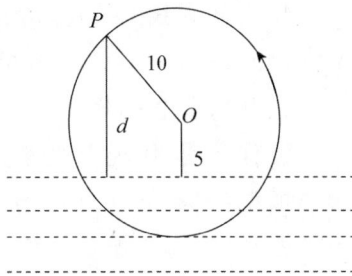

图 3－17

四个结论:①$A=10$,②$\omega=\dfrac{5}{12}\pi$,③$\varphi=\dfrac{\pi}{6}$,④$k=5$,正确的序号是_____。

2. 已知某海滨浴场的海浪高度 y(米)是时间 $t\,(0\leqslant t\leqslant24$,单位:时)的函数,记作 $y=f(x)$.下表是某日各时的浪高数据:

t(时)	0	3	6	9	12	15	18	21	24
y(米)	1.5	1.0	0.5	1.0	1.5	1.0	0.5	0.99	1.5

经长期观察,$y=f(x)$ 的曲线可以近似看成 $y=A\cos\varphi t+b$ 的图像。

(1) 求出函数 $y=f(x)$ 的表达式;

(2) 依据规定,当海浪高于 1 米时才对冲浪爱好者开放,请依据(1)的结论,判断一天内上午 8 时到晚上 20 时之间,有多长时间可供冲浪者进行运动。

3. 某体育馆拟用运动场的边角地建一个矩形的健身馆。如图 3-18 所示,$ABCD$ 是一块边长为 50 m 的正方形地皮,扇形 CEF 是运动场的一部分,其半径为 40 m,矩形 $AGHM$ 就是拟建的健身馆,其中 G、M 分别在 AB、AD 上,H 在 EF 上,求该健身馆的最大面积。

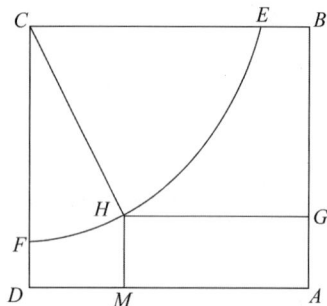

图 3-18

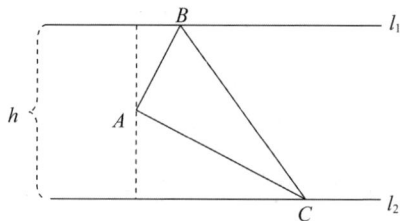

图 3-19

4. 已知直线 $l_1 /\!/ l_2$,两直线 l_1、l_2 之间的距离为 h,A 是 l_1、l_2 之间的一定点,且 A 到 l_1、l_2 的距离相等,B、C 分别是 l_1、l_2 上的一点,且 $AB\perp AC$。

试分别求△ABC 的面积 S 和周长 L 的最小值。

设计意图:体现典型性,注重解题的方法迁移,围绕刻画圆周运动的数学模型:一类是以时间为自变量,本原化的建模方法;另一类以某个角为自变量,角的选择是关键。

【训练5】融会贯通。

1. 在△ABC 中,$\angle C=90°$,$CD\perp AB$,CE 是 $\angle BCA$ 的平分线,$DE=$

$3,CD=4$，则斜边 $AB=$_____。

2．$(\tan^2\alpha+\cos^2\alpha-2)^5$ 的展开式中，不含 α 的项是_____。

3．设 a、$b\in\mathbf{R},a^2+2b^2=6$，则 $a+b$ 的最小值是_____。

4．已知直角坐标平面上的直线 $l:y=3x$，l 上异于原点 O 的点 A 在第一象限，A 点关于 x 轴的对称点是 B，B 点关于 l 的对称点是 C。

（1）设直线 AB 与 x 轴的交点是 D，$\angle DOA=\theta$，求 $\tan\theta$ 及 $\cos\theta$；

（2）记 $\angle CAB=\alpha$；求 $\cos\alpha$；

（3）记 $\triangle OAB$ 的面积为 S_1，$\triangle OBC$ 的面积为 S_2，求 $\dfrac{S_1}{S_2}$。

5．已知函数 $f(\alpha)=\sin^x\alpha+\cos^x\alpha,x\in\{x|x=2k,k\in\mathbf{N}^+\}$。

（1）当 $x=2,4,6$ 时，分别求出 $f(\alpha)$ 的取值范围；

（2）当 $x\in\{x|x=2k,k\in\mathbf{N}^+\}$ 时，对 $f(\alpha)$ 的取值范围作出一个猜想；

（3）证明：$f(\alpha)\leqslant1$。

设计意图：体现典型性，一是用三角知识解决其他问题，二是用其他知识解决三角问题，三是用其他知识的语言表示三角问题，重点在于数学语言的转换。

四、突出模块的训练题

突出模块的训练设计，主要体现了训练的梳理和评价功能。学业成绩的检查与评定是整个教学过程的有机部分。数学成绩的好坏一般是通过解题来评定的。评定的内容有两方面：一是知识水平，二是能力水平。因此，模块训练设计既要全面体现基础知识掌握情况，又要检测学生的能力水平。下面是高一函数模块测试训练题。

高一数学函数模块测试训练题		
测试题	测试目标	水平
1．函数 $y=\dfrac{x+4}{\sqrt{3-2x}}$ 的定义域是_____。	能求使解析式有意义的定义域	B
2．已知函数 $f(x)$ 的图像经过 $(0,1)$，则函数 $f(x+1)$ 的图像必经过点_____。	能转换成 $f(0)=1$，自变量与函数值的对应	B

（续表）

高一数学函数模块测试训练题

测试题	测试目标	水平
3. 已知函数 $f(x)=\lvert x\rvert$，在①$y=\sqrt{x^2}$；②$y=(\sqrt{x})^2$；③$y=\dfrac{x^2}{x}$；④$y=\begin{cases}x, & x>0;\\ -x, & x<0\end{cases}$ 中，与 $f(x)$ 为同一函数的函数的编号为_____。	能结合对应关系和定义域判断是否为同一函数	B
4. 已知函数 $y=\begin{cases}x^2+1 & (x\leqslant 0),\\ -2x & (x>0),\end{cases}$ 使函数值为 5 的 x 的值是_____。	能判断分段函数的对应关系	B
5. 已知 $f(1-2x)=\dfrac{1-x^2}{x^2}$（$x\neq 0$），那么 $f(-1)=$_____。	逆向判断自变量的取值	B
6. 函数 $f(x)=\lvert x^2-2x-3\rvert$ 的单调增区间是_____。	利用图像寻找单调区间	C
7. 已知两个函数 $f(x)$ 和 $g(x)$ 的定义域和值域都是集合 $\{1,2,3\}$，其定义如下表： $\begin{array}{\|c\|c\|c\|c\|}\hline x & 1 & 2 & 3\\\hline f(x) & 2 & 3 & 1\\\hline\end{array}$　$\begin{array}{\|c\|c\|c\|c\|}\hline x & 1 & 2 & 3\\\hline g(x) & 3 & 2 & 1\\\hline\end{array}$ 则方程 $g(f(x))=x$ 的解集为_____。	能判断较复杂的对应关系	C
8. "龟兔赛跑"讲述了这样的故事：领先的兔子看着慢慢爬行的乌龟，骄傲起来，睡了一觉，当它醒来时，发现乌龟快到终点了，于是急忙追赶，但为时已晚，乌龟还是先到达了终点。用 S_1、S_2 分别表示乌龟和兔子所行的路程，t 为时间，则下图与故事情节相吻合的是_____（填序号）。 （1）　　（2）　　（3）　　（4）	能对具体变化过程的建模作出判断	C

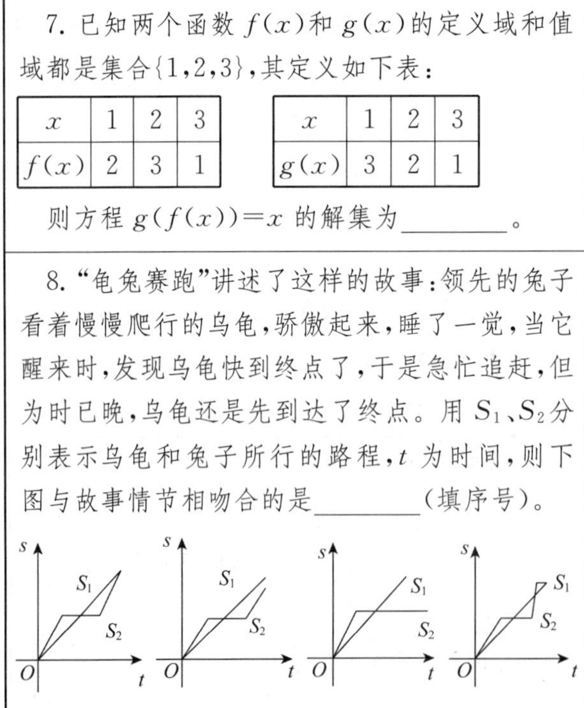

（续表）

高一数学函数模块测试训练题

测试题	测试目标	水平
9. 已知 $f(x)$ 是定义在 $[-2,0) \cup (0,2]$ 上的奇函数,当 $x>0$ 时,$f(x)$ 的图像如右图所示,那么 $f(x)$ 的值域是_____。 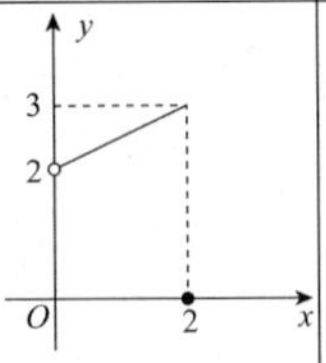	能对奇函数的图像正确表征,并正确解读图像	C
10. 如图,直角梯形 $OABC$ 位于直线 $x=t(0 \leqslant t \leqslant 5)$ 右侧的图形面积为 $f(t)$,则函数 $f(t)=$_____。 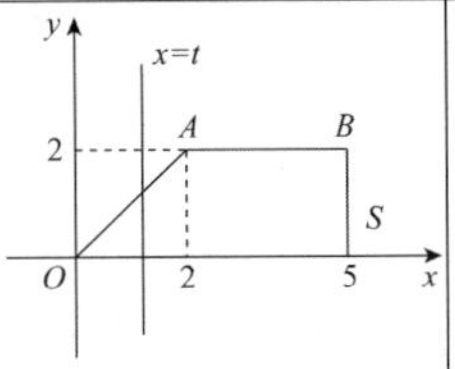	能根据变化过程正确分类并建立函数关系	C
11. 下列四个图形中,不是以 x 为自变量的函数的图像是(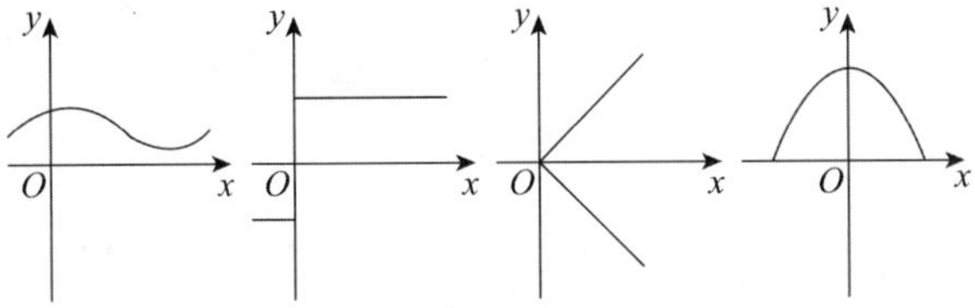　　)。 (A)　　(B)　　(C)　　(D)	能从图像中读出对应关系并正确判断是否为函数关系	B
12. 下列函数中为偶函数的是(　　)。 A. $y=(\sqrt{x})^4$　　B. $y=x^{\frac{1}{2}}$ C. $y=x^2+1$　　D. $y=(x+1)^2$	能判断是否为偶函数	B
13. 下列函数中,在区间 $(0,+\infty)$ 上是减函数的是(　　)。 A. $y=x^2+1$　　B. $y=x^3$ C. $y=-3x+2$　　D. $y=-\dfrac{1}{x}$	能正确判断在特定区间上的单调性	B

（续表）

高一数学函数模块测试训练题

测试题	测试目标	水平
14. 已知定义在 **R** 上的函数 $f(x)$ 的图像是连续不断的,且有如下对应值表: <table><tr><td>x</td><td>1</td><td>2</td><td>3</td></tr><tr><td>$f(x)$</td><td>6.4</td><td>2.9</td><td>−3.5</td></tr></table> 那么函数 $f(x)$ 一定存在零点的区间是(　　) A. $(-\infty,1)$ 　　 B. $(1,2)$ C. $(2,3)$ 　　 D. $(3,+\infty)$	能运用函数零点的判定方法	C
15. 已知定义在 $[-3,2]$ 的一次函数 $f(x)$ 为单调增函数,且值域为 $[2,7]$,(1)求 $f(x)$ 的解析式;(2)求函数 $f(f(x))$ 的解析式,并确定其定义域。	能表现出在一次函数背景下单调性的理解,并用待定系数法求解析式;理解对应关系和定义域	B
16. 求下列函数的值域: (1) $y=\dfrac{x^2}{x^2+1}$;(2) $y=2x+\sqrt{x+1}$。	能表现出求函数值域的基本方法	B
17. 已知函数 $f(x)=\dfrac{1}{x}-2$。 (1) 求 $f(x)$ 的定义域; (2) 证明函数 $f(x)=\dfrac{1}{x}-2$ 在 $(0,+\infty)$ 上是减函数。	能表现出证明函数单调性的代数方法	B
18. 已知函数 $f(x)=\|x+1\|+ax(a\in\mathbf{R})$ (1) 试给出 a 的一个值,并画出此时函数的图像; (2) 若函数 $f(x)$ 在 **R** 上具有单调性,求 a 的取值范围。	能表现出函数图像画法并根据图像研究函数性质	C

（续表）

<table>
<tr><td colspan="3" align="center">高一数学函数模块测试训练题</td></tr>
<tr><td align="center">测试题</td><td align="center">测试目标</td><td>水平</td></tr>
<tr><td>19. 已知函数 $f(x)=a^x+\dfrac{k}{a^x}$，其中 $a>0$ 且 $a\neq1, k\in\mathbf{R}.$ 试判断 $y=f(x)$ 的奇偶性，并说明理由。</td><td>能表现出对函数奇偶性的理解和用分类讨论推理论证的能力</td><td>D</td></tr>
<tr><td>20. 已知函数 $f(x)=\left|1-\dfrac{1}{x}\right|(x>0)$。

（1）当 $0<a<b$，且 $f(a)=f(b)$ 时，①求 $\dfrac{1}{a}+\dfrac{1}{b}$ 的值；②求 $\dfrac{1}{a^2}+\dfrac{1}{b^2}$ 的取值范围；

（2）是否存在实数 a、$b(a<b)$，使得函数 $y=f(x)$ 的定义域、值域都是 $[a,b]$，若存在，则求出 a、b 的值；若不存在，请说明理由。</td><td>能表现出研究函数的方法和对函数性质的理解运用，分类讨论方法的运用和方程解的讨论</td><td>D</td></tr>
</table>

第四章　数学学习训练的开放型模式

素质教育思想在强调基础教育的基础性、全体性、全面性的同时,更加注意到了个体性、发展性和未来性。这就需要我们贯彻启发式教学思想,充分重视和发挥学生的主体作用,使学生生动活泼地主动地学习,在掌握知识的过程中学会学习,培养学生的创新意识和实践能力,使学生在未来社会中具有更强的适应性和竞争力。作为基础教育中教学时数最多的学科之一,在创新意识和探索新知能力的培养中发挥着独特的作用。反思传统的数学教学,在培养学生的创新意识和探索新知能力方面是有所欠缺的,因此,完善或创新培养学生创新意识和探索新知能力的方法与途径对当前的数学教学具有积极意义。

第一节　数学开放题

20 世纪 70 年代开始出现的数学开放题相对于传统的封闭题来说,其特征是问题的答案不唯一(开放的)。大量的研究表明,数学开放题的教育价值在于培养学生对数学的积极态度,在于寻求解答的过程中主体的认知结构的重建,在于能激起多数学生的好奇心,全体学生都可以参与解答过程而不管他是属于何种程度和水平,在于能使学生经历知识再创造的过程,有助于学生创新意识和探索能力的养成。第一届东亚数学教育会议指出,中国在"一题多解"、"一题多变"的教学中有许多好的经验,但是还没有提高到开放性教学的高度来认识。因此,对广大数学教师的教学经验进行总结,构建中国式的数学开放题及其教学模式是对学生进行素质教育的一种有效途径。

从数学教学的内部来看,任何一本数学教材包含有三个方面的内容:关于概念定义的内容,关于命题定理的内容,关于例题习题(统称为数学题)的内容。数学题的作用首先表现在帮助学生熟悉和掌握数学知识,发展学生的智能,由于教育选拔功能的需要,数学题的作用还表现在评价学生的学业成绩上。因此,数学题就自然成为数学教学的中心,"问题是数学的心脏","问题解决是数学教学的核心"正是数学题重要性的体现。现行中学数学教材中的数学题绝大多数是封闭题,数学题的特征决定了它的功能,进而决定了它的教育价值。实践表明封闭题已不能完全满足数学素质教育的要求,所以,研究数学开放题并用之于数学教学具有特别重要的现实意义。

一、数学开放题的兴起与特征

(一) 数学开放题的兴起

1977 年,日本国立研究所数学教育学者小组以岛田茂为首的学者在《算术数学课的开放式问题—改善教学的新方案》报告文集中首先提出"数学开放题"这个名词,并提出了"数学开放教学方法",在不断的研究和探索中,开放题已进入日本的数学课本,并已占一定的比例。开放题作为研究"问题解决"热潮中的产物,在美国中小学数学教学中已被普遍地使用。美国加利福尼亚州教育部于 1989 年专门指出了开放性问题的五大功能,其中谈到开放性问题的模式是数学课堂教学的基本成分。

20 世纪 80 年代以来,数学开放题被介绍到中国,90 年代出现在教材中并进行教学中的试验,1998 年首次出现于全国高考数学试题。1995 年戴再平先生对数学开放题作了系统的研究。近几年来,在推进素质教育这一大背景下,我国的一个数学教育研究小组提出了数学素质应包括数学意识、问题解决,逻辑推理和信息交流四个部分,并希望中国的数学教育能够做到:"以习题演练为基础,以问题解决为主导";借这股研究之风,广大中学数学教师和理论工作者从数学开放题的特征、分类、功能、设计、学习论价值以及对数学教学的意义等角度作了深入而广泛的研究。

(二) 数学开放题的特征

根据戴再平的研究,数学开放题一般具有以下特征:

1. 所提的问题常常是不确定和一般性的,其背景情况也是用一般词语来描述的,主体必须收集其他必要的信息,才能着手解题。

2. 没有现成的解题模式,有些答案可能易于直觉地被发现,但是在求解过程中往往需要从多个角度进行思考和探索。

3. 有些问题的答案是不确定的,存在着多样的解答,但重要的还不是答案本身的多样性,而在于寻求解答过程中主体的认知结构的重建。

4. 常常通过实际问题提出,主体必须用数学语言将其数学化,也就是建立数学模型。

5. 在求解过程中往往可以引出新的问题,或将问题加以推广,找出更一般,更有概括性的结论。

6. 能激起多数学生的好奇心,全体学生都可以参与解答过程,而不管他是属于何种程度和水平。

7. 教师难以用注入式进行教学,学生能自然地主动参与,教师在解题过程中的地位是示范者、启发者、鼓励者和指导者。

1980 年美国提出了"问题解决"的口号,这个口号一直被人们广泛接受,而且至今依然是数学教育的中心课题。"问题解决"中的"问题"具有下列特征:(1)对学生来说不是常规的,不能靠简单的模仿来解决;(2)可以是一种情景,其中隐含的数学问题要学生自己去提出、求解并作出解释;(3)具有趣味和魅力,能引起学生的思考和向学生提出智力挑战;(4)不一定有终极的答案,各种不同水平的学生都可以由浅入深地作出回答;(5)解决它往往需伴以个人或小组的数学活动。

比较数学开放题和"问题解决"中的"问题"特征,我们发现它们是基本一致的。而利用已有的封闭陈题,按开放题的特征要求改造成为开放题是一种立竿见影的方法。

二、数学开放题的分类与编制

(一) 数学开放题的分类

对数学开放题的分类,从构成数学题系统的四要素(条件、依据、方法、结论)出发,定性地可分成四类:如果寻求的答案是数学题的条件,则称为条件开放题;如果寻求的答案是依据或方法,则称为策略开放题;如果寻求的答案是结论,则称为结论开放题;如果数学题的条件、解题策略或结论都要求解题者在给定的情境中自行设定与寻找,则称为综合开放题。

从开放题答案的开口情况出发,定量地可分成三类:弱开放题——答案情况(包括可能情况)只有两种的开放题;中开放题——答案情况(包括可能情况)超过两种,但为数目确定的有限种;强开放题——只能给出部分答案情况,答案情况(包括可能情况)总数难以确定的开放题。

对开放题的分类讨论,有助于理解开放题的概念,有助于把握问题的开放度,有利于教师把握一个数学开放题是否适用于课堂教学,或者有利于教师改变开放题的设问方式以帮助课堂教学,或者有利于考试评分的可操作性与公平性。

（二）数学开放题的编制

数学开放题的教学需要开放和设计大量的开放性问题,与当前的数学教学实际密切相关且被广大数学教师认可的开放性问题。常用的编制方法有以下几种。

1. 弱化陈题的条件,使其结论多样化。

2. 隐去陈题的结论,使其指向多样化。

3. 在给定的条件下,探求多种结论。

4. 结出结论,寻求使结论成立的充分条件。

5. 比较某些对象的异同点。

6. 利用不同知识的联系与区别进行推广或类比。

7. 考虑原命题的逆命题。

8. 在实际情境中,寻求多种解法与结论。

在开放题的编制、开发中,要十分重视开放题的设问方式。语言的暗示性要恰当,防止将思维导入歧途;要把握问题的开放度,不同水平的学生应采用不同的设问方式,提出不同的解题要求;开放题中所包含的事件应为学生所熟悉,其内容是有趣的,是学生所愿意研究的,是通过学生现有的知识能够解决的可行的问题;要注意问题的可发展性,给学生一个提问题的机会,也许比解题本身更重要。

三、数学开放题的功能与价值

（一）数学开放题的功能

美国加利福尼亚州教育部于1989年指出了开放性问题的五个功能:

1. 为学生提供了自己进行思考并用他们自己的数学观点来表达的机会,这和他们的数学发展是一致的。

2. 要求构建他们自己的反映,而不是选择一个简单的答案。

3. 允许学生表达他们对问题的深层次的理解,这在多项选择中是无法做到的。

4. 鼓励学生用不同的方法来解决问题,反过来提示老师用不同的方法解释数学概念。

5. 开放性问题的模式是数学课堂教学的基本成分。

我国的数学教育工作者经过教学试验和理论研究,认为数学开放题有以下几方面的作用:

1. 开放题能引起学生认知的不平衡,为学生主动选择信息,超越所给定的信息留下了充分的余地,有利于完善学生的认知结构。

2. 开放题由于具有结果开放、方法开放、思路开放等特点,能有效地反映高层次思维,为高层次思维创造条件,因而能更好地培养学生独立思考和探索精神,培养学生创造意识与能力。

3. 开放题有助于培养学生对数学的积极态度,调动学生学习的积极性,提高平常数学成绩较差学生的数学学习兴趣,帮助学生体验智力活动的欢乐,体验数学学科的灵感。

4. 开放题是挖掘、提炼数学思想方法,充分展示应用数学思想方法的良好载体,使每个学生的数学才能在自己的基础上有一个最大的发展,体现受教育者公平和人人有份的原则。

5. 开放性问题的研究和教学,有利于教师转变教育观念,激发教育热情,摆脱一种浅层次的教学循环,体现教师自身的生命活力。

(二) 数学开放题的价值

1. 数学开放题的学习论价值

当代数学教育界普遍认为:学习是学习者主动建构内部心理表征的过程,不是对外在信息的被动的简单的反映,而是以已有认知结构为基础主动选择信息,赋予信息更多的个人意义;学习过程是一个双向建构的活动过程,学习者对新信息的理解是借助于已有经验并超越所提供的新信息而建构的,同时,学习者已有的认知结构改得到改造和重组;学习是个体在自己独特的经验基础上对外在事物生成富有个人特质的意义,反映在数学学习中学生会表现出各种不同的特点,对同一知识的理解会有不同侧面深刻程度上的差异,带有强烈的个性色彩;知识不单纯起源于学习者头脑内部的加工,而是个体与情境相互作用的产物,学习是在学生个体与教师及同伴的交互作用中完成的。

当代学习观强调学习过程是学生对知识的主动建构过程,从而使学生在学习中的主体地位更加明确;当学校学习的累积性(接受性)达到一定程度以后实现学生的主动构建就有了扎实的基础,也变得极有必要和极富意义。数学开放题强调了学生在解题中的主体作用,因为没有学生的主动参与,不可能对开放题作出解答;开放题可以导致学生获得各种水平的解答,这是封闭题所没有的,因而有利于学生根据自己的认知结构对问题作出解释,获得认知结构的改造和重组。所以数学开放题从某种意义被人们认为是最富有教育价值的一种数学问题的题型。

2. 数学开放题的教学论价值

我国目前数学教学在不同程度上存在一些问题,例如,数学教学内容陈旧,反映数学发展和社会发展的内容不够;数学教师凭经验进行教学的多,主动接受教育学、心理学理论指导的少;探索和研究数学课堂教学内在规律不够;轻视概念、原理的教学,只重结论不重过程,过渡学习运用不当,让学生进行大量的重复性的机械练习;研究学生学习规律不够,不注意学生的个别差异;培养学生发现问题、提出问题的能力不够,培养学生解决实际问题的能力不够;只重视数学知识的传递,忽视数学能力的培养,忽视学习中的非智力因素等等。这一些问题的解决,需要我们转变教育观念,吸收和借鉴先进的学习理论和教学理论。在保持中国数学"双基"教学的传统优势的前提下,使创新意识和"双基"训练得到科学平衡,在教师主导取向的接受学习与学生自主取向的探究学习之间寻求整合的方法。用"开放题"来补充、改造和影响封闭性数学题可能会给数学教育带来生机和活力。

第二节 数学开放题教例选编

一、数学开放题对数学教学的意义

(一) 数学开放题作为一种教学思想

数学开放题不仅仅是一种习题形式,不仅仅作为教学和评估的方法,更重要的是一种教学思想。这种教学思想,反映了人们数学教育观念的转变;也适应了飞速发展时代的需求。

1. 当技术的发展已使社会数学化,数学的应用已渗透到开放社会的各个方面的时候,我们不应该满足于陈旧的、封闭的教学方式。

2. 中小学数学教育的目标应当从为少数学生未来的学习需要服务转向为全体学生未来的生活和生存需要服务。

3. 数学不能仅仅理解为一门演绎科学,数学还有其更重要的一面,即它是一门非逻辑的、生动的、有丰富创造力的科学。

4. 学生学习数学不仅仅是为了掌握数学知识,进行"思维的体操",还应该认识到数学的价值,养成数学意识,培养分析问题和解决实际问题的能力。

5. 数学教学是学生再创造性的活动过程,要让学生经历数学化的过程,仅仅靠教师的传授,不能使学生获得真正的数学知识。

6. 在数学教学活动中,学生是主体,没有学生的积极参与就没有名副其实的教学活动,教师的主导作用主要体现在他是教学活动的组织者、指导者和鼓励者。

数学开放题作为一种教学思想反映在以下几个方面:

1. 数学开放题强调了数学知识的整体性。传统的例题——习题式的数学教学仅停留在分类介绍技巧和方法的水平,指向知识、技能、原理和它们的适用性,往往会导致学生对某个结论或方法的记忆;重视的是学生计算、演绎等严格推理的能力,忽视的是培养学生预感试验、尝试归纳、假设检验、简化然后复杂化、寻找相似性等非形式推理的能力,是一种"烧中段"的教学。而数学题开放作为一种教学思想把数学教学作为一个互相联系的有机整体,使学生在数学上得到全面的培养,是一种"烧全鱼"的教学。

2. 数学开放题强调了数学教学的思维性。传统的数学教学面向事实性的知识和程序性的技能而不是强调高层次的技能,而数学开放题作为一个教学思想强调反映学生高层次的能力和开放性、创造性的思维。学生在解答开放题的过程中,以已有认知结构为基础,对问题作出富有个人意义的解释和理解,经历一个从现实条件到用数学语言表述的数学化过程,不断检索或修正、提出解题设想并尝试解决问题。开放性数学题有利于培养学生关键性思考,应用知识和解决问题,让学生进行数学地思维,更好地培养学生的创新思维能力。

3. 数学开放题强调解决问题的过程。数学开放题教学与传统的数学教学的另一不同点是侧重学生解决问题的思路和策略而不是问题的答案,侧重学生获得解答的过程。因为在数学教学中,不仅要注意其产物,而且要注意其过程,注意对学生解决问题的思路的分析。

4. 数学开放题强调了学生在教学活动中的主体作用。在数学学习中,学生会表现出各种不同的特点,对同一数学问题的理解会有不同侧面深刻程度上的差异,具有强烈的个性特质。数学开放题把数学教学建立在以学生的学习基础之上,更能反映出学生的主动性和创造性,反映出学生的主体作用,有利于改变以教师为中心的教学方法。

5. 数学开放题有利于提高学生学习的积极性,提高学习的内在动力。

数学开放题提供学生以一种数学活动,在活动中展示和提高自己的数学才能,在活动中交流体会,增强主体意识,在解决问题的过程中感受到数学的美感和解决问题的有趣,全体学生都会有收获,特别有利于调动数学成绩较差学生的学习兴趣,让每个学生都有进步。

(二)数学开放题作为一种教学模式

上文提到数学开放题作为一种教学思想,在这种教学思想的指导下,选择相关的教学策略,数学开放题是一种重要的教学模式。相关的教学策略常常选择情意为先的策略,以"问题"为核心,以"讨论"为手段,以"探究"为途径,以"发现"为目的策略。其教学过程大致有"认知准备——引子问题——小组讨论——归纳总结"。以《因式分解》为例说明该模式的教学程序如下:

【认知准备】因式分解:x^2+5x+6。(上海教材七年级《数学》第二学期 P47 例 1)

【引子问题】如果所给的式子是 $x^2+[\ ]x+6$,为使式子仍然可以因式分解(在整数范围内),那么"[ ]"里可以填什么数?

答:因为 $6=2\times3=1\times6=(-2)\times(-3)=(-1)\times(-6)$,

所以"[ ]"可以填 $5,7,-5,-7$。

【小组讨论】(1) 为使下列各式可以因式分解(在整数范围内)式子中的 a、b 可以分别取那些数?

$$x^2+ax-12;\quad 2x^2+bx+18。$$

答:因为 $-12=-1\times12=1\times(-12)=-2\times6=2\times(-6)=-3\times4$
$=3\times(-4)$,

所以 $a=11,-11,4,-4,1,-1$ 共 6 种不同的数值。

因为 $18=1\times18=2\times9=3\times6$

$\qquad=(-1)\times(-18)=(-2)\times(-9)=(-3)\times(-6)$

所以 $b=\pm20,\pm13,\pm12,\pm37,\pm15$,共 10 种不同的数值。

(2) 为使式子 x^2+5x+p 可以因式分解(在整数范围内),p 可以取哪些值？

答：因为 $5=1+4=2+3=-1+6=\cdots=m+n,m$、$n$ 是整数的分解是无穷的，

所以 $p=m+n$ 可以取无穷多个数值。

【归纳总结】x^2+ax+p 型的因式分解问题，如 p 已知，则 a 有有限个；如 a 已知，则 p 有无限个。

数学开放题的教学要注意以下几点：

1. 教师对于有关的问题，事先要作好充分的准备与估计，这样方能得心应手地对付课堂内可能发生的情况。

2. 课堂上要让学生自己动手去做，让学生充分地通过自己的思考，互相交流，互相启发作出答案。

3. 启发要得当，要善于从学生正确的或不正确的答案中，分析其思路，及时肯定成绩，指出不足，引导前进。

4. 开放题教学是对教师临场应变能力的挑战，教师既要照顾到差生的解答水平，又要鼓励优生去寻求更高水平更一般的解答，并力图使各种智力体验变成大家共同的财富。

5. 开放题和封闭题在数学教学中应该并存而不是互相排斥。封闭题对于知识的同化，培养学生的基本技能等具有重要的意义，数学开放题为高层次思维创造了条件，但不是绝对的、唯一的。没有一个问题，对所有的学生来说，都能导致高层次的思维，一个问题能否导致高层次思维，不仅和问题本身有关，而且还与个人的经验有关。

6. 开放题作为一种教学模式，其积极意义可以影响到数学定义定理的教学之中。

二、初中数学开放题教例选编

例 1. 等边与等角的关系

1. 引子问题：

如图 4-1，已知点 D、E 在 $\triangle ABC$ 的边 BC 上，$AB=AC$，$AD=AE$。

求证：$BD=CE$。

2. 结论开放题：

如图 4-1，已知点 D、E 在 $\triangle ABC$ 的边 BC

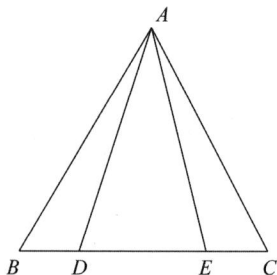

图 4-1

上,$AB=AC$,$AD=AE$。从已知条件你可以得到哪些结论?

答案有:① $\triangle ABD \cong \triangle ACE$;② $\triangle ABE \cong \triangle ACD$;③ $\angle BAE = \angle CAD$;④ $\angle BAD = \angle CAE$;⑤ $\angle B = \angle C$;⑥ $\angle ADE = \angle AED$;⑦ $\angle ADB = \angle AEC$;⑧ $BD = CE$;⑨ $BE = CD$。

3. 条件开放题:

如图 4-1,已知点 D、E 在 $\triangle ABC$ 的边 BC 上,$AB=AC$,要证明 $\triangle ABE \cong \triangle ACD$,只要补充一个条件,问可补充什么条件(图中不添加辅助线和其他字母)?

答案有:① $AD=AE$;② $BE=CD$;③ $BD=CE$;④ $\angle BAE = \angle CAD$;⑤ $\angle BAD = \angle CAE$;⑥ $\angle ADE = \angle AED$;⑦ $\angle ADB = \angle AEC$;⑧ $\triangle ABD \cong \triangle ACE$;⑨ $S_{\triangle ABD} = S_{\triangle ACE}$;⑩ $S_{\triangle ABE} = S_{\triangle ACD}$。

4. 条件与结论结合开放题:

如图 4-1,已知点 D、E 在 $\triangle ABC$ 的边 BC 上,现有四个论断:① $AB=AC$;② $AD=AE$;③ $BE=DC$;④ $\angle BAD = \angle CAE$。

(1) 请你从中选出 2 个论断作为题设,另外 2 个论断作为结论,组成一个真命题,你选的条件是_____,结论是_____。

(2) 证明你所组成的真命题。

答案有:条件①、②,结论③、④;条件①、③,结论②、④;
条件①、④,结论②、③;条件②、③,结论①、④;
条件②、④,结论①、③;条件③、④,结论①、②;

5. 以下两题也可转化为开放题:

(1) 如图,已知 $\angle 1 = \angle 2$,$AC = AB$。

求证:$\triangle ACD \cong \triangle ABD$。

结论开放题:

如图 4-2,已知 $\angle 1 = \angle 2$,$AC = AB$。从已知条件你可以得到哪些结论?

条件开放题:

如图 4-2,已知 $\angle 1 = \angle 2$,只要再添加一个条件就可以证明 $\triangle ACD \cong \triangle ABD$,请问这个条件可以是什么?

图 4-2

条件与结论结合开放题:

如图 4-2,现有 5 个论断:① $\angle 1 = \angle 2$,② $\angle 3 = \angle 4$,③ $\angle C = \angle B$,④ $AC = AB$,⑤ $CD = BD$。请你从中选出 2 个论断作为题设,另外 3 个论断作为结论,组成一个真命题,你选的条件是_____,结论是_____。

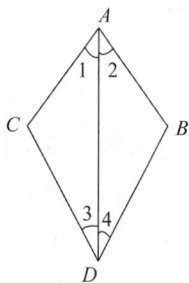

答案有:条件①、②,结论③、④、⑤;条件①、③,结论②、④、⑤;
条件①、④,结论②、③、⑤;条件②、③,结论①、④、⑤;
条件②、⑤,结论①、③、④;条件④、⑤,结论①、②、③;

(2) 如图 4-3,已知 $\angle CAB = \angle DBA$,$AC = BD$,AD、BC 相交于 O。
求证:$OD = OC$。

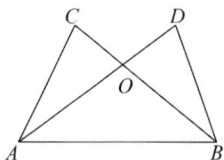
图 4-3

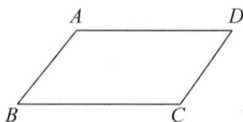
图 4-4

例 2. 平行四边形

1. 已知:如图 4-4,四边形 $ABCD$,仅从下列条件中任取两个加以组合,能否得出四边形 $ABCD$ 是平行四边形的结论? ①$AB//CD$,②$BC//AD$,③$AB = CD$,④$BC = AD$。

答案有 $C_4^2 = 6$ 种:

(1) 两组对边分别平行(①②);

(2) 两组对边分别相等(③④);

(3) 一组对边平行且相等(①③)(②④);

以上三种情况都可判定四边形 $ABCD$ 为平行四边形。

(4) 一组对边平行,另一组对边相等(①④,②③)

此种情况不能判定四边形 $ABCD$ 为平行四边形,反例:等腰梯形(如图 4-5)。

2. 进一步,若将题中条件增加两个:⑤$\angle A = \angle C$;⑥$\angle B = \angle D$,则原题的答案有 $C_6^2 = 15$ 种:

(1) 两组对边分别平行(①②);

(2) 两组对边分别相等(③④);

(3) 两组对角分别相等(⑤⑥);

(4) 一组对边平行且相等(①③)(②④);

(5) 一组对边平行,一组对角相等(①⑤),(①⑥),(②⑤),(②⑥);

以上五种情况均可判定四边形 $ABCD$ 为平行四边形。

(6) 一组对边平行,另一组对边相等(①④),(②③);

(7) 一组对边相等,一组对角相等(③⑤),(③⑥),(④⑤),(④⑥);

(6)、(7) 两种情况不能判定四边形 *ABCD* 为平行四边形反例如图 4-6：

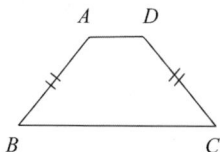

图 4-5

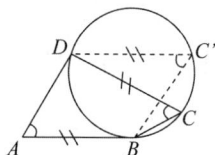

图 4-6

例 3. 全等三角形复习

原题：如图 4-7，已知 *AB=AC*，*BD=CE*，*BE* 和 *CD* 相交于 *O*，

求证：*BO=CO*

隐藏结论，让学生探索，发现结论（变结论封闭为结论开放）。

结论有：

（1）十对角相等：$\angle 1 = \angle 2$；$\angle 3 = \angle 4$；$\angle 5 = \angle 6$；$\angle 7 = \angle 8$；$\angle 9 = \angle 10$；$\angle 11 = \angle 12$；$\angle 13 = \angle 14$；$\angle ABC = \angle ACB$；$\angle DOE = \angle BOC$；$\angle BOA = \angle COA$。

图 4-7

（2）四对线段相等：*BO=CO*；*DO=EO*；*AD=AE*；*BE=CD*

（3）五对全等三角形：$\triangle ADO \cong \triangle AEO$；$\triangle DOB \cong \triangle EOC$；$\triangle ABD \cong \triangle ACD$；$\triangle ADC \cong \triangle AEB$；$\triangle BEC \cong \triangle CDB$

（4）一组垂直位置关系：$AO \perp BC$

例 4. 三角形全等

如图 4-8，在平行四边形 *ABCD* 中，*AC* 与 *BD* 交于 *O* 点，*AE*、*CF* 垂直 *BD*，垂足分别为 *E*、*F*，找出图中的全等三角形，并加以证明。

结论有：

（1）$\triangle ABC \cong \triangle CDB$，$\triangle ABC \cong \triangle CDA$；

（2）$\triangle AOD \cong \triangle COB$，$\triangle AOB \cong \triangle COD$；

（3）$\triangle AOE \cong \triangle COF$，$\triangle ABE \cong \triangle CDF$；

（4）$\triangle AED \cong \triangle BFC$。

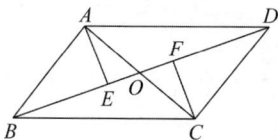

图 4-8

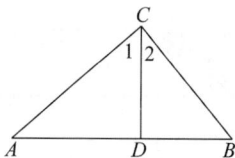

图 4-9

例 5. 相似形

如图 4-9,在 Rt△ABC 中,CD 是斜边 AB 边上的高,根据上述条件,结合图形直接写出你能得出的结论,并加以证明。

答案有:

(1) $\angle 1 = \angle B$、$\angle 2 = \angle A$;

(2) $\triangle ABC \backsim \triangle ACD \backsim \triangle CBD$;

(3) $CD^2 = AD \cdot BD$;$BC^2 = BD \cdot AB$;$AC^2 = AD \cdot AB$;

(4) $BC^2 + AC^2 = BD \cdot AB + AD \cdot AB = AB^2$;

(5) $AB \cdot CD = AC \cdot CB$;$CD = \dfrac{AC \cdot CB}{\sqrt{AC^2 + BC^2}}$。

例 6. 与坡面有关的问题

1. 引子问题:

如图 4-10,一段防洪大堤的横断面是等腰梯形,堤基顶宽为 9.8 米,堤高为 5.8 米,斜坡的坡度 $i = 1 : 1.6$。

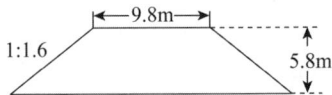

图 4-10

(1) 计算堤基下底宽度的长;(精确到 0.1 米)

(2) 求坡角。(精确到 0.1°)

(九年义务教育课本《数学》九年级第一册 P92 例 6)

2. 给出问题,小组讨论:

为增强大堤防洪能力,请你给出加固的设计方案,并进行必要的计算(可能的方案见图 4-11)。

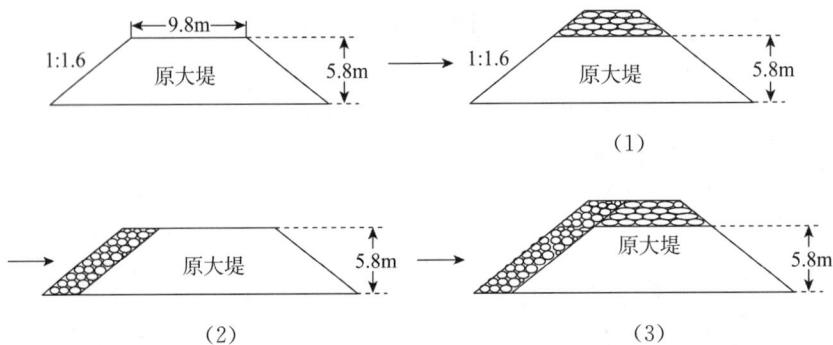

(1)

(2)

(3)

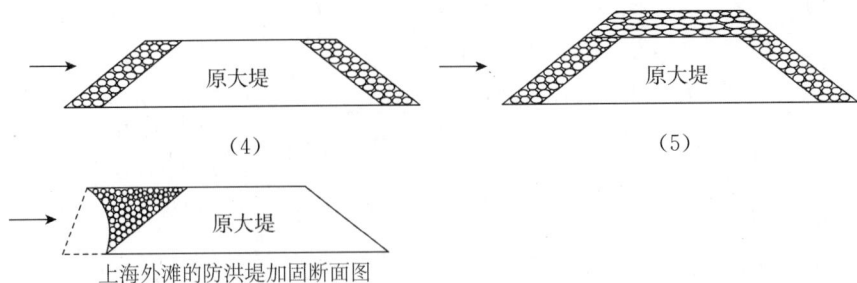

(4)　　　　　　　　　　　　　(5)

上海外滩的防洪堤加固断面图

图 4 - 11

例 7. 直角三角形的性质

1. 认知准备:

如图 4 - 12,回顾直角三角形的性质(师生共同完成)

(1) 角的关系:$\angle A + \angle B = \angle C = 90°$。

(2) 线段的关系:$a^2 + b^2 = c^2$。

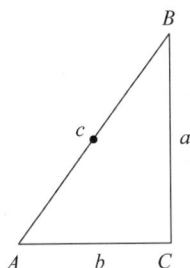

图 4 - 12

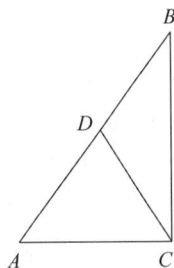

图 4 - 13

2. 引子问题:

直角三角形中还有许多重要的线段,如斜边上的高、斜边上的中线,现请同学们任作两个直角三角形,通过测量来猜测其斜边上的中线与边的关系。

3. 小组合作猜测结论:

在直角三角形中,斜边上的中线等于斜边上的一半。

4. 论证:

(1) 探索证明思路:

如图 4 - 13,要证 $CD = \dfrac{1}{2} AB$,只要证 $2CD = AB$ 或只要证 $CD = BD$ (AD)。

(2) 选择一条思路加以论证。

5. 应用

（1）简单应用。填空：如图 4-14，在 $\triangle ABC$ 中，$\angle A+\angle B=90°$，CE 是 AB 的中线，与 CE 相等的线段是_____；若 $AB=14$ cm，则 CE =_____；若 $CE=6.5$ cm，则 $AB=$_____。（学生口答，并说明理由）

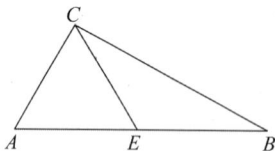

图 4-14

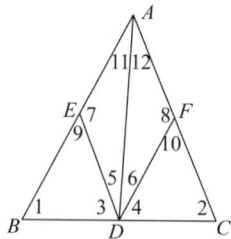

图 4-15

（2）已知：如图 4-15，在 $\triangle ABC$ 中，$\angle B=\angle C$，AD 是 $\angle BAC$ 的平分线，E、F 分别是 AB、AC 的中点，试探求图中角、线段的关系。

角的关系有：$\angle 1=\angle 2=\angle 3=\angle 4$；$\angle 5=\angle 6=\angle 11=\angle 12$；$\angle BAC$ $=\angle EDF=\angle 9=\angle 10$；$\angle 7=\angle 8$。

边的关系有：$AB=AC$；$BD=CD$；$BE=AE=CF=AF=DE=DF$。

例8. 切线长定理

从圆外一点引圆的两条切线，它们的切线长相等。这一点和圆心的连线平分两条切线的夹角。

1. 对同一问题寻求多种解法

本定理通常的证明方法是：如图 4-16，连结 OA 和 OB，然后证明 $\triangle BPO \cong \triangle APO$，从而由全等三角形的对应边（角）相等得到：$PB=PA$，$\angle APO=\angle BPO$。

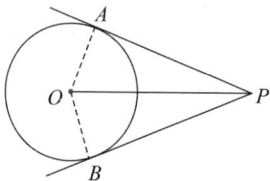

图 4-16

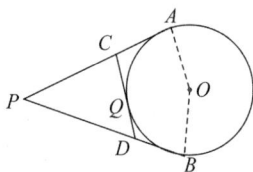

图 4-17

在学习了弦切角定理之后，教师就可以组织学生，探索其他证明方法。连接 AB，由弦切角定理先证得 $\angle PAB=\angle PBA$，从而说明 $\triangle PAB$ 是等腰三角形，问题得到解决。

2. 加强问题的条件

在已有结论的图形的基础上，围绕问题条件，添加适当的部分，在所得图形上观察已知结论的应用,从而成功地设置问题,是几何教学中问题设置的重要途径.在本定理的图中,我们可在原来基础上添加一条圆的切线,便可得到如下问题:

问题 1　如图 4-17,PA、PB、CD 分别是 $\odot O$ 的切线,试证明:$PA+PB=PD+DC+CP$。在这一问题的基础上,强调添加过程,就可得:

问题 2　如图 2,如果 PA 和 PB 为 $\odot O$ 的切线,试证:对于劣弧 AB(不包括 A、B 两点)上的任意一点 Q,过点 Q 的切线与 PA、PB 分别交于 C、D 两点,则 $\triangle PCD$ 的周长为定值。

如果使图形再进一步复杂化,我们还可以设置:

问题 3　如图 4-18,若 $\triangle PQR$ 的内切圆与三边的切点为 A、C、B,则有 $PQ+RC=PR+QC$ 或 $PA+QC+RB=AQ+CR+BP$.如果这时,在把问题 2 与问题 3 结合起来,就自然会产生:

问题 4　如图 4-19,若 $\triangle PQR$ 与六边形 $DEFCHI$ 有同一内切圆,则 $\triangle PQR$ 的周长等于三个小三角形 $\triangle PDI$、$\triangle QFE$、$\triangle RHC$ 周长之和。(可让学生说明这是为什么?)

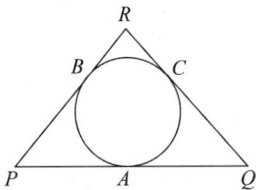

图 4-18

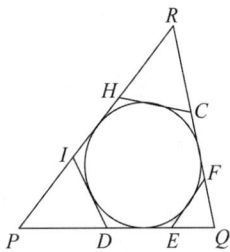

图 4-19

如果考虑圆外接四边形,则可设置如下的问题:

问题 5　如图 4-20,如一个四边形有内切圆,则这个四边形的两组对边的和相等。

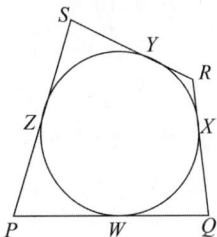

图 4-20

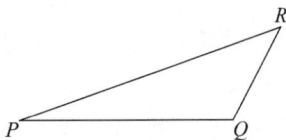

图 4-21

3. 减弱问题的条件

把问题 3 中去掉中间的圆,便可引出以下问题:

问题 6　如图 4－21,在一个三角形 PQR 中,试在其各边 PQ、QR、RP 上分别找出三点 X、Y、Z,使得 $PX=PZ,QX=QY,RY=RZ$。

如果照这样,把问题 5 中的图中也去掉圆,我们是否能解决以下问题?

问题 7　试在四边形 $PQRS$ 的四边上分别找出四点 W、X、Y、Z,使得 $PZ=PW,QW=QX,RX=RY,SY=SZ$。

但是问题 7 的设置是否与问题 6 一样令人满意呢? 我们由图 4－22 可以看出,显然它不是恒有解的.在无解时,又能产生怎样的问题? 在图 4－22 的左边再作一个与四边形三边相切的圆,则得到图 4－23。由此再来设置问题。由于图 4－22 不恒有解的症结在于图 4－23 种有两段"多余"的线 e 和 f。若 $e=f=0$ 时,则就得到了问题 7 的解,因而我们就设置如下的问题:

问题 8　如果凸四边形的两组对边的长度的和相等,则它必有一个内切圆与四边都相切(即图 4－23 中的 $x+z=w+y$ 时)。

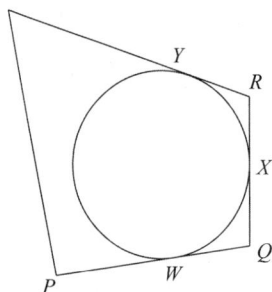

图 4－22

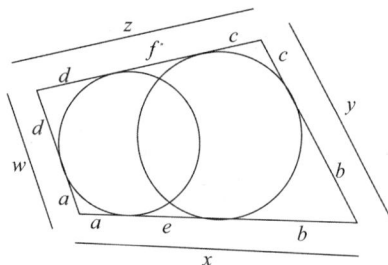

图 4－23

4. 特殊问题一般化

在一个四边形中不一定恒有内切于四边形的圆。但是,如果我们连一条对角线,就可以得到两个三角形,他们各自都有内切圆。从这样的图形中能够得到什么启发? 我们从特殊的图形——矩形来开始讨论。

如图 4－24,对角线把矩形分为两个三角形,其中各有一个内切圆,设两边长的关系为 $x>y$,则我们就有:$m+c=b,m=b-c=(a+b)-(a+c)=x-y$。

问题 9　如果矩形被一条对角线分成的两个三角形内各有一内切圆,则对角线上两切点间的距离等于矩形两邻边之差。

从这一问题的解决过程看,直角这一条件似乎并没有用到,这样,把问题 9 中的矩形换成"平行四边形",结论依然成立。那么,干脆考虑凸四边形的情形,能得到什么呢?

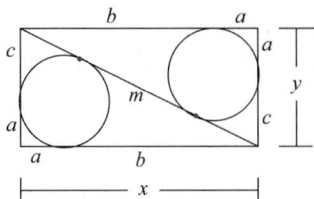

图 4-24

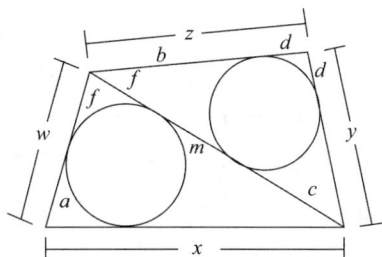

图 4-25

对图 4-25 进行分析,我们就可以设置下面的问题:

问题 10 如图 4-25,w,x,y,z 分别为凸四边形的四边长,试证明如图中的 m 的长为

$$m=\frac{1}{2}(x+z)-\frac{1}{2}(w+y)(设\ x+z\geqslant w+y)$$

作为问题 10 的一个特殊情形,即 $m=0$ 时,可知凸四边形两组对边的和相等,而被对角线分割的两三角形内切圆在对角线上的切点重合,由此又可设置:

问题 11 如图 4-26,若 AC 为 $\triangle ABC$ 的最长边,试在 $\triangle ABC$ 外找一点 D,使得 $AB+CD=AD+BC$。

(注:其解法显然是不唯一的,如图 4-26)

如果在问题 9 上再深入一下,把图 4-25 中的另一条对角线也画出,再作相应的内切圆,得到相应的切点间距离 n,由问题 10 知 $n=\frac{1}{2}(x+z)-\frac{1}{2}(w+y)$,故有问题 12。

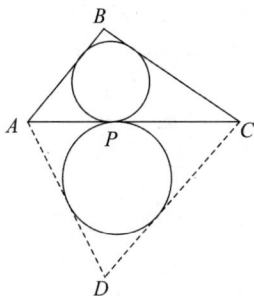

图 4-26

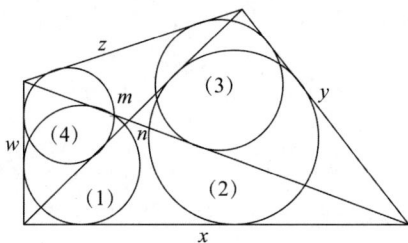

图 4-27

问题 12 如图 4-27,⊙(1)、⊙(2)、⊙(3)、⊙(4)、分别是四边形的相邻两边与其对角线所成的三角形的内切圆,m,n 分别是两对角线上切点间的距离,则有 $m=n$。

5. 一般问题特殊化

在上面的图 4-18 中,如果把三角形特殊为直角三角形,在考虑这一图形的特点,就容易得到以下问题:

问题 13 直角三角形的内切圆直径等于勾股的和减去弦所得的差。

6. 以下问题也是值得思考的

问题 14 在上面的许多结论中,能否再将他们特殊化,得到一些新的结论,设置出新问题?

问题 15 就圆的切线长定理的上述分析,尝试着训练题的各种变式。研究在哪个环节上应该考虑哪些问题,哪些环节应该由学生考虑,教师应如何启发?

问题 16 试总结提炼上述问题设置中的若干方法,看看在其他内容的设计中是否有效?并在实际教学中积累范例。

三、高中数学开放题教例选编

例 1. 不等式的应用

1. 引子问题:

用一张长 80 厘米、宽 50 厘米的长方形铁皮,做一只无盖长方体铁皮盒(焊接处的厚度和损耗不计),问这只铁皮盒尽可能大的体积是多少?(如图 4-28)

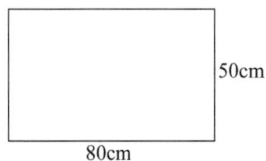

图 4-28

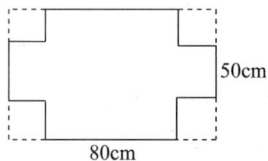

图 4-29

2. 解决问题:

方案(一):如图 4-29,将长方体的四个角去掉一个小正方形后(为什么?),围成一个无盖长方体。

讨论解法,落实双基:

设被去掉的小正方形的边长为 x(cm)

则 $V = sh = (80-2x)(50-2x)x$

$= 4x(25-x)(40-x)(0 < x < 25)$

错误解法:根据基本不等式得 $V = 4x(25-x)(40-x) = 2(2x)(25-x)(40-x) \leqslant 2\left(\dfrac{2x+25-x+40-x}{3}\right)^3 = 2\left(\dfrac{65}{3}\right)^3 \approx 20342.6 (\text{cm}^3)$

正确解法:设 $V = 4x(25-x)(40-x) = \dfrac{4}{ab}(ax)\big[b(25-x)\big](40-x)$

欲使 $ax = b(25-x) = (40-x)$,且 $ax + b(25-x) + (40-x) =$ 常数,

也即 $ax = b(25-x) = (40-x)$,且 $a-b-1=0$,消去 x,解得 $a=3,b=2$。

所以 $V = 4x(25-x)(40-x) = \dfrac{2}{3}(3x)\big[2(25-x)\big](40-x) \leqslant \dfrac{2}{3}\left(\dfrac{3x+2(25-x)+(40-x)}{3}\right)^3 = 18000 (\text{cm}^3)$

当且仅当 $3x = 2(25-x) = (40-x)$,即 $x = 10$ 时等号成立。

3. 提出新的问题:

引发新设计方案:这个结果是不是问题要求的尽可能大的体积?

4. 学生讨论,设计方案开放:

(1) 方案(二):为了不浪费铁皮,将剪下的四个小正方形剪成小长条焊接到长方体的上口,可以增加体积。(利用面积相等,剪成宽度为 $\dfrac{20}{9}$ 的长方条,可增加体积 400,总体积达到 22000(cm³))

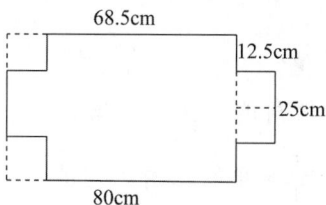

图 4-30

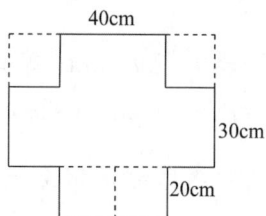

图 4-31

(2) 方案(三):将左侧剪下两个正方形,将其焊接到右侧的中间,可以构成一个长方体(如图 4-30)此时 $V = 68.5 \times 25 \times 12.5 = 21406.25 (\text{cm}^3)$。

（3）方案（四）：也可以将上面两个小正方形焊接到下面中间，体积可能更大（直觉——因为更方！）（如图 4 - 31）这时，$V = 30 \times 40 \times 20 = 244000 (\text{cm}^3)$，确实更大！

（4）方案（五）：不必去考虑如何"设计"，可以设要做的长方体的三度为 a、b、c，则根据面积相等，有 $ab + 2bc + 2ac = 4000$，

由基本不等式知，$4000 = ab + 2bc + 2ac \geqslant 3\sqrt[3]{(ab)(2bc)(2ac)}$，

则 $V = abc \leqslant \dfrac{40000}{9}\sqrt{30} \approx 24343.2(\text{cm}^3)$

此时，$ab = 2bc = 2ac$，即 $a = b = 2c$，代入 $ab + 2bc + 2ac = 4000$，

解得 $a = b = \dfrac{20}{3}\sqrt{30}$，$c = \dfrac{10}{3}\sqrt{30}$。（这是一种理想化模型，这是最大的。此时长方体的底面也确实是正方形！）

5. 评价：

针对上述出现的各种结果，教师提出——你最喜欢哪一个结果？

（1）"我最喜欢最后结论，它最大，符合题意"；

（2）"我认为尽管它最大，但做起来太繁（付出劳动力太多！），而且焊接的越多，质量越得不到保证（质量意识！）。所以我最喜欢第一个结论"；

（3）我最喜欢第三个结论，因为它综合了上述两者的优点——既考虑到了成本核算（制作过程简单），又考虑到了尽可能大，没有浪费。

例 2. 半角的正弦、余弦和正切

1. 引子问题：

已知：$\alpha \in \left(\dfrac{3\pi}{2}, 2\pi\right)$，且 $\cos\alpha = \dfrac{3}{5}$，求？（只给出问题的条件而隐去结论，让学生思索在此条件下，能得出哪些结论，激发学生的主体意识与参与欲望）

答 1：能求 $\sin\alpha$，$\tan\alpha$ 等同角的三角比的值。

答 2：能求 $\sin 2\alpha$，$\cos 2\alpha$，$\tan 2\alpha$ 等角的二倍角的三角比的值。

答 3：能求出与 α 相差一个特殊角如 $\alpha + \dfrac{\pi}{3}$ 等角的三角比的值。

答 4：能逆用 $\cos 2\alpha = 2\cos^2\alpha - 1 = 1 - 2\sin^2\alpha$，求出 $\dfrac{\alpha}{2}$ 的三角比的值。

$$\sin\dfrac{\alpha}{2} = \pm\sqrt{\dfrac{1-\cos\alpha}{2}}\;;\cos\dfrac{\alpha}{2} = \pm\sqrt{\dfrac{1+\cos\alpha}{2}}\;;\text{tg}\dfrac{\alpha}{2} = \pm\sqrt{\dfrac{1-\cos\alpha}{1+\cos\alpha}}$$

2.学生自主推导公式：

3.学生练习，落实双基：

练习1：已知 $\alpha \in (180°, 270°)$ 且 $\sin\alpha = \dfrac{3}{5}$，求 $\sin\dfrac{\alpha}{2}$，$\cos\dfrac{\alpha}{2}$，$\tan\dfrac{\alpha}{2}$ 的值。

（学生练习得出结论后，讨论：若没有 $\alpha \in (180°, 270°)$ 这一范围，结论如何？）

练习2：设 $\alpha \in \left(\dfrac{3\pi}{2}, \dfrac{5\pi}{2}\right)$，化简 $\sqrt{\dfrac{1}{2} + \dfrac{1}{2}\sqrt{\dfrac{1}{2} + \dfrac{1}{2}\cos\alpha}}$。

4.完善与简化半角的正切公式的讨论：

问题：对半角的正切公式，能否寻求它的更简洁的表达式？

答1：将 $\tan\dfrac{\alpha}{2} = \pm\sqrt{\dfrac{1-\cos\alpha}{1+\cos\alpha}}$ 利用分母有理化的思想，根式内分子同乘 $1+\cos\alpha$，得出 $\tan\dfrac{\alpha}{2} = \pm\dfrac{|\sin\alpha|}{1+\cos\alpha}$。

讨论：$\tan\dfrac{\alpha}{2}$ 的正负号与 $\sin\alpha$ 的正负号有何关系。在各个象限内 $\tan\dfrac{\alpha}{2}$ 与 $\sin\alpha$ 同号，故 $\tan\dfrac{\alpha}{2} = \dfrac{\sin\alpha}{1+\cos\alpha}$。

答2：同理，分子分母同乘 $1-\cos\alpha$，得 $\tan\dfrac{\alpha}{2} = \dfrac{1-\cos\alpha}{\sin\alpha}$。

答3：在 $\tan\dfrac{\alpha}{2} = \dfrac{\sin\dfrac{\alpha}{2}}{\cos\dfrac{\alpha}{2}}$ 上分子分母同乘 $2\sin\dfrac{\alpha}{2}$，得 $\tan\dfrac{\alpha}{2} = \dfrac{1-\cos\alpha}{\sin\alpha}$。

答4：在 $\tan\dfrac{\alpha}{2} = \dfrac{\sin\dfrac{\alpha}{2}}{\cos\dfrac{\alpha}{2}}$ 上分子分母同乘 $2\cos\dfrac{\alpha}{2}$，得 $\tan\dfrac{\alpha}{2} = \dfrac{\sin\alpha}{1+\cos\alpha}$。

5.解题方法开放性的例题讨论：

练习3：求 $\tan 15° + \cot 15°$ 的值

解法一：$\because$ $\tan 15° = \tan\dfrac{30°}{2} = \sqrt{\dfrac{1-\cos 30°}{1+\cos 30°}} = \sqrt{\dfrac{1-\dfrac{\sqrt{3}}{2}}{1+\dfrac{\sqrt{3}}{2}}} = 2-\sqrt{3}$，

$$\cot 15° = \frac{1}{\tan 15°} = 2 + \sqrt{3},$$

∴ $\tan 15° + \cot 15° = 2 - \sqrt{3} + 2 + \sqrt{3} = 4$。

解法二： ∵ $\tan 15° = \tan(45° - 30°) = \dfrac{1 - \dfrac{\sqrt{3}}{3}}{1 + \dfrac{\sqrt{3}}{3}} = 2 - \sqrt{3}$, $\cot 15° = 2 + \sqrt{3}$,

∴ $\tan 15° + \cot 15° = 2 - \sqrt{3} + 2 + \sqrt{3} = 4$。

解法三：$\tan 15° + \cot 15° = \dfrac{1 - \cos 30°}{\sin 30°} + \dfrac{1}{\dfrac{\sin 30°}{1 + \cos 30°}} = \dfrac{2}{\sin 30°} = 4$。

解法四：$\tan 15° + \cot 15° = \dfrac{\sin 15°}{\cos 15°} + \dfrac{\cos 15°}{\sin 15°} = \dfrac{1}{\sin 15° \cos 15°} = \dfrac{2}{\sin 30°} = 4$。

例 3：直线与平面的位置关系

（用于"直线与平面"的复习,系统复习知识,优化内在结构,培养"再创造"能力。）

1. 引子问题：

平行于同一直线的两直线的位置关系是_____。

2. 类比创造：

（1）平行于同一直线的一直线和一平面的位置关系是（平行或直线在平面内）

（2）平行于同一直线的两平面的位置关系是（平行或相交）

（3）平行于同一平面的两直线的位置关系是（平行、相交或异面）

（4）平行于同一平面的一直线和一平面的位置关系是（平行或直线在平面内）

（5）平行于同一平面的两平面的位置关系是（平行）

（6）垂直于同一直线的两直线的位置关系是（平行、相交或异面）

（7）垂直于同一直线的一直线和一平面的位置关系是（平行或直线在平面内）

（8）垂直于同一直线的两平面的位置关系是（平行）

（9）垂直于同一平面的两直线的位置关系是（平行）

（10）垂直于同一平面的一直线和一平面的位置关系是（平行或直线在平面内）

（11）垂直于同一平面的两平面的位置关系是（平行或相交）

例 4. 两个平行平面的性质

1. 复习（提供先行组织者）

（1）平面与平面平行的定义——类比直线与直线平行的定义；

（2）平面与平面平行的判定方法（转化的思想）。

2. 引子问题：直线与直线平行有哪些性质？

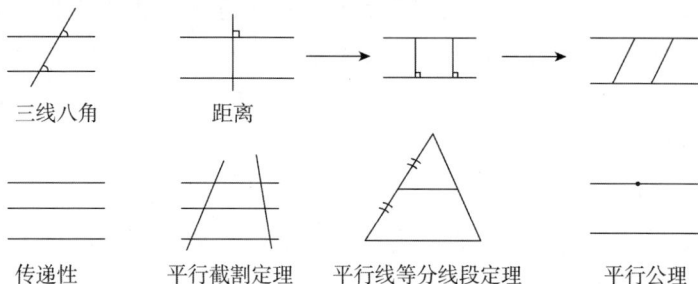

三线八角　　　距离　　　　　　　　　　　　　　　

传递性　　　平行截割定理　　平行线等分线段定理　　平行公理

3. 类比上述性质，大胆猜想：

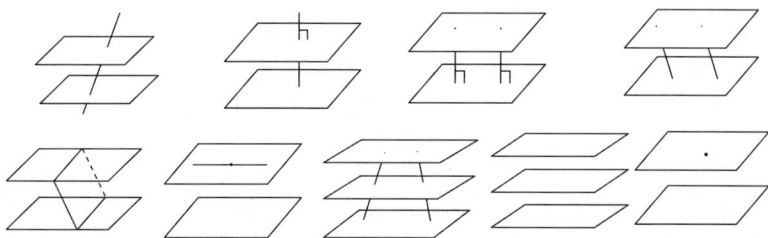

4. 归纳总结，思维有序：

（1）数学语言规范化；

（2）知识条理化；

（3）方法系统化：线线平行⇔线面平行⇔面面平行。

例 5. 两个平面垂直的判定和性质

1. 认知准备：

复习二面角、直二面角、两个平面垂直的概念。

2. 构造命题，引发讨论：

直线 a 和平面 α,β 可以有以下三种关系：$a \perp \beta, a \subset \alpha, \alpha \perp \beta$，如果任取

其中两个作前提,另一个作结论构造命题,能构成几个命题?

能构成三个不同的命题:

(甲) $\left.\begin{array}{l} \alpha\perp\beta \\ a\subset\alpha \end{array}\right\} \Rightarrow \alpha\perp\beta$;

(乙) $\left.\begin{array}{l} \alpha\perp\beta \\ a\subset\alpha \end{array}\right\} \Rightarrow a\perp\beta$;

(丙) $\left.\begin{array}{l} \alpha\perp\beta \\ a\perp\beta \end{array}\right\} \Rightarrow a\subset\alpha$ 。

3. 去伪存真,探伪索真:

(1) 命题(甲)为真命题,证明后称为两平面垂直的判定定理。

(2) 命题(乙)为假命题,但可以在 $\alpha\perp\beta$,$a\subset\alpha$ 的条件下,再增加某些条件,使 $a\perp\beta$ 的结论成立,即:$\alpha\perp\beta$,$\alpha\bigcap\beta=CD$,$a\subset\alpha$,$a\perp CD \Rightarrow a\perp\beta$。证明后称为两平面垂直的性质定理1。

(3) 命题(丙)为假命题,但可以在 $\alpha\perp\beta$,$a\perp\alpha$ 的条件下,再增加 $P\in\alpha$,$P\in a$,使 $a\subset\alpha$ 的结论成立。证明后称为两平面垂直的性质定理2。

例6. 抛物线的性质

1. 已知抛物线 $y^2=2px(p>0)$,过焦点 F 的直线与抛物线相交于 $A(x_1,y_1)$、$B(x_2,y_2)$ 两点,$P(x_0,y_0)$ 是线段 AB 的中点。试尽可能多地找出点 A、B、P 的六个坐标所满足的等量关系。

答案有:

(1) 点在曲线上:$y_1^2=2px_1$,$y_2^2=2px_2$;

(2) 中点坐标公式:$x_0=\dfrac{x_1+x_2}{2}$,$y_0=\dfrac{y_1+y_2}{2}$;

(3) A、B、P、F 共线:$(x_1-x_2)\cdot y_0=(y_1-y_2)\cdot\left(x_0-\dfrac{p}{2}\right)$;

(4) 焦点弦的斜率:$\dfrac{y_1-y_2}{x_1-x_2}=\dfrac{2p}{y_1+y_2}=\dfrac{p}{y_0}$;

(5) 中点 P 的轨迹:方程 $y_0^2=p\left(x_0-\dfrac{p}{2}\right)$;

(6) 焦点弦性质:$y_1y_2=-p^2$;$x_1x_2=\dfrac{p^2}{4}$。

2. 进一步,将"数"的开放转向"形"的开放,提出下列问题:

如图 4-32,在上题中,设抛物线的准线为 l,分别过点 A、B、P 作 x

轴的平行线,依次交 l 于点 M、N、Q,连结 FM、FN、FQ、AQ 和 BQ,试尽可能多地找出图中各线段的垂直关系。

答案有:

(1) $FM \perp FN$;

(2) $AQ \perp BQ$;

(3) $AQ \perp FM$;

(4) $BQ \perp FN$;

(5) $FQ \perp AB$。

3. 更进一步,还有如下开放题:

在上述问题中,如果允许引辅助线,你还能发现哪些结论?

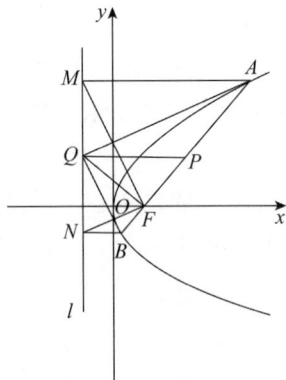

图 4-32

答案有:

(1) 以 P 为圆心、AB 为直径的圆与准线相切,且切点为 Q;

(2) 以 Q 为圆心,MN 为直径的圆切 AB 于 F 点;

(3) AQ 与 FM 的交点,BQ 与 FN 的交点均在 y 轴上;

(4) AN 与 BM 相交于坐标原点;等等。

第三节 "开放型"数学教学模式

当今社会是高度信息化的社会,这个社会要求人们面对汹涌而来的信息、不断变化的事态作出快速、正确的反应与判断;也要求人们在浩瀚的信息群中探索出规律,找到解决问题的最佳策略。知识经济是建立在知识和信息的生产、分配和使用的基础上的经济,知识经济是智力经济,是建立在知识创新基础上的经济。知识经济的崛起给无知识者的机会越来越少,而且给低知识者、旧知识者与不会学习者的机会也越来越少。当今社会已逐步成为学习化的社会。教会学生学会学习、主动学习,树立终身学习的观念,体验知识创新,将来成为高素质的劳动者,这是决定中华民族创新进程的基础。社会的发展呼唤能够激发创造力的教育。

数学教育应适应社会的发展:数学教师应该孜孜力于为学生今后的个人生活、职业、社会生活准备数学工具,教师应该成为发展的动因和工具,而不是变革的障碍和牺牲品;数学不仅是理论研究成果构成的大厦,它也是一种活动过程——包括提问题、探索、调查、创造发明、问题解决;我们教的数学应该是一个整体,一个五花八门、缤纷精彩的数学。

陈旧的数学教学模式由于依赖于以教授者为本的教学思想和教学程序,学生的学习基本上是一种他主学习,即把学习建立在人的受动性的一面之上,依靠外在强制是其主要特征,缺少师生之间、学生之间的相互合作。造成学生缺乏主体意识,成为模仿解题机器;教师和教科书成为至高无上的权威;学生的数学学习能力、应用能力、探究能力和创造能力得不到应有的培养。总之目前我们数学教育的现状距离"以学生发展为本"的要求相去甚远,一次"数学和我自己"的调查问卷显示,一所县重点中学有25%的学生赞成"有可能的话,我不想再学数学"(黄根初,2004)。所以,以学生发展为本探索并实践新的教学模式是当务之急,时代呼唤新的数学教学教学模式。

随着数学开放题的深入研究和时代发展对数学教育的要求,一种以数学开放题为学习载体的数学教学模式——"开放型"数学教学模式应运而生;相应地,出现了数学学习训练的开放型模式。

一、"开放型"数学教学模式的基本涵义与理论依据

(一)基本涵义

"开放型"数学教学模式,就是在数学教育中旨在学生于知识、能力、态度、品格等多方面的发展。在课堂教学中使学生自然成为认知的主体,尊重学生以自己的方式构建数学知识,激起多数学生的好奇心,培养学生对数学的积极态度,给予学生体验知识创新的欢乐,培养学生的数学学习能力、探索能力和创新能力。

(二)理论依据

1. 数学学习心理学的一般原理:数学学习是学生主动接受数学知识,并以自己的方式进行构建的过程。所以,在课堂教学中使学生自然成为学习的主体既是教学的出发点,又是教学的归宿。教师的作用在于为学生提供良好的数学环境,使学生对已有的知识经验进行操作、交流、反省来主动构建新知,教师是知识的"助产士",是教学活动的组织者、指导者和鼓励者;教师的重要任务是按照学生的思维模式,建立学生的数学意义,促进其有意义的发现学习。

2. 教育心理学的发展表明:人们逐步放弃行为主义的观点和方法,不再把数学学习看成被动地接受外部作用的影响,或看成一种刺激—反应

的单向关系,而是转向认知方面的研究,认识到有了适当的外部条件和原有知识的基础,如果缺乏学习者的主动加工,新的学习仍然不能发生,即更侧重于教学情景下学生认知的能动性、创造性和科学的思考方法。通过问题情景、小组讨论、课堂实践等来激发学生的内部学习动机和创造动机已成为当代教学的基本立足点。

二、"开放型"数学教学模式的教学目标和教学策略

(一)教学目标

"开放型"教学模式的主要目标是更加注重学生学习的主动性、生动性和活泼性,挖掘学生的潜能,同时强调学生学习数学的能力、探索能力、创新能力、对数学的积极态度以及创新精神的培养。因此,在数学教育中,需要使学生意识到自己是学习的主人翁,教师无法代替学生的学习;需要学生树立创新意识,主动思考问题,探索新知;需要培养学生的创造性思维能力,提高学生发现问题、解决问题的能力;需要发挥非智力因素的作用,培养学生的良好心理品质(特别是敢于发表己见,倾听别人意见的品质),全面提高学生的素质。

(二)教学策略

1.以情意为先的策略

教学活动中伴随着情感、意志、认知三过程。情意是指需要、兴趣、情感、意志等心理因素。人的学习是一种主动的活动,如何使学生对学习活动产生迫切的需要和持久的动力是教师首要思考的问题。认知的内部条件之一是学生有意学习的心向,这是认知过程得以顺利展开的保证,伴随学生认知过程的顺利进行而获得的成就感、满足感能进一步强化情意过程。具体的应该做到以下几个方面:

(1)以学生现有的经验与知识技能为出发点。首先应激活学生长时记忆中相关的原有知识,然后创设问题情境(开放性问题),师生共同研究问题,引起认知兴趣与冲突,通过对不一定有唯一答案的问题的探讨,激发学生的求知欲、思维的积极性与创造性。

(2)教师的感情投入,营造、民主、平等和谐的师生关系。尊重学生的"点子",做到在探求真知面前人人平等。教师的最大价值在于创设情境、适时启发、点拨、引导学生克服知识思维上的障碍,使学生成为求知的主人,成为求知的成功者,追求克服困难的愉悦心理,体会并享受解决问题

的满足感。

2. 以"问题"为核心,以"讨论"为手段,以"探究"为途径,以"发现"为目的的策略

教师要精心设计问题,引发学生强烈的发现动机和求知欲;教师要充分调动学生的积极思维,让学生亲身经历对新定义、新结论、新解题思路及新方法的探究,在探究中进行观察、分析、类比、联想、辨析、归纳等等;在学生独立思考的基础上进行小组或全班性议论、讨论、辨论,师生协同参与;对发现的结论进行训练、应用、反思、总结等等。

三、"开放型"数学教学模式的操作流程和评价要求

(一) 操作流程

1. 组织教学

其目的是使课堂保持安静和秩序井然,使学生做好物质上和心理上的准备,为教学的顺利进行创造良好的条件。

2. 认知准备

其目的是复习已有的数学概念方法,这些概念或方法与本课的学习有密切联系,对要完成的任务极为重要。理清这些概念或方法,可调动学生的内部组织,为新知识的学习扫除障碍铺平道路。教育心理学的原理表明:"影响学习的重要的因素,就是学习者已经知道了什么。要探明这一点,并据此进行教学"。

3. 设计引子

其目的是教师设计或选用某一数学问题。通过师生的共同探讨,得出这个问题的解法。解决这个问题的知识与方法正是前面所复习的;这个问题本身或解决问题的方法可以进行开放或迁移,这个问题称为引子问题。引子问题的设计至关重要,它是整堂课成功的基础。

4. 提出问题,小组讨论,思维发散

在教师与学生共同解决引子问题的基础上,教师可以发问:通过解决这个问题,我们已经得到了什么结论? 通过类比、联想、猜测等我们还可以进一步得到什么样的结论(以上是结论的发散)? 在其它什么条件下,我们同样可以得到这个结论(条件发散)? 解决这个问题的方法是否可以用来解决其它问题? 这个问题,我们是否可以用其它方法予以解决? 其中最佳的方法是哪一种(方法发散)?

针对教师的发问,组织学生小组讨论。小组讨论是开放型数学课的最显著的特征之一。在小组讨论中,学生们能有效地对相互之间的反应予以强化,"有些事情学生从互相之间来学习可以比从成年人或书本上更容以"。通过小组讨论能够产生"开窍反应",经过"开窍反应"的集体能够产生解决问题的办法高于其每个成员单独工作所获得的解决办法。在小组讨论中,学生的思维得到很大的启发,思维成发散状态。

在小组讨论的前提下,教师选派学生代表发言,这是体现学生是学习主体的特征之一。以"我认为"为开场白的学生发言是"开放型"数学课的最重要的特征之一。学生的思维极为活跃,发言热烈,思维也达到一定的广度与深度。

5. 归纳总结,思维收敛

对于学生众多的结论、见解,教师应与学生一起作出判断、归纳,揭示出认知规律、探索的一般方法,强调对思维过程的反省,使知识条理化、方法最优化。这是达成教育目的不可缺少的一步,也是使思维有序的必要一步。

6. 布置作业

它是对学生课外学习活动的安排,其目的是使学生合理利用课外时间,进一步巩固课内所学的知识、方法、技能,培养他们的独立思考能力,延伸课内的思考,内化知识、能力。

下面以《等差、等比数列的证明》一课为例来说明模式的教学程序如下:

【认知准备】

(1) 复习等差数列、等比数列的证明依据:

$\{a_n\}$是等差数列$\Leftrightarrow a_n - a_{n-1} = d$ 或 $2a_n = a_{n-1} + a_{n+1} (n \geq 2)$。

$\{a_n\}$是等比数列$\Leftrightarrow \dfrac{a_n}{a_{n-1}} = q$ 或 $a_n{}^2 = a_{n-1} \cdot a_{n+1} (n \geq 2)$。

(2) 判断实例:

a. 给出数列的前三项:$1,2,3,\cdots$,试问它是否是等差数列?

b. 已知数列的通项公式:$a_n = 2n + \dfrac{1}{2}, b_n = 4n + \dfrac{1}{2}, c_n = 2^{2n-1}$,判断它们是等差数列还是等比数列?

【引子问题】

已知$\{a_n\}$、$\{b_n\}$是等差数列,数列$\{d_n\}$满足$d_n = a_n + b_n (n = 1, 2, \cdots)$,

问：$\{d_n\}$ 是否是等差数列？为什么？

【小结证明方法】

证明等差数列、等比数列即证数列的前后两项作差、作商以后的结果是常数，或是数列的任意连续三项构成等差数列、等比数列。

【学生构造，实践证明】

(1) 教师设问：你受上述数列 $\{d_n\}$ 的启发，还可以得到什么样的新数列，使其为等差数列？（组织学生讨论探索）

生答：$\{a_n-b_n\}$，$\{m\cdot a_n\}$，$\{Aa_n+B\}$，$\{Aa_n+Bb_n\}$ 等是等差数列。

(2) 教师启发：就 $\{a_n\}$ 本身来考察，如何挑选 $\{a_n\}$ 中的项组成新数列，也可以构成等差数列？

生答：$\{a_{2n}\}$、$\{a_{2n-1}\}$、$\{a_{b_k}\}$（$\{b_k\}$ 是等差数列）、$\{a_{2n}+a_{2n-1}\}$ 是等差数列，数列：$a_n,a_{n-1},\cdots,a_2,a_1$ 也是等差数列。

(3) 类似地，把 $\{a_n\}$、$\{b_n\}$ 换成等比数列，你可以得到什么样的结论？（启发学生类比思考）。

生答：$\{a_n\cdot b_n\}$，$\left\{\dfrac{a_n}{b_n}\right\}$，$\{ma_n\}(m\neq0)$，$\{a_n^m\}(a_n>0)$，$\{a_{c_k}\}$（$\{c_k\}$ 是等差数列），$\{a_n\cdot a_{n-1}\}$，$\{\log_m a_n\}(a_n>0,m>0,m\neq1)$ 是等差数列，数列：$a_n,a_{n-1},\cdots,a_2,a_1$ 也是等比数列。

【归纳总结】

通过同学们的积极探索，得到如下结论，两个等差数列的和数列是等差数列，两个等比数列的积数列是等比数列；等差数列、等比数列的子数列，当其项数构成等差数列时分别是等差数列、等比数列；正项等比数列各项取对数组成等差数列，等差数列经过指数运算后得到等比数列。这些结论对我们今后的学习非常有用，同学们积极参与、主动探索新知的精神对今后的学习将更有价值。

(二) 评价要求

课堂教学评价是按照一定的价值标准，对课堂教学活动的诸因素及发展变化所进行的价值判断。从素质教育的价值观看，课堂教学的价值取向应朝向课堂教学对学生所发挥的作用和引起的身心变化应符合社会的需求，同时，课堂教学的一切活动还应满足学生发展的需要。

"开放性"教学的评价标准，从教师层面上来看应体现在教师是否恰当地处理教材，创设让学生主动构建新知的情境，是否调动学生的主动参予精神,是否尊重学生的人格,是否关心学生的发展,营造民主、平等的教学气氛,是否着力于学生创新精神、能力的培养;从学生层面上来看应体现在学生是否在积极主动地进行认知,学生有没有知识的创新,学生有没有体验成功的欢愉等等。

1. 对师生关系的要求

(1)"开放型"数学课中的师生关系首先是教师为主导,学生为主体的关系。教师的主导作用体现在有关知识、方法的复习安排,引子问题的设计与选用,问题的展开、归纳总结,作业布置等环节,需要教师的精心策划、循循善诱与点拨;而方法知识内容的回顾,引子问题的解决,特别是问题的探索,小组讨论,发表己见,归纳总结等均有学生唱主角。主导与主体相互依存,民主和谐。

(2)开放型"数学课中师生关系的另一特点是重视教师与学生之间、学生与学生之间的交流。陈旧的教学模式其信息流仅限于教师向全班学生的单向流动或教师试图跟学生发展来回的交流。而在开放型"数学课中,教师跟学生保持来回的交流,也鼓励学生在正规的基础上展开热烈的讨论交流。见下图:

图 4-33 "陈旧的教学模式教师讲课师生之间的交流关系"

图 4-34 "开放型数学师生之间的交流关系"

师生间的交流能够增进了解,从而教师能够帮助学生解决学习上的困难,很多教师帮助学生在学习上的失败是学生不了解教师,教师不了解学生的结果。在师生的交流中,可把教师的期望与学生的需要统一起来,从而减少师生的焦虑,也可以培养学生集体善于合作的高尚风气。师生的良好合作关系也是使学生自然成为学习主人翁的保证。

2. 对教材、教师的要求

（1）开放型数学课要求教材配备探究性及开放性的习题，增设一些数学问题。这些习题、问题中隐含着类比、猜想、递推、数学思想、数学模型等使学生数学化思考的要求。上海市高中数学必修课教材中就体现了这一点。教材中增加了等差等比数列的递推公式，又增加了归纳、猜测、论证。等差等比数列的类比教学为开放型数学课的设计创造了条件。其中的一道例题：已知数列 $\{a_n\}$、$\{b_n\}$ 是等差数列，且 $c_n = a_n + b_n$，$n = 1, 2, 3, \cdots$，求证：数列 $\{c_n\}$ 是等差数列。本题可以从条件、结论两个方面进行变化开放：变等差数列为等比数列，变数列的对应项的和为差、积、商乃至进行线性运算、对数运算、乘方运算、指数运算，还可对数列本身进行考察，找出它的子数列为等差、等比数列等等。通过这类开放性问题的探索、研究，使学生的知识结构得以主动构建，联想能力、探究能力得以提高，创新意识、精神得以培养，是对学生进行素质教育的极好素材。

（2）开放性数学课要求教师具备"一种开放的态度和一种不断探索省思以求自我提升的动力"，懂得"学校的使命已不在于教懂学生一辈子工作所需的知识技能，而在于为学生提供终身学习的基础"。"教师自己应该会做要求他们的学生做的一切工作，即教师至少应拥有学生们被要求获得的那些能力（当然这并不意味着教师必须比学生中的优秀人物更好）"。时代的特征是创新与持续发展，教师应顺应时代的发展——具备自我否定的意识、自我更新、自我发展、自我提高的能力；成为教学策略的英明决策者，教学活动的智慧领导者，教学环境的自信管理者，数学文化的美妙体现者，扮演专业与专家的角色。

开放性数学课要求教师更注意挖掘教材的教学功能、教育功能及发展功能，着力于学生学习新的数学知识的能力、应用数学知识解决实际问题的能力、探求数学问题的能力与创新能力的培养。能选择或编制丰富多彩的数学材料，使学生从你的数学课上获得"发展的动因和工具"。

数学学习评价篇

第五章　数学学习评价内容与样例评注

进入 21 世纪后,我国的基础教育也开始了新一轮的课程改革。2001年我国教育部颁布的《基础教育课程改革纲要(试行)》明确:国家课程标准是教材编写、教学、评估和考试命题的依据,是国家管理和评价课程的基础。应体现国家对不同阶段的学生在知识与技能、过程与方法、情感态度与价值观等方面的基本要求,规定各门课程的性质、目标、内容框架,提出教学和评价建议。根据纲要的要求,国家颁布的各学科课程标准也是指导整个基础教育系统诸重要要素(如教材编写、教学、评估和考试命题)改革的依据。换言之,在我国当前进行的新一轮基础教育课程改革中,一个新的举措就是用课程标准代替长期以往使用的教学大纲,课程标准成为指导教材编写、考试评价、教师教育等的依据。所以,我国新的课程改革实际上是基于标准的课程改革。

第一节　评价样例及评注的意义

一、数学课程标准的基本含意

1.美国课程标准的构成

根据"基于课程标准的教育改革——美国的行动与启示"的研究结果,美国的课程标准是基于课程标准的教育改革的基础、起点和粘合剂。其课程标准是个多类别的系统,一般由内容标准、表现标准和学习机会标准构成。

内容标准是指学生在特定学科中应当获得的普遍的知识与技能。内容标准均具有以下特点:

第一,内容标准一般以传统学科(如英语/语言艺术、数学、科学、社会科、历史、地理、艺术、体育、外语、健康等)为基础,按年级或年级段来陈述。

第二,内容标准是对所有学生认知学习期望的规定,即它规定了所有学生应该学习的知识、技能与思维习惯,一般不规定情感技能、态度和心理行为;此外,内容标准规定的是要达到的期望或目标,而不规定实现这些目标的具体课程或教学方法。

第三,内容标准应该清楚、具体、可测量,能够给教师、考试编制者和教材编订者提供指导。

第四,内容标准应该是"世界级的"、富有挑战性的且是大多数学生能够达到的。

表现标准是"学生在内容方面的能力水平",是"显示学生在教育内容标准方面应该掌握的知识和技能及其实践能力的具体的例子和明确的定义",表现标准具有以下特点。

第一,与内容标准相一致,是对学生完成内容标准熟练程度的规定。

第二,表现标准具有多个水平。

第三,表现标准更加清楚、具体、可测。

表现标准体系由四部分组成:表现水平、表现描述、范例和分数线,如下表所示。

术语	定义	示例
表现水平	学生表现级别的标签	高级、熟练、部分熟练
表现描述	描述了各级表现水平上学生知道什么、能够做什么	全国教育进展协会(NAEP)4年级阅读成绩水平描述 基础:应该展示理解所读内容的整体意思,阅读适当的文章时,应该能够把课文和自己经验相对明显地联系起来。例如,阅读文学文章时,应该能够讲述故事的大概内容,提供细节来支持自己的理解,能够把故事的有些方面与自己的经验联系起来;当阅读信息性文章时,应该能够讲述文章的大概内容或指出阅读它的目的,提供细节支持自己的理解;把文章的思想与自己的知识背景和经验联系起来。 熟练:应该能够展示对文章整体的理解,提供推论和字面的信息。阅读适当的文章时,应能够通过推理、得出结论、联系自己经验等拓展文章的思想。文章和学生推理之间的联系应清楚。例如,阅读文学文章时,应能概括故事,得出有关主人公或情节的结论,认识到因果关系等。当阅读信息文章时,应能概括信息,指出作者的意图或目的。应能从文章中得出合理的结论,认识到因果关系,相同点和不同点等,知道关键概念的意义。

（续表）

术语	定义	示　例
		高级:应能概括段落的主旨,表现出对作者布局谋篇的领悟。当阅读适当的文章时,应能批判性地判断文章,总的看来,给出的答案表明认真思考了。例如,阅读文学文章时,应能概括故事的要点,通过把个人经验、其他读物与文章所表明的思想联系起来扩展其意义。阅读信息文章时,应能用来自文章中的支持性材料解释作者的意图。应能对文章的形式与内容作出批判性判断并清楚地解释自己的判断。
范例	说明各个表现水平内表现范围的学生作业样例	学生作品集包括与内容标准的整个范围和深度有关的样例。如评价作业中的表现、课堂作业、项目成绩。该集子应该包括来自于代表全部人口和表现范围的学生的样例。应该翔实地描述各个表现水平内学生知道什么和能够做什么,包括代表熟练但并不高级等学生作品样例。至关重要的是要说明各级水平可接受的表现。
分数线	区分各级表现水平的分数	1992 年 NAEP 确定的 4 年级数学基础水平的最低分数是 211 分;熟练水平的最低分是 248 分;高级水平的最低分是 280 分。

学习机会标准是指"用来衡量教育体系的各级机构(学校、地方和州教育机构)为所有学生的学习达到全国自愿性的内容标准或州内容标准中的要求所提供的资源、实践和条件是否充分及其质量是否合格的基本标准"。

上述三类标准相互联系,没有表现标准的内容标准是无意义的。内容标准界定了教什么和学什么,表现标准描述了学得如何。没有学习机会标准,无法保证内容和表现标准的实现,没有内容和表现标准无法客观决定资源是否得到充分分配。关于三类课程标准之间的关系如图 5-1 所示。

三类标准之间的关系

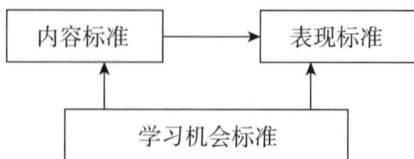

图 5-1

2. 美国研制课程标准对我们的启示

基于课程标准的教育改革的基本思路是,通过课程标准来规定学生要掌握的知识与技能目标,然后通过相应的师资培训和专业发展、考试和评价、绩效责任、课程改革等,影响教师的课堂教学实践和学生的学习方式,从而达到或超过课程标准的要求,并最终实现学业优异和教育平等的目标。可见,美国的教育改革把课程标准作为出发点,强调:

基于课程标准的课程与教学要求所开发、设计的各种教学材料,所倡导的各种教学方法、师生角色等均要与课程标准的要求的相一致,为促进所有学生达到课程标准的要求而努力。

基于课程标准的评价要求大规模考试的内容、方式以及课堂评价的功能、方式等均要与课程标准的要求相一致,为促进所有学生达到课程标准的要求而努力。

基于课程标准的绩效责任要求各种考核学校、教师和学生表现的机制要有利于促进所有学生达到课程标准的要求。

基于课程标准的师资培养和培训要求各种师资培养和培训机构以及其他有关机构根据课程标准的要求来改变自己的培养、培训或管理模式,以使教育工作者具有促进所有学生达到课程标准的态度和能力。

所以,他们把修订和完善课程标准作为教育改革的基石。例如,在美国全国数学教师协会开发数学标准的历程中,就很好地体现了这一点。美国全国数学教师协会在 1989 年出版了第一版的《学校数学和课程标准》,随后在 1991 年、1995 年分别出版了相配套的《数学教学专业标准》、《学校数学评价标准》。当在研制第一套标准的时候,委员会就把这一工作视做持续改进数学教育过程中的一部分。委员会认为,要使标准经常保持活力,就必须定期对这些标准所反映的教育目标和愿景进行检省、评价,并根据实践者的使用,对其进行不断修订。于是,该委员会在 2000 出版了修订后的《学校数学原则和标准》。

3. 我国数学课程标准的基本含意

我国教育部于 2001 年颁布了全日制义务教育数学课程标准(实验稿),拉开了新一轮的数学课程改革大幕。2003 年颁布了普通高中《数学课程标准》,2007 年颁布了《全日制义务教育数学课程标准(修改稿)》。《上海市中小学数学课程标准(试行稿)》也于 2004 年正式颁布。这些标准是根据《中华人民共和国义务教育法》、《基础教育课程改革纲要(试行)》制定的。这些标准以推进实施素质教育,培养学生的创新精神和实践能力,促进学生全面发展为宗旨;明确了数学课程的性质和地位,阐述数学课程的基本理念和设计思路,提出数学课程目标与内容标准,并对课程实施提出建议;它们也是在一个时期内进行教材编写、教学实施、考试评价的依据。

这些标准描述了学生应该知道什么,能够做什么,或者应该掌握何知识、技能。这些标准也描述了的是如何进行课堂教学,它关注的是教学方法、策略以及推荐的教学活动。但无论是教育部颁发的全国义务教育阶段课程标准和高中课程标准,还是上海市颁发的上海市中小学课程标准,均没有表现标准。也就是说,学生学习数学学到什么样算合格、良好、优秀没有权威的标准和说法。

二、表现标准的意义

1. 表现标准在基于标准的教育改革中的作用

根据雷新勇的研究,在基于标准的教育改革中,表现标准是不可忽缺的一环,课程标准(指我国广义的课程标准)不但需要有内容标准,更需要有表现标准。

在基于标准的教育改革中,学生按照内容标准的要求,经过一定时间学习后,需要利用考试,包括内部的和外部的考试,来评价学生学习达到的状态或水平,即需要按照学生达到的学业水平对学生进行分类,如优秀、合格、不合格等。因此,对基于标准的教育而言,内容标准和表现标准是必须的两个标准。

内容标准是学生理解学习的基础,知道应该学习什么、掌握什么才能达到学业要求。它也是教师理解和执行课程的基础,有助于教师关注课程,关注学生需要学习的重要的内容。但内容标准以孤立的条目形式出现,无法考虑知识的建构,无法从总体上说明,学习内容主题或内容领域应该达到的要求。

表现标准弥补了内容标准的这一缺憾。表现标准按照内容主题或内容领域逐一描述学生不同学业水平的内涵,使学生知道知识和技能掌握到什么程度是合格,什么程度是优秀。它有助于学生从总体上理解标准规定的学习内容和要求,更加有目的地调控自己的学习,以实现规定的学业目标;有助于教师从总体上理解和把握内容主题或内容领域的教学,有助于教师在关注内容标准的同时,关注表现标准,注意考试评价与标准调整一致,获得更好教学效果。它也是教育行政机构保证教育系统的所有要素协调一致的一个共同的参照工具,它是比较不同市、区、不同学校学生学业和教师教学水平的量尺。

上述的这些作用反映的是以标准为评价参照依据的观点,即不再关注学生的分数,或将学生的分数与其他学生分数进行比较,来区分优劣;而是要求学生通过学习展示出进步,这个进步是通过与某个国家或地方确定的课程的表现标准来确定。

可以说表现标准是学生学习的目标,是教师因材施教的目标,是向学生、家长、学校报告学生学业水平的依据,也是学校校长了解和评价教师教学结果的依据之一,更是教育行政机构评价学校办学水平的重要依据之一。

2. 表现标准的基本要素

表现标准描述的是学生学业水平的内涵。开发表现标准需要了解表现标准的基本特征。表现标准一般具有三个组成要素:表现水平、表现描述语和样例。

(1) 表现水平

即表现标准期望将学生的学业划分为几个水平,每一个水平冠以何名称。如美国很多州表现标准将学生的学业分为四个水平,高级水平(Advanced)、熟练水平(Proficient)、准熟练水平(Near Proficient)和初级水平(Novice)。英国用学业目标(Attainment target)代替表现水平,将整个基础阶段的学业目标分为 8+1 级,8 级为水平一(Level 1)到水平八(Level 8),八级以上设置了一个优异等级(Exceptional Performance)。

学业水平的多少与内容标准的性质和学生学业水平的差异相关。若课程的内容标准是基本标准,那么表现标准的水平不应划分过多,对一定的年级而言划分合格或不合格即可,也可以像英国的表现标准那样,将整个基础教育阶段划分为若干水平,同一年级的学生可能处于不同的学业水平。若内容标准是高标准,如像美国的内容标准,那么表现标准可以将学生的学业划分为若干水平,水平多少则取决于学生的学业差异的大小。若学生学业差异较大,水平数可以适当多一点,如5个水平;若学生学业差异较小,水平数可少一点,如3到4个水平。我们在设计上海市初中学业水平考试的表现标准中,初步拟定将表现水平分为四级:优秀、良好、合格和不合格。

(2) 表现描述语

表现描述语是对每一水平学生表现的描述。表现水平描述语有两个组成要素:

① 与所有年级、所有内容领域或内容主题相对应的每一水平的政策定义;

② 按照内容领域和/或认知技能逐项进行的水平描述语。

美国 NAEP 八年级数学熟练水平的描述语
熟练水平的八年级学生应该能够一致性地应用教学概念和方法解决 NAEP 内容领域的复杂问题。
熟练水平的八年级学生应该能够进行推测,对自己的思维做出辩解,举出支持思维的例子。应该能够理解分数百分数和小数以及其他数学主题如代数和函数之间的联系。熟练水平的学生应该完全理解基本水平的计算操作——充分理解解决实际情景问题的计算操作。 熟练水平的学生应该熟悉问题解决和推理中的定量和空间关系;应该能够表达计算水平以外的潜在推理技能;应该能够比较和对照数学思想,举出自己的例子;熟练水平的学生应该能够根据数据和图表做出推测。应用简要的几何性质,准确地使用技术工具。熟练水平的学生应该能够理解收集和组织数据的过程,能够计算、评价和交流统计和概率领域的结果。

上表中为美国国家教育进步测试(NAEP)八年级数学熟练水平的描述语。该描述语分为两个部分,上述表格下半部分明确规定了八年级熟练水平表现,这个规定也是熟练水平的政策定义,这个定义简明扼要,易于记忆;它也反映了政策制定者或政府对八年级熟练水平学生的期望。另一部分以两段描述了熟练水平的具体要求,这些具体要求以内容领域、

数学能力和技能为基础。2005年NEAP数学框架包括三个维度,数学内容、数学能力、数学技能。数学内容包括"数的性质和运算操作""测量""几何""数据分析和概率""代数"五个内容领域;数学能力包括"概念理解""过程知识""问题解决";数学技能包括"推理""联系""交流"。对照上表中的描述语可见,描述语明显地参考了数学框架的这三个维度。其中第一段主要是针对数学内容提出具体要求,第二段是针对数学能力和技能提出具体要求。值得指出的是,NAEP按照内容领域向学生、学校报告学生的学业水平,数学能力和技能要求,则是作为考试命题的依据。标准表现水平描述的准确性、可靠性是推测学生的学业水平有效性的关键因素。试题只有与表现标准水平描述语相一致,才能用于考试评价。实际上,这种严格的详细的描述也在考验学生、家长和教师的理解能力,它要求他们必须熟悉考试内容背后的内容标准和表现标准。

(3) 样例

样例是用来形象而客观地向相关利益群体表示达到某一学业水平的学生应该能够完成什么样的考试评价任务。从广义的角度看,这些任务既可以是考试中的试题,也可以是学生在课堂上参与的教学活动,完成的学习项目等。但多数表现标准采用试题作为样例。

3. 表现标准的基本特征

(1) 易于理解、有用

表现标准应该为各利益相关群体理解,且有用。表现标准向学生、教师和家长描述,学生达到一定学业水平的期望结果。如果学生、教师和家长想要知道合格水平的内涵,通过阅读合格水平的描述以及合格水平学生应该能够完成的任务样例,应该能够理解合格水平的要求。

(2) 按照内容标准确定的内容领域或内容主题描述学业水平

表现标准描述的是学生按照内容标准确定的课程学习应该达到的目标。因此它的描述必须依据内容标准,按照学科的内容领域或内容主题定义学生应该达到的学业水平。如果不按照内容标准确定的内容领域或内容主题描述表现标准的水平。标准可能变得过于抽象,难以理解;另一方面难以使教学、考试评价与内容标准、表现标准保持调整一致。

(3) 关注学生的学习

表现标准应该使学生、教师和家长明确地认识到,从低学业水平到高学业水平,学生应该掌握的知识越来越多,深度要求越来越高,掌握的技能越来越复杂。因此,不同水平的描述语言不能仅仅限于程度副词的差别,更重要的是反映在掌握的知识的数量、深度和技能的复杂程度上。

(4) 明确地区分出不同水平的差异

表现标准描述语和样题要能够有效地区分不同的表现水平。家长通过水平描述和学生本身完成的任务或试题,应该能够明白,为什么自己的孩子被划分某一水平,而不是另一水平。

(5) 能够涵盖同一水平的所有学生

实际上,不但不同学业水平的学生的表现有差异,即使是同一学业水平的学生,其表现也有差异。因此,表现标准的描述语和样题还需要能够涵盖同一水平的所有学生的表现。例如,对由不合格、合格、良好和优秀四个水平的表现标准而言,良好水平的描述语和样题,不但要考虑恰好达到良好水平的学生的表现,也要考虑到接近但尚未达到优秀水平的学生的表现,即同一水平的描述语和样题需要有明显的包容性。

三、评价样例及评注的意义

由于我国的课程标准都没有设置表现标准,而表现标准不但是国家有关考试评价的依据,也是学校内部考试评价的依据,所以在客观上造成了目前的中考和高考或难或易的现象,不利于实现考试评价积极正向的导向功能的发挥,在一定程度上阻碍了新课程的推进。

1. 有利于把握教学要求

在现实的数学教学情景中,因为不清楚学生学到多好算好,所以普遍存在着随意拔高教学要求的现象。见本书第一章第一节的"三、训练负担有待减轻"。教师在选用素材的时候任凭自己的个人喜好、主观臆断,一个重要的原因在于现行的课程标准中没有明确定义本内容的表现水平、样例和表现描述语。对一线教师的课堂教学来讲,一个有描述语的样例是最具有指导意义的。

2. 有利于把握评价要求

全日制义务教育数学课程标准(修改稿)对合理设计与实施书面测验提出了如下评价建议:书面测验是考查学生课程目标达成状况的重要方式,合理地设计和实施书面测验有助于全面考查学生的数学学业成就,及时反馈教学成效,不断提高教学质量。

(1) 对于学生基础知识和基本技能达成情况的评价,应准确把握内容标准中的要求。例如,对于一元二次方程根与系数关系的考查,内容标准中的要求是"了解",不要求应用这个关系解决其他问题,设计测试题目时应符合这个要求。

对基础知识和基本技能的考查,要注重考查学生对其所蕴涵的数学本质的理解,考察学生能否在具体情境中合理应用。因此,在设计试题时不出偏题、怪题,淡化特殊的解题技巧。

(2) 在设计试题时,应该关注并且体现《标准》的设计思路中提出的几个核心:数感、符号意识、运算能力、模型思想、空间观念、几何直观、推理能力、数据分析、随机现象。

(3) 根据评价的目的合理地设计试题的类型,有效地发挥各种类型题目的功能。例如,为考查学生从具体情境中获取信息的能力,可以设计阅读分析的问题;为考查学生的探究能力,可以设计探索规律的问题;为考查学生解决问题的能力,可以设计具有实际背景的问题;为了考查学生的创造能力,可以设计开放性问题。

以上评价建议对一线教师来讲都是原则性的,即便所举的例子也比较抽象。例如,"对于一元二次方程根与系数关系的考查,内容标准中的要求是'了解',不要求应用这个关系解决其他问题,设计测试题目时应符合这个要求"。对此描述语,一线教师各人有各人的理解,学生更是不知所云,如果有个妥帖的样例加以佐证,对一元二次方程根与系数关系的学习要求会把握得更准。

为此,我们做了一个问卷调查。调查对象为某区26名初三数学教师,调查采用闭卷形式,调查在该区的数学作业改进培训班上进行。问卷题目为:对于一元二次方程根与系数关系的考查,内容标准中的要求是"了解",不要求应用这个关系解决其他问题,请你设计一个符合这个要求的测试题。

下表中的测试题是26名教师当场设计的题目,从中可以看到一线教师对要求的把握有显著的差异的。为进一步求得对此问题的一致看法,我们请了23位高一数学教师对设计的题目,就"符合、比较符合、不符合三个选项作出评判,评判结果见下表右面三列。从中我们发现23位高中教师的评判也有较大的分歧,但认为"符合"的集中在测试题(2)、(5)、(9)、(12)。通过上述研讨,我们可以得出如下结论,对评价标准的把握需要不同教师间的研讨和磨合,样例能使教师比较准确地把握标准与要求。

序号	测 试 题	符合	比较符合	不符合
(1)	已知一元二次方程 $x^2+x-1=0$ 的两根为 x_1 和 x_2，求代数式 $x_1 x_2 - x_1 - x_2$ 的值;	9	13	1
(2)	已知方程 $x^2-3x-4=0$，不解方程求其两根之和与两根之积;（雷同的有 1 位）	20	2	1
(3)	已知一元二次方程 $3x^2-2x+a=0$ 的实数根为 x_1 和 x_2，两根同号，求 a 的取值范围;	1	6	16
(4)	已知一元二次方程 $x^2+bx+c=0$ 的实根分别是 $x_1=1$，$x_2=-6$，则 $b=$_____，$c=$_____;（雷同的有 1 位）	15	8	
(5)	一元二次方程 $x^2-5x+1=0$ 的两个根分别为 x_1 和 x_2，则 x_1+x_2 =_____，$x_1 x_2=$_____;（雷同的有 2 位）	21	2	
(6)	已知一元二次方程 $2x^2-bx+c=0$ 的两根之和为 2，两根之积为 -4，求 b、c 的值;	16	7	
(7)	设 x_1、x_2 是方程 $2x^2+6x+1=0$ 的两个根，求 $x_1^2+x_2^2$、$\dfrac{1}{x_1}+\dfrac{1}{x_2}$ 的值;（雷同的有 7 位）	2	1	20
(8)	求作一个两根为 1 和 $\dfrac{1}{2}$ 的一元二次方程;（雷同的有 1 位）	4	7	12

序号	测　试　题	符合	比较符合	不符合
(9)	已知一元二次方程 $x^2-3x+m=0$ 的两根 x_1、x_2 满足 $x_1x_2=2$，则 $m=$_____；	19	4	
(10)	已知 $x=2$ 是一元二次方程 $2x^2+ax+6=0$ 的一个根，求 a 的值及另一个根的值；	2	11	10
(11)	已知一元二次方程 $ax^2+bx+c=0$ 的两根 $x_1=2,x_2=3$，求 a、b、c 的值；	1	5	17
(12)	是非判断题：已知一元二次方程 $2x^2-x+1=0$，其两根之和为 $\dfrac{1}{2}$；	18	5	
(13)	解下列方程：$x^2-3x+2=0$，$x^2-x-6=0$，$x^2+2x-8=0$，$2x^2-5x+2=0$，$2x^2-x-1=0$，$ax^2+bx+c=0(a\neq0)$，并观察上述方程的两个实数与该方程系数的关系；	8	6	9
(14)	已知 a、b 是方程 $2x^2+3x-4=0$ 的两个根，则 $2a+2b=$_____；	6	15	2

3. 有利于基于标准的课程实施

以《义务教育数学课程标准》(2011 版)为例,在其内容标准里,比较清晰地描述了学生应该知道什么,能够做什么或者应该掌握何知识、技能才能达到学业要求;在其教学建议里,描述的是如何进行课堂教学,关注的是教学方法、策略以及推荐的教学活动案例。由此从教师层面知道了教什么、怎么教,从学生层面也知道了学什么、怎么学,就是对教到什么程度算十分好,学到什么程度算十分好不甚明了。特别是具体内容掌握到什么程度是合格,什么程度是优秀对师生双方来讲没有可具体操作的详细描述。因此,目前的数学课程实施还没有在教什么、怎么教、教得怎么样

（学什么、怎么学、学得怎么样）三者之间实现一致性。

这里，缺少与内容相匹配的样例和评注是重要的一环。如上所述，因为没有具体可操作的样例示范，导致在教学要求、评价要求的把握上出现偏差，从而难保课程、教学、评价的一致性，难保学生的课业负担不加重，不利于基于标准的课程改革的深入进行。

基于标准的数学课程改革需要研制与具体内容相匹配的表现标准，特别是对于一线教师具有具体指导意义的样例及评注。

第二节　评价样例及评注举例

下面是某区数学教研员与一线教师共同研制开发高中函数部分的内容标准、教学建议和表现标准。在开发的过程中，得到市一级数学教研员的指导；开发经历了二上二下的过程，先由市区教研员制定一个基本框架，该区的八个学校的高一数学备课组在这个框架下各自独立选编样例，区教研员和研制核心组成员在八组样例中挑选合适的样例汇总，再把汇总的样例反馈给八个学校的备课组试用，试用完以后修改而成，部分样例积累了一定的参数（如难度、区分度）。

一、高中函数部分的内容标准

根据普通高中数学课程标准（实验稿），高中函数部分的内容标准如下。

主题	内容标准
函数	（1）通过丰富实例，进一步体会函数是描述变量之间的依赖关系的重要数学模型，在此基础上学习用集合与对应的语言来刻画函数，体会对应关系在刻画函数概念中的作用；了解构成函数的要素，会求一些简单函数的定义域和值域；了解映射的概念 （2）在实际情境中，会根据不同的需要选择恰当的方法（如，图像法、列表法、解析法）表示函数 （3）通过具体实例，了解简单的分段函数，并能简单应用 （4）通过已学过的函数特别是二次函数，理解函数的单调性、最大（小）值及其几何意义；结合具体函数，了解奇偶性的含义 （5）学会运用函数图像理解和研究函数的性质

二、高中函数部分的教学建议

根据上述内容标准,相应的教与学的建议如下。

主题	教与学的建议
函数	（1）在初中学习函数的基础上,进一步理解函数是变量之间相互依赖关系的反映;学习用集合与对应的语言刻画函数,再从直观到解析、从具体到抽象研究函数的性质,并能从解析的角度理解有关性质。 （2）加深理解函数的概念,熟悉函数表达的解析法、列表法和图像法,懂得函数的抽象记号以及函数定义域和值域的集合表示,掌握求函数定义域的基本方法。对函数的值域只要求在简单情形下能通过观察和分析进行确定。 （3）理解两个函数的和函数、积函数的概念。 （4）通过解决具有实际背景的简单问题,领会分析变量和建立函数关系的思考方法。体验函数模型建立的一般过程,加深对事物运动变化和相互联系的认识,初步会用函数观点去观察和分析一些自然现象和社会现象。 （5）在直观认识函数基本性质的基础上,从具体函数到抽象表示的函数对其奇偶性、单调性、零点、最大值和最小值等基本性质进行解析研究。掌握函数的基本性质以及反映这些基本性质的图像特征。通过对函数零点的研究,体会"二分法"和逼近思想,熟悉计算器的应用。 （6）以简单的幂函数、二次函数等为例,研究它们的性质,体验研究函数性质的过程和方法。 （7）能根据不同问题灵活地用解析法、列表法和图像法来表示变量之间的关系和研究函数的性质;会利用函数的性质来解决简单的实际问题。领悟数形结合的思想。

三、高中函数部分的评价样例及评注

根据上述内容标准和教与学的建议,高中函数部分对应的表现标准如下。

课程内容		教材内容	评价内容
主题	内容		
函数及其基本性质（16课时）	1. 函数的有关概念 2. 函数的运算 3. 函数关系的建立 4. 函数的基本性质	1. 函数的概念（对应法则，定义域，值域，表示函数的方法）。 2. 函数关系的建立（具有几何、个人所得税、行程等实际背景的简单问题的函数建模）。 3. 函数的运算（两个函数的和、积，简单和、积函数的求法）。 4. 函数的基本性质（函数的奇偶性、函数的增减的判断与证明、最大值和最小值的求法、求函数零点的算法）。	1. 会求函数的定义域和函数值，能用解析法、列表法和图像法表示函数（求函数定义域的基本方法。对函数的值域只要求在简单情形下能通过观察和分析进行确定）。 2. 初步会用函数观点去观察和分析一些自然现象和社会现象，会建立具有实际背景的简单问题的函数模型。 3. 会求两个函数的和函数、积函数。 4. 会判断并证明奇偶函数、非奇非偶函数。 5. 会判断并证明函数的单调性（利用函数的奇偶性证明单调性、利用 $f(x)$ 和 $g(x)$ 的单调性讨论 $g[f(x)]$ 的单调性之类的问题不作要求）。 6. 会求函数最大值和最小值。 7. 会用"二分法"求函数的零点。 8. 会利用函数的基本性质及图像特征来解决简单的实际问题。 9. 能根据不同问题灵活地用解析法、列表法和图像法来表示变量之间的关系和研究函数的性质。

评价内容	实例及评注(标注识记、理解、应用和综合四个水平)

1. 会求函数的定义域和函数值,能用解析法、列表法和图像法表示函数(求函数定义域的基本方法。对函数的值域只要求在简单情形下能通过观察和分析进行确定)。	1. 函数 $f(x)=\sqrt{x-2}$ 的定义域是_____。(理解水平)
	
	2. 已知函数 $f(x)=x^2$,那么 $f(a+1)$ 的值为( )。(理解水平)
	
	  A. a^2+a+2 B. a^2+1
	  C. a^2+2a+2 D. a^2+2a+1
	
	3. 下列四个图形中,不是以 x 为自变量的函数的图像是( )。(应用水平)
	
	A. B.
	
	C. D.
	
	4. 下列函数中,与函数 $y=x(x\geqslant 0)$ 有相同图像的一个是( )。(应用水平)
	
	  A. $y=\sqrt{x^2}$ B. $y=(\sqrt{x})^2$ C. $y=\sqrt[3]{x^3}$ D. $y=\dfrac{x^2}{x}$
	
	5. 已知函数 $f(x)=\begin{cases}2x-1,x<0;\\ x^2,\quad x>0,\end{cases}$ 那么 $f(2)$ 的值是( )。(应用水平)
	
	  A. 6 B. 5 C. 4 D. 3
	
	6. 函数 $y=\dfrac{2x^2-x+1}{x}(x\geqslant 3)$ 的值域是_____。(综合水平)

（续表）

评价内容	实例及评注（标注识记、理解、应用和综合四个水平）
2. 初步会用函数观点去观察和分析一些自然现象和社会现象，会建立具有实际背景的简单问题的函数模型。	1. 右图给出了某种豆类生长枝数 y（枝）与时间 t（月）的散点图，那么此种豆类生长枝数与时间的关系用下列函数模型近似刻画最好的是（ ）。（综合水平） A. $y=2t^2$　　　B. $y=\log_2 t$　　C. $y=t^3$　　　D. $y=2^t$ 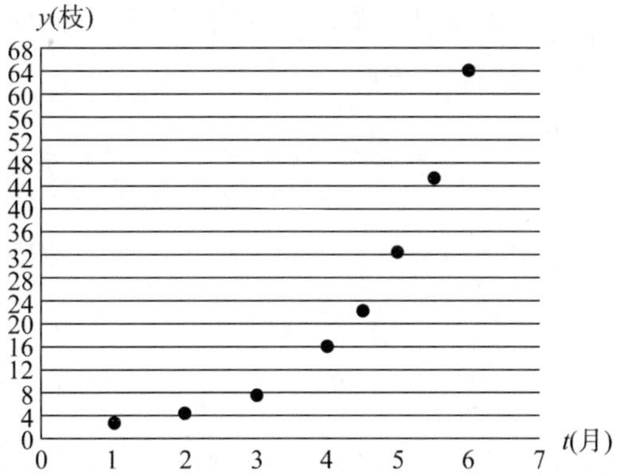
3. 会求两个函数的和函数、积函数。	1. 若函数 $f(x)=\dfrac{2x+1}{x-2}$，$g(x)=\dfrac{x-2}{\sqrt{x-1}}$，记 $F(x)=f(x)\cdot g(x)$，则函数 $F(x)$ 的定义域为_____。（理解水平）
4. 会判断并证明奇偶函数、非奇非偶函数。	1. 下列函数中为偶函数的是（ ）。（理解水平） A. $y=\sqrt{x}$　　　　　　　　　　　B. $y=x$ C. $y=x^2$　　　　　　　　　　　　D. $y=x^3+1$

评价内容	实例及评注(标注识记、理解、应用和综合四个水平)
5. 会判断并证明函数的单调性(利用函数的奇偶性证明单调性、利用 $f(x)$ 和 $g(x)$ 的单调性讨论 $g[f(x)]$ 的单调性之类的问题不作要求)。	1. 下列函数中,在区间 $(0,+\infty)$ 上是减函数的是( )。(理解水平) A. $y=x^2+1$ $\qquad$ B. $y=x^3$ C. $y=-3x+2$ $\qquad$ D. $y=\dfrac{-1}{x}$ 2. 函数 $f(x)=x^2-2x+1$ 的单调递减区间是_____。(理解水平) 3. 已知函数 $f(x)=\dfrac{1}{x}-2.$(1)求 $f(x)$ 的定义域;(2)证明函数 $f(x)=\dfrac{1}{x}-2$ 在 $(0,+\infty)$ 上是减函数。(应用水平) 4. 已知 $[1,3]$ 是函数 $y=-x^2-4ax$ 的单调递减区间,则实数 a 的取值范围是_____。(应用水平) 5. 已知函数 $f(x)=x+\dfrac{a}{x+1},x\in[0,+\infty)$,若 $0<a<1$,运用函数单调性定义,证明函数 $f(x)$ 在所给的定义域上是单调递增函数。(综合水平)
6. 会求函数最大值和最小值。	1. 当 m 取何值时,对一切 x 总有 $y=(m^2+4m-5)x^2-2(m-1)x+3>0$ 成立?(综合水平)
7. 会用"二分法"求函数的零点。	1. 已知定义在 **R** 上的函数 $f(x)$ 的图像是连续不断的,且有如下对应值表: <table><tr><td>x</td><td>1</td><td>2</td><td>3</td></tr><tr><td>$f(x)$</td><td>6.1</td><td>2.9</td><td>-3.5</td></tr></table> 那么函数 $f(x)$ 一定存在零点的区间是( )。(理解水平) A. $(-\infty,1)$ $\qquad$ B. $(1,2)$ C. $(2,3)$ $\qquad$ D. $(3,+\infty)$

（续表）

评价内容	实例及评注（标注识记、理解、应用和综合四个水平）
8. 会利用函数的基本性质及图像特征来解决简单的实际问题。	1. 已知 $f(x)$ 是定义在 $[-2,0)\cup(0,2]$ 上的奇函数，当 $x>0$ 时，$f(x)$ 的图像如右图所示，那么 $f(x)$ 的值域是_____。（综合水平） 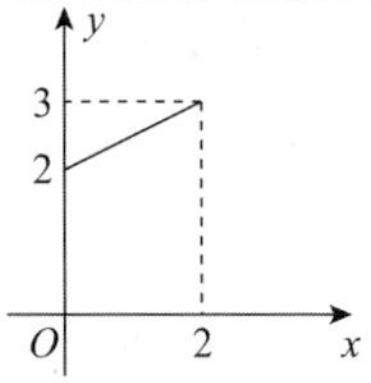 2. 函数 $f(x)$ 的图像是如图的两条线段，它的定义域是 $[-1,0)\cup(0,1]$，则不等式 $f(x)-f(-x)>-1$ 的解集是_____。（综合水平） 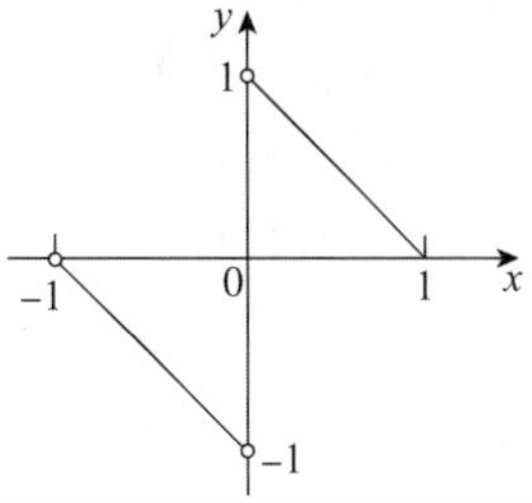
9. 能根据不同问题灵活地用解析法、列表法和图象法来表示变量之间的关系和研究函数的性质。	1. 已知函数 $f(x)=|x+1|+ax$ $(a\in\mathbf{R})$ （1）试给出 a 的一个值，并画出此时函数的图像； （2）若函数 $f(x)$ 在 $\mathbf{R}$ 上具有单调性，求 a 的取值范围。（应用水平） 2. 某一盛水容器中用细线吊着一个小铁球，现以恒定速度将铁球拉出水面，则水面高度 h 与时间 t 的函数关系的图像可能是（　　）。（综合水平） A.　　B.　　C.　　D. 3.（1）根据你在中学阶段所学习的研究函数性质的基本方法，指出函数 $f(x)=ax^2+\dfrac{b}{x^2}$（a,b 是正常数）所具有的性质，并加以证明； （2）当 $a=\dfrac{1}{4}$，$b=4$ 时，画出函数的简图。（综合水平）

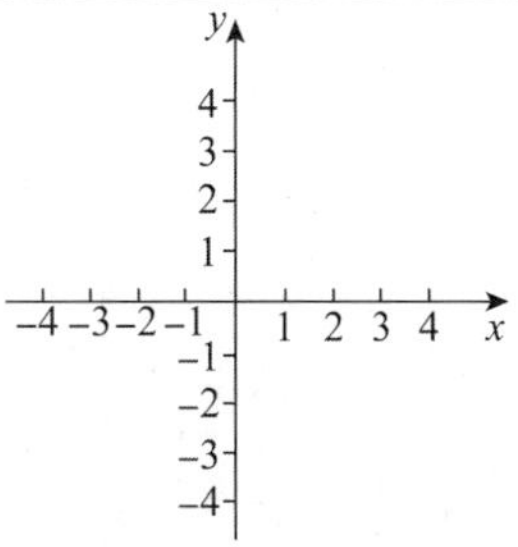

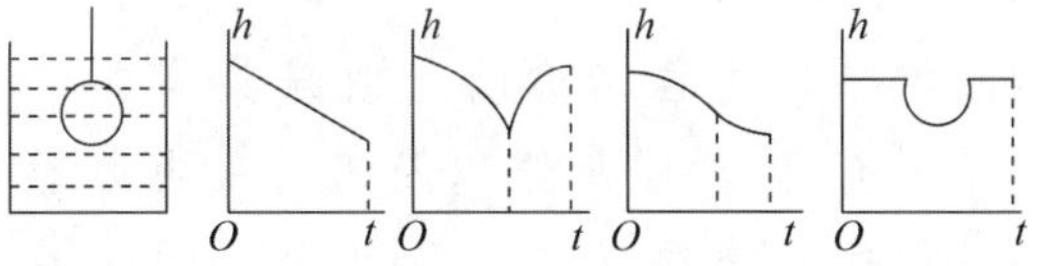

第六章　数学学习过程的诊断与改进

从学习的一般定义来看,"学习是指学习者因经验而引起的行为、能力和心理倾向的比较持久的变化","是一种在学习者内部发生的事情"。也就是说,学习本身是无法直接测量的,我们能够测量的只是学习的结果。有时还会出现学习者已经习得了知识技能,但由于没有显示学习结果的动机而不愿显示出来。因此,学习与成绩之间有可能会存在不一致性(见施良方,学习论,人民教育出版社,1998.9)。所以,就评价学生的学习来讲,关注学习过程比关注学习结果更有价值。

从学科的发展过程看,人们为解决某个问题,探索找到解决问题的途径,随着问题的解决,诞生了某个"结论",然后再用这个"结论",去解决新的问题,发展新的知识。所以,从解决问题的角度来看,结论诞生的过程和结论应用的过程并无二致,都是以"问题解决"为出发点和归宿的。基于这一点,"二期课改"非常强调"过程与方法",要求在"过程"中落实"知识与技能",在"过程"中孕育"态度情感价值观"。所以,学生的学习过程,应该是基本概念的抽象和概括过程,基本原理的归纳和推导过程,解题思路的探索和分析过程,基本规律的发现和总结过程,基本模型的建立、求解和解释过程,在"过程"中把握"结论",在"过程"中理解"结论"。

从帮助学生取得学习结果的过程来看,有灌输的与启发的、机械的与有意义的、被动的与主动的、专制的与民主的、高压的与宽松的、负担重的与负担适度的之分。前者是"功利"的,后者是"绿色"的,同样的结果,由于过程的不同而大相径庭。

所以,数学学习过程的诊断与改进具有非常积极的意义。在数学学习过程中,学习态度、数学思维以及教师的教学行为是影响学习结果三个关键要素,分析这三个要素与学习结果之间的关系将有助于提高数学学习效果。

第一节　数学学习态度的调查分析

态度是对事物的信念、情感与行为的倾向。学习态度是指学生对学习及其学习情境所表现出来的一种比较稳定的心理倾向。学生对数学学习表现出喜爱或厌恶的倾向的心理称为数学学习态度。它包括认知、情感和行为三个方面。从认知的角度看,数学学习态度同数学学习的价值观有关。从情感的角度看,数学学习态度和学习过程中的情感体验有关。从行为的角度看,数学学习态度就是对数学学习的认知和情感的外显行为。

态度是一种无法直接观察的内心心理历程,只能通过言语表达和在数学学习活动中的行为表现。态度作为一种心理准备状态,它还广泛地与个人所持有的观念、价值观和多种需要发生联系,进而对实际生活起到调节、定向等重要作用。所以,一个人的态度体系的形成和完善,实际上就是个体心理发展过程中社会化与个性化的结晶。由于在校学生的主导活动是学习,在此,学习态度就成为学生态度体系中的核心内容,并构成学生的基本人格特征。数学学习态度作为影响学生数学学习效果的一个重要因素,它也是诸多非智力因素的核心内容。

从归因论角度分析,"态度"属于决定学习效果各要素中最不稳定的一个要素。学生的智力遗传特征无法改变,或者很难改变一个人的认知风格,但是可以比较容易改变一个人的态度,使他对一件事情的态度从消极变为积极,因此,学生的数学学习态度是数学教育者工作时进行深入研究应该格外重视的一种心理成分。学习态度对于数学学习的质量至关重要。

基于上述分析,数学学习态度的调查分析理应成为诊断学生数学学习状况的有机组成部分。下面以某区高一学生的数学学习态度调查为例,说明学习态度与数学学习质量的关系。

一、调查的目的与方法

(一)调查的目的

态度决定一切,这句话道出了态度的重要性。学习态度是影响学习动机和成效的重要因素之一,因此,提升学生的数学学习态度,是所有教学者必须努力的;而高一是整个高中学习的关键适应期,高一学生的数学学习态度对整个高中学习的影响重大。

本调查的目的是了解区域高一学生数学学习态度水平、态度水平与学业成绩的相关程度,在此基础上提出提升学生数学学习态度的建议,以提高高中学生数学学习的学习动机和成效。

(二)调查的方法

1. 样本

本调查共做了两次,一次是数学学习态度问卷调查,一次是数学学习成绩测试,时间分别为高一第二学期期终考试前三周和期终考试,调查对象是某区全体高一学生,共发放问卷和试卷 1460 份,回收 1460 份,其中有效问卷 1332 份,有效率达 91.2%。

学习态度问卷调查提前三周的原因是减少考试对问卷的影响,保证问卷在常态下进行,问卷与测试的学生编码是对应一致的,便于做相关分析。

2. 调查工具

(1)学生数学学习态度量表

根据态度的三维理论,态度有三个构成部分,即认知成分、情感成分和行为成分。认知成分是态度的主体对对象的了解和评价;情感成分是指主体对于对象的情绪反应;行为成分是指认知成分、情感成分所决定的对于态度对象的反应倾向。

本调查采用韶关学院数学与信息科学学院罗静研制的学生数学学习态度量表(见下表)。该量表的设计经过初始模型的建立,专家意见征询和预调研得到正式调查问卷,正式调查后根据因子分析结果修改,得出数学学习态度量表的最终模型。共有情感成分、认知成分和行为成分三大维度共 24 个题项。因子分析结果表明,3 个维度解释了总体方差的 67.023%,各因子负荷量在 0.513~0.784 之间,表明本量表具有较好的结构效度。

学生数学学习态度量表

下面是关于数学学习的相关问题,请在"非常不同意""不同意""中立""同意"和"非常同意"中选一个填涂。	非常不同意	不同意	中立	同意	非常同意
1. 数学是我最喜欢的科目之一。					
2. 数学对我来说是一种享受和刺激。					
3. 我很害怕上数学课。					
4. 数学是枯燥的乏味的学科。					

（续表）

下面是关于数学学习的相关问题,请在"非常不同意""不同意""中立""同意"和"非常同意"中选一个填涂。	非常不同意	不同意	中立	同意	非常同意
5. 除了不得不学以外,我不想多学一点数学。					
6. 尝试理解数学并使我感到焦虑。					
7. 我希望没有数学这个科目。					
8. 我感觉上数学课时间过得比较快。					
9. 我会看数学课本上的阅读材料。					
10. 我认真完成老师布置的作业。					
11. 在数学课堂上,我愿意参加教学活动(回答问题、上黑板演示)。					
12. 我会阅读一些关于数学的课外读物。					
13. 我会和同学讨论数学问题。					
14. 我喜欢尝试解决数学中的新问题。					
15. 遇到数学难题时,我会马上放弃。					
16. 做练习或作业时,我喜欢用多种方法解题。					
17. 我认为,数学题做得越多数学成绩就会越好。					
18. 我认为,数学是有价值和必要的学科。					
19. 我认为,数学对人类的文明做出了巨大奉献。					
20. 我认为,数学可以帮助人发展智力和学会思考。					

（续表）

下面是关于数学学习的相关问题,请在"非常不同意""不同意""中立""同意"和"非常同意"中选一个填涂。	非常不同意	不同意	中立	同意	非常同意
21. 我只关心考试分数,错在哪、怎么错都无所谓。					
22. 在某些数学考试中,我会偷看书或抄同学的答案。					
23. 我认为,数学成绩代表了一个人的努力程度。					
24. 数学考试前,我总会感到紧张和不安。					

注:本量表对"非常不同意""不同意""中立""同意"和"非常同意"的赋分,正面的分别赋分为 1、2、3、4、5 分,反面的分别赋分 5、4、3、2、1 分。

这份量表通过综合国内外研究成果、专家的意见征询和详细的因子分析整理而成,能较好地反映了中学生数学学习态度状况,因而具有很好的内容效度。经过因子分析和实证研究表明本量表具有较好的结构效度,可以较好地评估学生数学学习态度。

所以,借助这个量表开展区域高一学生学习数学的态度调查,结果比较可靠。以此开展的学业成绩与学习态度相关分析所获得的结论对指导改进教学具有较高的参考价值。

(2)学生数学学业成绩测试卷

学生数学学业成绩的测试,采用××区 2011 学年第二学期期末教学质量检测高一年级数学试卷(见本书 P.193)。

考察本测试卷的内容维度,其内容覆盖面广,除半角的正弦、余弦和正切、正切函数的性质与图象等内容没有涉及外,全部覆盖,二级内容覆盖面达到 89.5%,体现基于课程的内容标准的导向。

考察本测试卷的的能力维度,一方面体现了基本知识、技能的考查,如指数形式与对数形式转化、反函数的函数值求法、对数函数的定义域、图像和对数运算、指数函数值域、指对数方程的解法、弧度制的概念、三角函数的单调性、周期性、指数函数概念、任意角的三角比概念、三角函数的值域、反正(余)弦的定义域,最简正切方程;另一方面,体现了一般函数性质在具体指数函数上的运用,如:以指数函数为载体研究函数的周期性,以三角函数为载体讨论命题真假、式的运算变换、诱导公式的运用、逆用两角差的正弦公式、角的变换、正弦余弦定理的运用、三角函数周期的理解和说理;以三角函数为载体开展函数值域、奇偶性、单调性的讨论、三角函数关系式的建立和应用、三角函数模型的理解等。

根据以上考量,本测试卷具有较好的内容效度。

二、调查的结果与分析

得到问卷和测试数据后,应用 SPSS19.0 进行数据分析。

1. 问卷量表的信度分析(α 值)

对各维度和问卷总分分别做内部一致性信度分析(α 值),由表 1 的结果可以看出,各项的 α 值表现比较理想,问卷具有相当高的信度。

表 1   问卷信度分析

	情感成分	行为成分	认知成分	问卷总分
α 值	0.890	0.767	0.669	0.902

2. 问卷的基本情况

问卷的基本情况见表 2

表 2   得分的描述性统计

	情感成分	行为成分	认知成分	问卷总分
标准差	.787	.543	.532	12.845
标准误	.0216	.015	.0146	.352
均值	24.976	33.8	26.117	84.61
题项	7	10	7	24
平均分	3.568	3.38	3.731	3.525

由表 2 可以看出,问卷总分的平均分为 84.61 分.表明该区高一学生的数学学习态度处于中上水平。结论与其他研究者调查的结果有差别,可能因为调查的学校属上海中心城区,较好的学生社会经济背景、学习环境、教师资源,也许促成了学生具有较好的数学学习态度,这也应成为培养积极数学学习态度时需要更深入分析的重要因素。

3 个维度的每题平均分中,认知成分的得分最高,为 3.731,属于中上的范围。在问卷的所有 24 题中,单题平均分相比较高的题目为"数学对人类文明做出了巨大的贡献"、"数学可以帮助人发展智力和学会思考",平均分分别为 3.98、4.03,反映出该区高一学生对数学的价值观和作用持肯定的态度,结论与其他研究者调查的结果一致;另外,在题目"我会和同学讨论数学问题"、"我认真完成老师布置的作业"上得分分别为 3.80、3.99,反映出该区高一学生对学习数学有较积极自觉的行为。

3 个维度中行为成分得分最低,为 3.38 分,属于中等范围。问卷平均分最低的三个题目为"做练习或作业时,我喜欢用多种方法解题"、"我会阅读关于数学的课外读物"和"我认为,数学成绩代表了一个人的努力程度",平均分分别为 2.83、2.86 和 2.86,说明高一学生的学习方法和对数学学习的认知有待改进。

情感成分维度的平均分为 3.568,属中上范围,说明高一学生对数学持较积极的情感态度。

以上的结论验证了其他研究者的研究结果:当认知因素和情感因素不一致时,态度与行为就不密切相关。从 3 个维度的均值来看,认知成分的均分(3.731)与情感成分的均分(3.568)有一定的差距(0.163),可以认为两者间存在不一致,所有导致行为倾向的均分更低。

3. 测试卷的基本情况

测试卷由 11 道填空题、4 道选择题、5 道解答题组成,整卷的难度为 0.689,适当,区分度比较好(见表 3),信度(Cronbach's Alpha 0.872)表现较出色,本次测试的试卷较为科学可靠。

表 3　测试卷的区分度分析(Pearson 相关性)

	填空题 (1—11 题)	选择题 (12—15 题)	16 题	17 题	18 题	19 题	20 题
全卷	.925**	.674**	.373**	.724**	.673**	.723**	.723**

4. 态度成分与学习成绩的相关性分析

(1) 样本全体态度成分与学习成绩的相关性

表 4　样本全体态度因子与学习成绩的相关性

		情感成分	行为成分	认知成分	问卷总分
数学 成绩	Pearson 相关性	.331**	.311**	.253**	.353**
	显著性(双侧)	.000	.000	.000	.000
	N	1332	1332	1332	1332

从表 4 的相关系数可知,就该区高一学生整体而言,情感、行为和认知成分与数学学业成绩之间有显著的相关性,数学学习态度与数学学业成绩之间有显著的相关性。

(2) 各类学校态度成分与学习成绩的相关性

表5 各类学校数学学习成绩与数学学习态度的相关性

		情感成分	行为成分	认知成分	问卷总分
市重点 成绩	Pearson 相关性	.197**	.092*	.097*	.165**
	显著性(双侧)	.000	.038	.028	.000
	N	510	510	510	510
区重点 成绩	Pearson 相关性	.288**	.219**	.175**	.274**
	显著性(双侧)	.000	.000	.000	.000
	N	442	442	442	442
一般校 成绩	Pearson 相关性	.312**	.242**	.150**	.276**
	显著性(双侧)	.000	.000	.003	.000
	N	380	380	380	380
全区 成绩	Pearson 相关性	.331**	.311**	.253**	.353**
	显著性(双侧)	.000	.000	.000	.000
	N	1332	1332	1332	1332

** 在.01 水平(双侧)上显著相关。

* 在 0.05 水平(双侧)上显著相关。

从表 5 的相关系数可知,就该区各类学校(市重点学校、区重点学校、一般普通学校)而言,情感、行为和认知成分与数学学业成绩之间成显著正相关,但各类学校的情感、行为和认知成分与其数学学业成绩之间的相关程度有差别:市重点学校、区重点学校、一般普通学校的数学学习态度与数学学业成绩的相关度成递增趋势,尤其对一般普通学校,情感因子与数学学业成绩之间的相关程度最大。

(3) 班级态度成分与学习成绩的相关性

该区高一学生共分成 44 个自然班,分别统计 44 个班级的学习态度各成分均分和成绩均分,再计算它们的相关系数,如表 6 所示。

表6　班级态度成分与学习成绩的相关性

		情感成分	行为成分	认知成分	问卷总分
数学成绩	Pearson 相关性	.665**	.758**	.604**	.711**
	显著性（双侧）	.000	.000	.000	.000
	N	44	44	44	44

　　从表6的相关系数可知,该区各类学校以班级为单位的情感、行为和认知成分与数学学业成绩之间成显著正相关,而班级是提升数学学习态度的基本单位,因此,各班的数学教师应该以提升班级的数学学习态度为己任,由此可以找到提高自己班级学生的数学学习成绩的一个切入口。

　　图6-1显示的是该区44个班级各态度成分与学习成绩之间的散点图,直观地表明学习态度及其各成分与数学学业成绩之间的显著正相关。

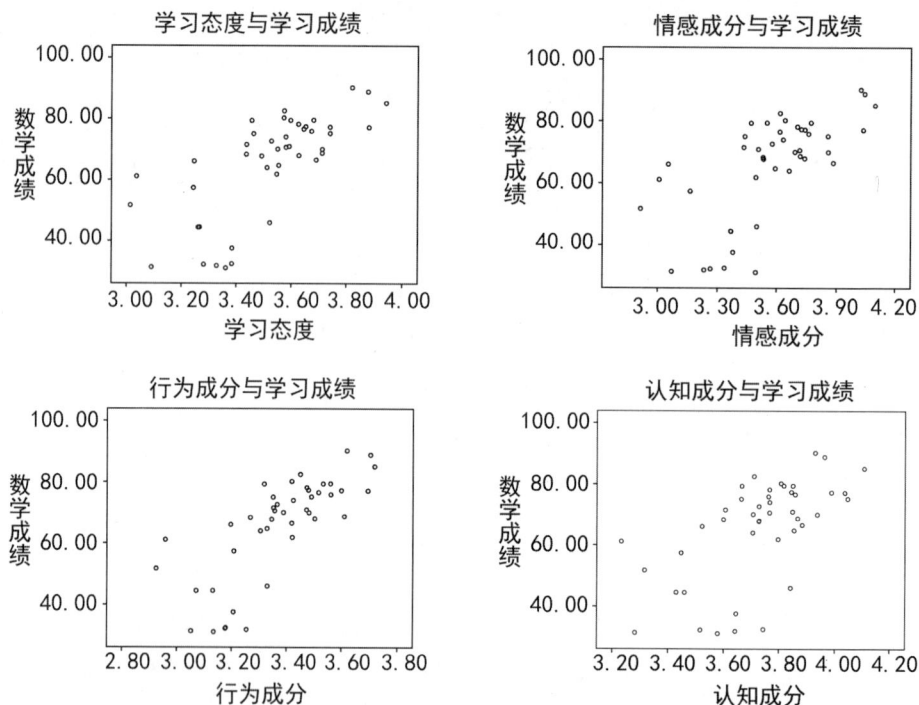

学习态度与学习成绩

情感成分与学习成绩

行为成分与学习成绩

认知成分与学习成绩

图6-1

三、调查的结论与启示

1. 与同类研究比较(见罗静,何小亚,重点中学高二文科学生数学学习态度调查研究,数学教育学报,2010.3),该区高一学生的数学学习态度处于中上水平,可能因为该区的学校处在发达中心城区,较好的学生社会经济背景、学习环境、教师资源使然。

2. 就该区高一学生整体而言,数学学习态度的情感、行为和认知成分与数学学业成绩之间成显著正相关,数学学习态度与数学学业成绩之间有高度的相关性。

3. 不同类型学校的学生其数学学习态度与数学学业成绩之间的相关程度有一定差别,市重点学校、区重点学校、一般普通学校的数学学习态度与数学学业成绩的相关度成递增趋势,尤其对一般普通学校,情感因子与数学学业成绩之间的相关程度最大。

4. 不同班级的数学学习态度及其情感、行为和认知成分与数学学业成绩之间成显著正相关,因此,班级的数学教师可以把提升班级的数学学习态度作为提高自己班级学生的数学学习成绩的一个切入口。

5. 提高学生数学学习态度可以改善学生数学学习的学习动机和成效,而提高学生数学学习态度可以从情感成分入手。

6. 讨论和展望

(1) 研究范围方面

本研究只选取了发达中心城区的高一学生,虽然该城区的学校类型比较齐全,有市重点学校、区重点学校、一般普通学校,但对其它类型区域(如远郊城区)的学校是否适用,有待今后进一步的研究对比分析。

(2) 研究时间方面

本研究的问卷调研和测试是在高一结束阶段,今后可在高一初、高二、高三做纵向研究对比,以更准确地把握高中学生数学学习态度的状况和发展规律。

第二节　数学学习思维缺陷的调查分析

数学学习是数学思维活动的过程,在这一过程中,学生往往会表现出思维缺陷,这些思维缺陷是进一步学习数学的障碍,但若能梳理分析思维缺陷的表现和产生的原因,进一步帮助学生矫正这些思维缺陷,就能促进学生更好地学习数学。下面以高一新生思维缺陷的调查分析为例说明数学学习的思维缺陷调查分析的目的、意义和教学启示。

一、调查的目的与方法

（一）调查目的

和初中数学相比,在内容上,高中数学内容多,理论性强;在思维水平上,高中数学具有概念的抽象性、论证的逻辑性、解法的灵活性、应用的广泛性。学生步入高中首先遇到的是理论性较强、形式化较浓的《集合与命题》《函数》等,即使初中数学学得不错的同学也不能很快地适应而感到困难,大多学生反映不适应高中数学教学,造成相当多的高一学生数学不及格,出现了严重的两极分化,少数学生甚至对学习失去了信心。

高一学生的思维水平处于发展的"转折点",他们的抽象思维水平开始从经验型占主导向理论型占主导转变,并且将迅速进入理论型发展的"关键期"。在这一过程中,学生在学习数学时表现出明显的思维缺陷。例如学习函数概念,学生的辩证逻辑思维处于发展的初级阶段,与函数概念的运动、变化、联系的特点非常不适应,这是构成函数概念学习困难的主要根源。因此,对高一学生在数学学习上所表现出的诸多思维缺陷进行分析,了解思维缺陷的具体表现及其产生原因,利用好高一数学素材,设计好过程和情景,矫正学生的思维缺陷,就能促进学生的思维水平"爬上一个陡坡"。

本调查从高一新生在具体"典型"题目上的解答表现入手,分析他们所存在的问题和原因,然后得出一些有针对性的教学建议。

（二）调查方法

1. 样本

本调查时间为高一第一学期期第二周,调查对象是某区部分高一学生,共发放试卷 200 份,回收 189 份,回收率达 94.5%。调查对象的选择采用分层抽样的方法,涉及该区市重点、区重点和一般普通校的所有学校。

2. 调查工具

根据大量的教学实践,我们发现高一新生在数学学习过程中存在较为普遍的思维缺陷,例如,学生在题目"已知 $A=(-\infty,1]$, $B=(-\infty,a]$,当 a 取何值时,$A\subseteq B$?"的表现,结果是令人吃惊! 全班 51 人中,有 10 人不会,40 人回答 $a=1$,只有 1 人答出 $a\in[1,+\infty)$ 时,$A\subseteq B$,上述表现是思维的"单一化"的一个例证。除了思维的"单一化",高一新生在数学学习过程中还存在思维的"表面化"和"无序化"。

所谓思维的"单一化"(简称思维1),是指学生习惯于孤立地、静止地、片面地看问题,仅限于求问题的特解,不能从整体上把握数学对象。特别是,学生缺乏用运动的、变化的眼光,全面地认识事物。

所谓思维的"表面化"(简称思维2),是指学生习惯满足于对"结论(公式或定理)"的套用,而忽视对知识发生发展的过程以及所蕴涵的思想方法的理解,造成了头脑中知识发生的"过程方法"与"结论"的割裂,这不仅增加了学生的记忆负担,而且还严重制约了知识的迁移和能力的发展。

所谓思维的"无序化"(简称思维3),是指学生的思维呈颠三倒四的无序状态,不能做到言必有理,理必有据。这种现象严重制约着数学学习的效果,更谈不上独立获取知识乃至发展能力,更免谈数学对学生特有的理性精神的滋养。如某学生在2008年上海高考20题上表现显示了思维无序化的不良影响:

原题:设 $P(a,b)(b\neq0)$ 是平面直角坐标系 xOy 中的点,l 是经过原点与点 $(1,b)$ 的直线.记 Q 是直线 l 与抛物线 $x^2=2py(p\neq0)$ 的异于原点的交点。

(1) 已知 $a=1,b=2,p=2$.求点 Q 的坐标;

(2) 已知点 $P(a,b)(ab\neq0)$ 在椭圆 $\dfrac{x^2}{4}+y^2=1$ 上,$p=\dfrac{1}{2ab}$.求证:点 Q 落在双曲线 $4x^2-4y^2=1$ 上;

(3) 已知动点 $P(a,b)$ 满足 $ab\neq0$,$p=\dfrac{1}{2ab}$.若点 Q 始终落在一条关于 x 轴对称的抛物线上,试问动点 P 的轨迹落在哪种二次曲线上,并说明理由。

学生的表现:

(1) 当 $a=1,b=2,p=2$ 时,解方程组 $\begin{cases}x^2=4y,\\y=2x,\end{cases}$ 得 $\begin{cases}x=8,\\y=16,\end{cases}$

即点 Q 的坐标为 $(8,16)$。

(2) $l:y=bx$,$\begin{cases}y=bx\\x^2=\dfrac{1}{ab}y\end{cases}$,$\Rightarrow Q\left(\dfrac{1}{a},\dfrac{b}{a}\right)$;

将 $P(a,b)$ 代入 $\dfrac{x^2}{4}+y^2=1 \Rightarrow \dfrac{a^2}{4}+b^2=1 \Rightarrow a^2+4b^2=4$,

将 $Q\left(\dfrac{1}{a},\dfrac{b}{a}\right)$ 代入 $4x^2-4y^2=1 \Rightarrow \dfrac{4}{a^2}-\dfrac{4b^2}{a^2}=1 \Rightarrow 4-4b^2=a^2$,

$\therefore$ 点 Q 落在双曲线 $4x^2-4y^2=1$ 上。

说明:学生在验证点 Q 落在双曲线上时,思维略显无序,可以作如下

改进:由方程组 $\begin{cases} x^2=\dfrac{1}{ab}y, \\ y=bx, \end{cases}$ 得 $\begin{cases} x=\dfrac{1}{a}, \\ y=\dfrac{b}{a}, \end{cases}$ 即点 Q 的坐标为 $\left(\dfrac{1}{a},\dfrac{b}{a}\right)$。

$\because$ P 是椭圆上的点,即 $\dfrac{a^2}{4}+b^2=1$, $\therefore$ $4\left(\dfrac{1}{a}\right)^2-4\left(\dfrac{b}{a}\right)^2=$ $\dfrac{4}{a^2}(1-b^2)=1$。

因此点 Q 落在双曲线 $4x^2-4y^2=1$ 上。

正因为思维的无序化,导致第三小题无法入手。

(3) 设 Q 所在抛物线的方程为 $y^2=2q(x-c),q\neq0$。

将 $Q\left(\dfrac{1}{a},\dfrac{b}{a}\right)$ 代入方程,得 $\dfrac{b^2}{a^2}=2q\left(\dfrac{1}{a}-c\right)$,即 $b^2=2qa-2qca^2$。

当 $qc=0$ 时,$b^2=2qa$,此时点 P 的轨迹落在抛物线上;

当 $qc=\dfrac{1}{2}$ 时,$\left(a-\dfrac{1}{2c}\right)^2+b^2=\dfrac{1}{4c^2}$,此时点 P 的轨迹落在圆上;

当 $qc>0$ 且 $qc\neq\dfrac{1}{2}$ 时,$\dfrac{\left(a-\dfrac{1}{2c}\right)^2}{\dfrac{1}{4c^2}}+\dfrac{b^2}{\dfrac{q}{2c}}=1$,此时点 P 的轨迹落在椭圆上;

当 $qc<0$ 时,$\dfrac{\left(a-\dfrac{1}{2c}\right)^2}{\dfrac{1}{4c^2}}-\dfrac{b^2}{\left(-\dfrac{q}{2c}\right)}=1$,此时点 P 的轨迹落在双曲线上。

因此,我们围绕上述三种思维缺陷倾向设计了测试卷,测试卷结构
如下:

题号	类别标识	测试目标	分值	题型
1.1	思维1	应用数轴判断变量的取值范围,判断学生思维是否呈现"单一化"倾向	10	填空
1.2			10	填空
2.1	思维2	应用配方法解决不同类型的问题,判断学生思维是否呈现"表面化"倾向	20	解答
2.2				
2.3				
2.4				
3.1	思维3	在代数证明和几何证明中判断学生思维是否呈现"无序化"倾向	10	解答
3.2			10	解答

二、调查的分析和启示

(一) 调查分析

得到试卷的测试数据后,应用 SPSS19.0 进行数据分析。

1. 测试的信度分析(α 值)

对思维各维度和思维总得分分别做内部一致性信度分析(α 值),由表 1 的结果可以看出,各项的 α 值表现不尽理想,原因可能在于测试"思维单一"和"思维无序"的题量太少,都仅有 2 小题,而测试"思维表面"的有 4 小题。但整卷的信度达到了 0.73,比较理想。

表 1　测试卷信度分析

	思维 1	思维 2	思维 3	总分
α 值	0.551	0.724	0.545	0.730

2. 测试卷的基本情况

测试卷由 2 道填空题、6 道解答题组成,整卷的难度为 0.53,区分度比较好(见表 2)。

表2 测试卷的区分度分析(Pearson 相关性)

		1.1	1.2	2.1	2.2	2.3	2.4	3.1	3.2
总分	Pearson 相关性	.401**	.512*	.711*	.693**	.615**	.684**	.558*	.479**
	显著性(双侧)	.000	.000	.000	.000	.000	.000	.000	.000
	N	189	189	188	189	189	189	189	189

* 在 0.05 水平(双侧)上显著相关。

**在.01 水平(双侧)上显著相关。

3. 测试成绩与中考成绩的相关性分析

表3 三类思维与数学中考成绩的相关性

		思维 1	思维 2	思维 3	总分
中考数学	Pearson 相关性	.259**	.534**	.175*	.525**
	显著性(双侧)	.002	.000	.038	.000
	N	142	142	142	142

**.在.01 水平(双侧)上显著相关。

*.在 0.05 水平(双侧)上显著相关。

从表3的相关系数可知,就该区的高一新生而言,思维1、思维2和思维3与数学中考成绩之间成显著正相关,其中,思维2与数学中考成绩之间的相关性最大,说明数学的"过程与方法"对数学学业成绩的影响最大。

4. 学生答题表现

(1) 学生在各题上的得分情况

学生在各题上的得分情况见表4。从各题的得分情况来看,学生的表现不尽如人意,尤其是 3.1 和 3.2 题,仅 40.21% 的得分率,或许是经历了中考的煎熬,即使面对构思巧妙、证法多样的题目,也激不起思考的欲望,好多学生(71 位,37.6%)在 3.2 题上未作答。这在某种程度上印证了如下观点:学习本身是无法直接测量的,我们能够测量的只是学习的结果。有时还会出现学习者已经习得了知识技能,但由于没有显示学习结果的动机而不愿显示出来。因此,学习与成绩之间有可能会存在不一致性(见施良方,学习论,人民教育出版社,1998.9)。所以,就评价学生的学习来讲,关注学习过程比关注学习结果更有价值。

表 4　各题得分率统计

题号	1.1	1.2	2.1	2.2	2.3	2.4	3.1	3.2
得分率	77.78%	63.49%	64.36%	62.43%	53.44%	43.49%	40.74%	39.68%
小计	70.64%		55.85%				40.21%	
合计	53.5%							

（2）典型错误

① 题 1.1、1.2

学生在题 1.1 和 1.2 上的具体答题表现如下图所示：

学生在题1.1上的答题表现

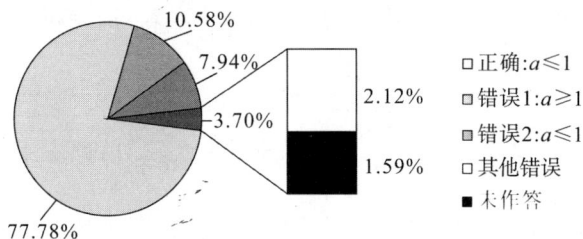

学生在题1.2上的答题表现

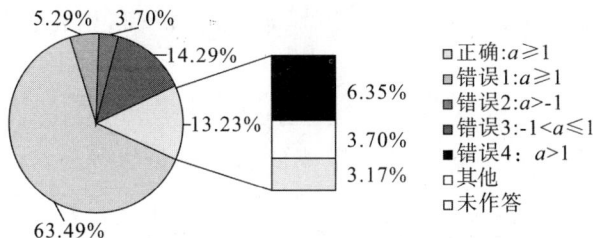

学生 1，即使使用了数轴，但仍然找不到方向，因为缺少运动变化的思维，原理（大大取大）是不能死记硬背的：

1. 若不等式组 $\begin{cases} x \geqslant 1, \\ x \geqslant a \end{cases}$ 的解为 $x \geqslant 1$，则 a 的取值范围是 $a > 1$。

2. 若不等式组 $\begin{cases} -1 < x < 1, \\ x < a \end{cases}$ 的解为 $-1 < x < 1$，则 a 的取值范围是 $-1 < a < 1$。

学生 2，数学中考 149 分，在答题时虽然图画对了，但结论错误：

1. 若不等式组 $\begin{cases} x \geq 1, \\ x \geq a \end{cases}$ 的解为 $x \geq 1$，则 a 的取值范围是 <u>a≥1</u>。

2. 若不等式组 $\begin{cases} -1 < x < 1, \\ x < a \end{cases}$ 的解为 $-1 < x < 1$，则 a 的取值范围是

<u>a≥-1 a>-1</u>。

学生 3、4，缺少整体把握数学对象的思维方式，有静止地看待它，思维单一化由此一斑：

2. 若不等式组 $\begin{cases} -1 < x < 1, \\ x < a \end{cases}$ 的解为 $-1 < x < 1$，则 a 的取值范围是

<u>a>-1</u>。

2. 若不等式组 $\begin{cases} -1 < x < 1, \\ x < a \end{cases}$ 的解为 $-1 < x < 1$，则 a 的取值范围是

<u>-1≤a≤1</u>。

学生 5、6、7、8，以下解答显示了他们思维挣扎的过程：

2. 若不等式组 $\begin{cases} -1 < x < 1, \\ x < a \end{cases}$ 的解为 $-1 < x < 1$，则 a 的取值范围

是 <u>a≤1</u>。

② 题 2.1、2.2、2.3、2.4

学生 9，数学中考 117 分，思维表面化倾向严重，只知做题，不知在做什么题，用了什么知识，更不知用了什么方法：

(1) 求使 $y=\sqrt{x^2+2x+2}$ 有意义的 x 的取值范围；

解：$x^2+2x+2 \geqslant 0$

(2) 化简 $\left|x^2+4x+\sqrt{17}\right|$（去掉绝对值）；

解：$x^2-4x+\sqrt{17}$ 或 $x^2-4x-\sqrt{17}$

(3) 解不等式 $(x^2-4x+5)(x+1)>0$；

解：~~$x+1>0$ 或~~ $x^2-4x+5>0$ 或 $x+1>0$

(4) 解方程 $x^2-x-2\sqrt{x}+2=0$

以下是学生在题 2.2、2.3 上的典型错误，显示了他们在做题时套用程式，但不知题意，更不知蕴涵其中的方法的倾向：

化简 $\left|x^2-4x+\sqrt{17}\right|$（去掉绝对值）；

原式：当 $x^2-4x<0$ 时，当 $x^2-4x \geqslant 0$ 时，
原式 $x^2-4x+\sqrt{17}$ 　原式 $-x^2+4x$
原式 $x^2-4x+\sqrt{17}$

原式 $=\begin{cases} -x^2+4x-\sqrt{17} & (x^2-4x+\sqrt{17} \leqslant 0) \\ x^2-4x+\sqrt{17} & (x^2-4x+\sqrt{17} \geqslant 0) \end{cases}$

解不等式 $(x^2-4x+5)(x+1)>0$；

$(x-5)(x+1)^2>0$
$x>5$

$\begin{cases} x^2-4x+5<0 \\ x+1<0 \end{cases}$ 或 $\begin{cases} x^2-4x+5>0 \\ x+1>0 \end{cases}$

$\{x<1$ 或 $\{x>-1$

解：$(x+5)(x-1)(x+1)>0$
$x+5>0$ 或 $x-1>0$ 或 $x+1>0$
$x>-5$ 或 $x>1$ 或 $x>-1$

(4) 解方程 $x^2-x-2\sqrt{x}+2=0$

$x(x-1)-2(\sqrt{x}-1)=0$ 　 $\because x \neq 1$ 的任意大数
$x(\sqrt{x}+1)(\sqrt{x}-1)-2(\sqrt{x}-1)=0$ 　$\therefore \sqrt{x}-1=0 \Rightarrow x=1$
$(\sqrt{x}-1)[x(\sqrt{x}+1)-2]=0$ 　$x(\sqrt{x}+1)-2=0 \Rightarrow x=1$
　　　$\therefore x=1$

③ 题 3.1、3.2

题 3.1 已知 $a^2+b^2=1$，求证：$\dfrac{b}{1-a}=\dfrac{1+a}{b}$（用多种方法）。

学生表现：不知条件与结论，不知何谓数学证明，与有逻辑的推理距离太遥远，思维无序。

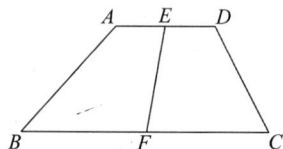

题 3.2. 如图 6-2，已知梯形 $ABCD$ 中，$AD \parallel BC$，点 E、F 分别为 AD、BC 的中点，$\angle B+\angle C=90^\circ$。

求证：$EF=\dfrac{1}{2}(BC-AD)$。（方法多多益善）

从学生在题 3.2 上的作答表现可以看出，虽然本题的常规方法有 5 种之多，但仅有 37.57% 的学生想到 2 种方法：

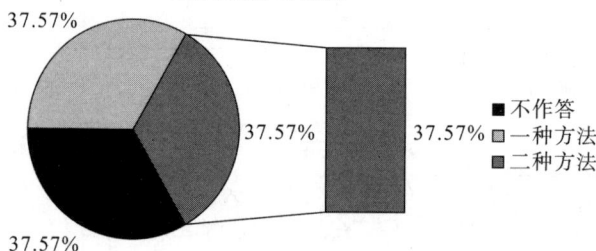

题3.2的作答情况

图 6-2

（3）优秀表现

虽然该生数学中考 128 分，但做题规范有序，思维并不单一：

1. 若不等式组 $\begin{cases} x \geq 1 \\ x \geq a \end{cases}$ 的解为 $x \geq 1$，则 a 的取值范围是 $\underline{a \leq 1}$。

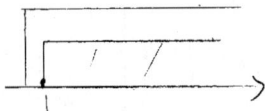

2. 若不等式组 $\begin{cases} -1 < x < 1 \\ x < a \end{cases}$ 的解为 $-1 < x < 1$，则 a 的取值范围是 $\underline{a \geq 1}$。

中考只得 117 分的学生，思维也有火花：

1. 若不等式组 $\begin{cases} x \geq 1 \\ x \geq a \end{cases}$ 的解为 $x \geq 1$，则 a 的取值范围是 $\underline{a \leq 1}$。

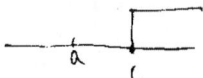

2. 若不等式组 $\begin{cases} -1 < x < 1 \\ x < a \end{cases}$ 的解为 $-1 < x < 1$，则 a 的取值范围是 $\underline{a \geq 1}$。

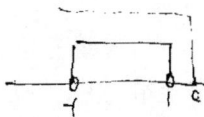

如下的表现，显示了学生既知道数学知识，又明白蕴涵其中的方法，他们的思维不是表面的，而是建立在理解之上的深刻性，可惜的是，这样的学生只有 12 位（仅占 6.35% 的比例）。值得重视的是，能用配方法解决第 4 小题的学生，前 3 小题都正确，且所用方法直指配方法，过程简洁明了，显示了数学方法的重要性。

（1）求使 $y=\sqrt{x^2+2x+2}$ 有意义的 x 的取值范围；

解：$x^2+2x+2=x^2+2x+1+1$
$=(x+1)^2+1$
$\because (x+1)^2\geqslant 0$
$\therefore (x+1)^2+1>0$
$\therefore x\in R$

（1）求使 $y=\sqrt{x^2+2x+2}$ 有意义的 x 的取值范围；

解：$x^2+2x+2\geqslant 0 \quad \therefore x\in R$
$(x+1)^2+1\geqslant 0$
$(x+1)^2\geqslant -1$

（2）化简 $\left|x^2-4x+\sqrt{17}\right|$（去掉绝对值）；

解：$=|x^2-4x+4+\sqrt{17}-4|$
$=|(x-2)^2+\sqrt{17}-4|$
$\because (x-2)^2\geqslant 0, \ \sqrt{17}-4>0$
$\therefore (x-2)^2+\sqrt{17}-4>0$ 即 $x^2-4x+\sqrt{17}>0$
$\therefore =x^2-4x+\sqrt{17}$

（2）化简 $\left|x^2-4x+\sqrt{17}\right|$（去掉绝对值）；

解：原式 $=|(x-2)^2-4+\sqrt{17}|$
$=(x-2)^2-4+\sqrt{17}$

（3）解不等式 $(x^2-4x+5)(x+1)>0$；

解：$[(x-2)^2+1](x+1)>0$
$\because (x-2)^2\geqslant 0$
$\therefore (x-2)^2+1>0$
$\therefore x+1>0$
$\therefore x>-1$

（3）解不等式 $(x^2-4x+5)(x+1)>0$；

解：$[(x-2)^2+1](x+1)>0$
又 $\because (x-2)^2+1>0$
$\therefore x+1>0$
$x>-1$

（4）解方程 $x^2-x-2\sqrt{x}+2=0$

解：$x^2-2x+1+x-2\sqrt{x}+1=0$
$(x-1)^2+(\sqrt{x}-1)^2=0$
$\because (x-1)^2\geqslant 0, \ (\sqrt{x}-1)^2\geqslant 0$
$\therefore x-1=0 \Rightarrow x=1$
$\sqrt{x}-1=0 \Rightarrow x=1$
$\therefore x=1$

（4）解方程 $x^2-x-2\sqrt{x}+2=0$

解：$x^2-2x+1+x-2\sqrt{x}+1=0$
$(x-1)^2+(\sqrt{x}-1)^2=0$
$\therefore x=1$

（二）调查启示

1. 在高一新生的数学学习中，普遍存在思维的"单一化"、"表面化"和"无序化"的倾向，本测试中学生在这三个方面的得分率分别为 70.64%、55.85% 和 40.21%，比较充分地说明了这一点。

2. 良好的思维品质与数学中考成绩之间成显著正相关，其中，涉及到"过程与方法"的思维品质与数学中考成绩之间的相关性最大，说明数学的"过程与方法"对数学学业成绩的影响最大。

3. 本调查所选用的材料是以高中数学的学习要求为背景编拟的，这说明了初、高中数学学习内容和要求的反差是客观存在的，而正是这些反差,为高一新生提出了挑战,为矫正高一新生思维缺陷,促进其智力成熟提供了肥沃的土壤。面对"反差",我们要做的是分析原因,寻求对策,缓解反差,实现初高中数学教学的光滑衔接。

4. 学情分析是开展教学设计的重要基点,分析高一新生在数学学习上的思维缺陷是分析学情的重要方面。本调查所反映的高一新生思维缺陷的若干方面对我们把握学情有一定的启示作用。

三、矫正思维缺陷的对策

1. 以运动变化矫正思维的"单一化"

矫正思维的"单一化"的策略是把运动变化的观点引进数学教学,这与其说是教学策略,不如说是一种教学理念。因为在高中数学中研究点的运动和量的变化,可以说是无处不在,须臾不离的。但对习惯于研究常量求特解的高一新生来说,让他们用运动变化的观点去审视问题、解决问题,却是一个思维方法的飞跃。教师要善于利用教材,展现运动变化的过程,引导学生在运动变化中发现规律,在"游泳中学会游泳",在经历运动的全过程后形成整体把握数学对象的意识。如:

例1:设 $A=\{x\,|-2\leqslant x<4\}$,$B=\{x\,|\,x\leqslant a\}$,根据下列条件,求 a 的取值范围。

(1) $A\cap B=\varnothing$;(2) $A\cap B=\{-2\}$;

(3) $A\cap B=\{x\,|-2\leqslant x\leqslant a\}$;

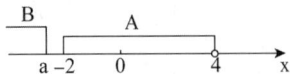

图 6 - 3

(4) $A\cap B=A$;

(5) $A\cup B=\{x\,|\,x<4\}$。

矫正对策:如图 6-3,只需引导学生把实数 a 对应的点,在实数轴上从左至右运动,即可得各小题相应的解。

例2:(1)设二次函数 $y=x^2-2(a-1)x+1$,当 a 取何值时,该二次函数在 $(-\infty,4]$ 内 y 随 x 的增大而减小。(该题只需让对称轴 $x=a-1$ 在坐标系中平行移动即可获解 $a\in[5,+\infty)$)

(2)设二次函数 $f(x)=x^2-2x-3$ 在区间 $[t,t+1]$ $(t\in\mathbf{R})$ 上讨论 $f(t)$ 和 $f(t+1)$ 的大小。

矫正对策:引导学生通过 t 从小到大变化,引发区间 $[t,t+1]$ 在 x 轴上从左至右运动,根据该区间与对称轴的相对位置讨论获解。

例3:在函数的概念、性质教学中,渗透运动变化的观点,更可贯彻始终。如函数 $y=f(x)$ 中，x 在定义域内运动地取遍每一个值，函数 y 也随之运动地得到每一个函数值；函数 $y=f(x)$ 在区间 A 上，如果 x 从小到大变化，函数 y 也从小到大（或从大到小），这就体现了函数 $y=f(x)$ 在区间 A 上的单调性；在二次函数 $y=ax^2+bx+c(a>0)$ 中，x 从小到大运动地取到 $-\dfrac{b}{2a}$，函数 y 也从大到小运动地取到最小值 $\dfrac{4ac-b^2}{4a}$，x 从 $-\dfrac{b}{2a}$ 运动地越取越大，函数 y 也从最小值 $\dfrac{4ac-b^2}{4a}$ 运动地越取越大。有了这样的观念作基础，在解决相当一类涉及最值、值域等问题时，将变得得心应手，也有助于对函数概念的本质理解。

例 4：直线与抛物线的位置关系：求过点 $A(0,2)$ 且与抛物线 $y^2=4x$ 有且仅有一个公共点的直线方程。

说明：这是某中学高二(1)班 2011.4.11 下午第一节数学课的部分实录；在高二学生身上还会出现思维的"单一化"，说明矫正思维缺陷是一个长期的任务。

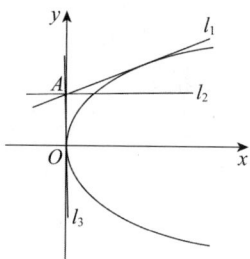

图 6-4

学生的典型表现 1：设直线的方程为 $y-2=kx$，即 $y=kx+2$。

代入 $y^2=4x$，整理得 $k^2x^2+(4k-4)x+4=0$。

由 $\Delta=(4k-4)^2-16k^2=0$，得 $k=\dfrac{1}{2}$。

所以，所求直线的方程为 $y=\dfrac{1}{2}x+2$。

学生的典型表现 2：设直线的方程为 $y-2=kx$，即 $y=kx+2$。

代入 $y^2=4x$，整理得 $k^2x^2+(4k-4)x+4=0$①。

当 $k=0$ 时，方程①有一解 $x=1$，所求直线的方程为 $y=2$；

当 $k\neq0$ 时，由 $\Delta=(4k-4)^2-16k^2=0$，得 $k=\dfrac{1}{2}$，所求直线的方程为 $y=\dfrac{1}{2}x+2$。

所以，所求直线的方程为 $y=\dfrac{1}{2}x+2$ 或 $y=2$。

错误分析：全班同学没有一个想到要分直线的斜率不存在和存在两

类情况(如图6-4),为什么会出现这种现象?与老师交流获得的情况是先前就发现这种现象了,今天这节课就期望解决这个这个问题,但老师在作了讲评以后,仍然没有收到效果。这在后一道题中得到了印证。(若直线 l 与抛物线 $y^2=2x$ 相交于 A、B 两点,求证"如果 l 过点 $T(3,0)$,那么 $\overrightarrow{OA} \cdot \overrightarrow{OB}=3$ 是真命题",全班学生仅有个别学生想到要讨论 l 的斜率存在与不存在两种情况。)

矫正对策:只需引导学生固定抛物线 $y^2=4x$,让过点 $A(0,2)$ 的直线动起来,可获得直线与抛物线有且仅有一个公共点的三个特殊位置,并使直线与抛物线的特殊几何位置与代数运算的结论对应起来(解析几何的本质体现:每一个代数结论都有几何意义与之对应),问题迎刃而解。

2. 以数学推理的严谨性、流畅性矫正思维的"无序化"

许多高一学生认为推理是几何的事,这是认识上的一个误区。在代数中,也同样处处有推理。

例5:当 k 为何值时,关于 x 的一元二次不等式 $x^2+(k-1)x+4>0$ 的解集为 $(-\infty,+\infty)$?(上海教材试验本高一数学第46页例8)

本题在数学推理上极具价值,通过不同数学表达形式之间的转换,可训练学生思维的严谨性、流畅性。

关于 x 的不等式 $x^2+(k-1)x+4>0$ 的解集为 $(-\infty,+\infty)$ $\Leftrightarrow$ $f(x)=x^2+(k-1)x+4$ 的图象在 x 轴的上方 $\Leftrightarrow$ 方程 $x^2+(k-1)x+4=0$ 无实数根 $\Leftrightarrow$ 二次三项式 $x^2+(k-1)x+4$ 在实数范围内不能因式分解 $\Leftrightarrow \Delta=(k-1)^2-16<0 \Leftrightarrow$ 函数 $f(x)=x^2+(k-1)x+4(x\in \mathbf{R})$ 的最小值大于零 $\Leftrightarrow x^2+(k-1)x+4\leqslant 0$ 的解集为 $\varnothing$。

例6:求证: $\dfrac{\cos\alpha}{1-\sin\alpha}=\dfrac{1+\sin\alpha}{\cos\alpha}$。

下面的课堂节录展示了学生从"无序化"的推理论证转变成有逻辑的推理的过程:

生1:假设原式成立,$\cos^2\alpha=(1-\sin\alpha)(1+\sin\alpha)$,$\cos^2\alpha=1-\sin^2\alpha$,因为 $\sin^2\alpha+\cos^2\alpha=1$,所以等式成立。

针对学生"无序化"的思维表现,师生适当讨论评析后,学生的思维有了质的飞跃,以下是学生在黑板演示的思维过程,思维的"无序化"荡然无存。

生 2:证明:因为 $\dfrac{\cos x}{1-\sin x}-\dfrac{1+\sin x}{\cos x}=\dfrac{\cos^2 x-(1-\sin^2 x)}{(1-\sin x)\cos x}=$

$$\frac{\cos^2 x - \cos^2 x}{(1-\sin x)\cos x} = 0,$$

所以 $\dfrac{\cos x}{1-\sin x} = \dfrac{1+\sin x}{\cos x}$。

生 3：证明：$\dfrac{\cos x}{1-\sin x} = \dfrac{\cos x \cdot \cos x}{\cos x(1-\sin x)} = \dfrac{1-\sin^2 x}{\cos x(1-\sin x)} = \dfrac{1+\sin x}{\cos x}$。

生 4：证明：$\sin^2 x + \cos^2 x = 1 \Rightarrow \cos^2 x = 1 - \sin^2 x \Rightarrow \cos^2 x = (1-\sin x)(1+\sin x)$

$$\Rightarrow \frac{\cos x}{1-\sin x} = \frac{1+\sin x}{\cos x}。$$

生 5：证明：欲证：$\dfrac{\cos x}{1-\sin x} = \dfrac{1+\sin x}{\cos x}$，

只要证：$\cos x \cos x = (1-\sin x)(1+\sin x)$，

即只要证：$\cos^2 x = 1 - \sin^2 x$，

即只要证：$\sin^2 x + \cos^2 x = 1$，

因为 $\sin^2 x + \cos^2 x = 1$ 成立，所以 $\dfrac{\cos x}{1-\sin x} = \dfrac{1+\sin x}{\cos x}$ 成立。

生 6：证明：$\dfrac{\cos x}{1-\sin x} = \dfrac{\cos x \cdot (1+\sin x)}{(1-\sin x)(1+\sin x)} = \dfrac{\cos x(1+\sin x)}{1-\sin^2 x} = \dfrac{\cos x(1+\sin x)}{\cos^2 x} = \dfrac{1+\sin x}{\cos x}$。

教学中，加强严谨的推理训练，加强联想式的推理训练，对于克服思维的无序化，构建具有活性的知识结构是大有裨益的。

3. 以"过程"与"结论"的一体化矫正思维的"表面化"

从数学的发展过程看，人们为解决某个问题，探索找到解决问题的途径，随着问题的解决，诞生了某个"结论"，然后再用这个"结论"，去解决新的问题，发展新的知识。所以，从解决问题的角度来看，结论诞生的过程和结论应用的过程并无二致，都是以"问题解决"为出发点和归宿的[6]。基于这一点，"二期课改"非常强调"过程与方法"，要求在"过程"中落实"知识与技能"，在"过程"中孕育"态度情感价值观"。所以，教师的教学过程设计，应充分展现数学基本概念的抽象和概括过程，基本原理的归纳和推导过程，解题思路的探索和分析过程，基本规律的发现和总结过程，数学模型的建立、求解和解释过程，把"过程"与"结论"设计得浑然一体。使

"过程"以达成结论为目的，过程中油然而生"结论"。

例7：一元二次不等式的解法来自一元二次不等式、一元二次方程、一元二次函数图像（抛物线）间的对应转换过程。

例8：诱导公式的教学更是过程与结论的高度统一，如对终边不在坐标轴的任意角 α 来说，以求 $\sin\alpha$ 为例，如果 $\alpha \notin (0, 2\pi)$，α 可记为 $2k\pi + \beta$ $[k \in \mathbf{Z}, \beta \in (0, 2\pi)]$，由定义得 $\sin(2k\pi + \beta) = \sin\beta$。若 β 为锐角，则问题解决。若 β 为二、三或四象限角，则可分别表示为 $\pi \mp \gamma$ 或 $2\pi - \gamma$（γ 为锐角），由定义易得 $\sin\beta$ 与 $\sin\gamma$ 的关系，诱导公式就是在这样解决问题的过程中应运而生的。当然最后要证明锐角 γ 扩充为任意角时，这些诱导公式都成立，以便更广泛的运用。

例9：学生极限概念典型的错误理解及改造训练

（1）序列"必须达不到它的极限"（于是，序列 $1, 1, 1, \cdots$ 就被说成不收敛于某个极限）；

（2）序列应该或是单调增加，或是单调减少（于是，第 n 项元素是 $a_n = 1 + \dfrac{(-1)^n}{n}$ 的序列不趋向于极限）；

（3）极限是序列的"最后"一项（而事实上是在"通过"无限多元素之后才达到极限）。

注：本结论来自【美】D.A.格劳斯主编.陈昌平等译，数学教与学研究手册，上海教育出版社，1999，665—670。

矫正对策：教学中提供学生形成极限概念的操作过程，引导学生反思改造原有经验和理解的缺陷，下面的操作和辨析有利于理解极限概念的本质。

操作1.已知数列 $\{a_n\}$，$a_n = \dfrac{3n-1}{n}$，填写下表，并判断它有没有极限。

n	1	2	5	10	100	1000	$\cdots$
a_n	2	$\dfrac{5}{2}$	$\dfrac{14}{5}$	$\dfrac{29}{10}$	$\dfrac{299}{100}$	$\dfrac{2999}{1000}$	
$\|a_n - 3\|$							

操作2.已知数列 $\{a_n\}$，$a_n = \dfrac{1}{3^n}$，填写下表，并判断它有没有极限。

n	1	2	5	10	100	1000	$\cdots$
a_n	$\dfrac{1}{3}$	$\dfrac{1}{9}$	$\dfrac{1}{243}$	$\dfrac{1}{59049}$	1.94×10^{-48}		
$\lvert a_n-0\rvert$							

操作 3.已知数列 $\{a_n\}$，$a_n=\left(-\dfrac{1}{2}\right)^n$，填写下表，并判断它有没有极限。

n	1	2	5	10	99	1000	$\cdots$
a_n	$-\dfrac{1}{2}$	$\dfrac{1}{4}$	$-\dfrac{1}{32}$	$\dfrac{1}{1024}$	-1.58×10^{-30}		
$\lvert a_n-0\rvert$							

操作 4.已知数列 $\{a_n\}$，$a_n=\dfrac{3n+2}{2n-1}$。

（1）在直角坐标平面上作出此数列的图像；

（2）从图像上看，有该数列的点 (n,a_n) 无限趋近的直线吗？如果有，写出该直线的方程；

（3）该数列有极限吗？如果有，写出它的极限。

辨析 5.下面的说法是否正确，为什么？

（1）数列 $\underbrace{3,3,3,\cdots,3}_{1万个}$ 的极限是 3；

（2）数列 $3,5,10,5,5,\cdots,5,\cdots$ 的极限为 5；

（3）在 n 无限增大的变化过程中，如果数列 $\{a_n\}$ 中的项 a_n 越来越接近于某个常数 C，那么称 C 是数列 $\{a_n\}$ 的极限。

辨析 6.关于数列极限，以下叙述哪些是正确的？

（1）在 n 无限增大的变化过程中，若数列 $\{a_n\}$ 的项 a_n 与某个常数 A 差的绝对值越来越趋近于零，则常数 A 为数列 $\{a_n\}$ 的极限；

（2）若 $\lim\limits_{n\to\infty}a_n=A$，则对一切自然数 n，都有 $a_n<A$；

（3）若 $a_n>b_n$，$\lim\limits_{n\to\infty}a_n=A$，$\lim\limits_{n\to\infty}b_n=B$，则 $A>B$；

（4）若 $\lim\limits_{n\to\infty}a_n=A$，则数列 $\{\lvert a_n-A\rvert\}$ 一定是递减数列。

辨析 7. 如果数列 $\{a_n\}$ 的 极 限 为 A，而 数列 $\{b_n\}$ 满 足 $b_n =$

$\begin{cases} \dfrac{2}{3}a_n\,(n{\leqslant}10^6) \\[2mm] 3a_n\,(n{>}10^6) \end{cases}$，那么数列 $\{b_n\}$ 的极限是（　　）。

　A. A　　　　　B. $\dfrac{2}{3}A$　　　　C. $3A$　　　　D. 不存在

学是教的前提，只有理解了学生是如何学习的，学习过程中会出现哪些困难以及如何去诊断这些困难，才能进行有效的教学。从这个意义上讲，诊断分析学生的思维缺陷表现和原因并辅之以精准的对策，是提高数学教学有效性的重要途径。

第三节　数学教学行为的调查分析

在学校内部，影响学生学习行为的最重要因素是教师的教学行为，学生的学习行为受制于教师的教学行为，学生认定的教师外在的、具体的、可操作的教学行为间接反映了学生的学习行为，因此，分析调查教师的教学行为可以诊断学生的学习状况。

我们可以假设，教师的教学水平与学生的个性充分全面发展有密切关系，其中教师的个别化教学水平与学生的学业成绩也应密切相关。为了了解教师是否进行了个别化教学，借助测量工具判断教师个别化教学的程度，也可以帮助教师明确自己在个别化教学的哪些方面还存在不足，以及在哪些方面取得了进步，有必要开展教师教学行动水平的调查分析。教师教学行动水平的调查分析需要回答如下问题：如何测量教师的个别化教学水平？如何测量学生的学业成绩？教师的个别化教学水平与学生的学业成绩有怎样的关系？这个关系对改进教学有何启示？

一、个别化教学水平与学业成绩的测量

（一）个别化教学水平的测量

1. 测试量表的来源

大量的情报检索表明，台湾地区的个别化研究和教学水平处于较为领先的位置，为此可以采用台湾地区的有关教师教学行为观察量表。下面的教师区分性教学行为观察量表来自台湾师范大学特教系黄家杰博士

的研究成果(见特殊教育研究学刊,民 99(2010 年),35 卷 1 期,63－82
页)。

教师区分性教学行为观察量表(学生版)

题号	下面是关于我的老师教学情况的问题,请回答:	从不	很少	有时	常常	总是
	(一) 适度调整课程内容	从不	很少	有时	常常	总是
1	老师会提供不同难度的学习内容或资料供我们选择。	1	2	3	4	5
2	老师会利用我们提出的问题,作为学习内容,引导我们进一步的学习。	1	2	3	4	5
3	老师会在教学前,清楚地说明希望我们要学到什么。	1	2	3	4	5
4	老师会运用不同方式呈现学习内容。	1	2	3	4	5
5	老师提供具有挑战性的学习内容。	1	2	3	4	5
	(二) 提供具复杂度的教学内容					
6	上老师这门课,我们需进行资料的分析。	1	2	3	4	5
7	上老师这门课,我们需要综合整理所有的资料。	1	2	3	4	5
8	上老师这门课,我们需对教材内容或同学的报告提出优缺点与建议。	1	2	3	4	5
	(三) 善用元认知策略					
9	老师会引导我们在学习的过程中检查自己的学习是否达到目标。	1	2	3	4	5
10	老师会引导我们在解决问题的过程中检查自己的想法是不是合理。	1	2	3	4	5

（续表）

题号	下面是关于我的老师教学情况的问题,请回答: （三）善用元认知策略	请从下列选项中 只选一个填涂				
		从不	很少	有时	常常	总是
11	老师会引导我们检查自己的学习结果是不是有达成目标或预订的计划。	1	2	3	4	5
	（四）教学过程具有弹性					
12	老师允许我们有独立学习的机会。	1	2	3	4	5
13	老师会用问问题的方式,让我们去想、去思考	1	2	3	4	5
14	老师会让我们自己寻找合理的答案。	1	2	3	4	5
	（五）善用问题解决策略					
15	老师会让我们比较不同的问题解决策略的优缺点。	1	2	3	4	5
16	老师会让我们写出或说出解决问题的过程。	1	2	3	4	5
17	老师会让我们写出或说出解决问题的过程中所使用的策略。	1	2	3	4	5
	（六）善用批判思考策略					
18	老师会引导我们找出不同信息或资料内容之间有没有矛盾的地方。	1	2	3	4	5
19	老师会引导我们判断信息或资料内容是不是够详细、清楚。	1	2	3	4	5
20	老师会引导我们判断信息或资料内容是不是可信。	1	2	3	4	5

（续表）

下面是关于我的老师教学情况的问题，请回答：		请从下列选项中只选一个填涂				
题号	（六）善用批判思考策略	从不	很少	有时	常常	总是
21	老师会引导我们判断论述推理是不是有证据支持。	1	2	3	4	5
22	老师会引导我们判断论述推理的逻辑是不是前后一致，或是有矛盾的地方。	1	2	3	4	5
	（七）善用研究策略					
23	老师会教导我们研究报告有效的呈现方式。	1	2	3	4	5
24	老师会让我们有机会将研究发现以正式的书面报告，或口头报告跟听众分享与讨论。	1	2	3	4	5
25	老师会提供我们独立研究的机会。	1	2	3	4	5
	（八）进行多元评价					
26	老师会针对上课过程的表现进行评价或评分，让我们了解自己学习的表现。	1	2	3	4	5
27	老师会在一个单元、或一个学期，针对我们学习结果，进行评价或评分。	1	2	3	4	5
28	老师会鼓励我们使用不同方式呈现学习成果。	1	2	3	4	5
	（九）教导学生如何评价					
29	老师会引导我们利用相互约定的目标来评价自己的学习表现。	1	2	3	4	5
30	老师会从我们所建立的学习档案，进行评价或评分，让我们了解自己学习的表现。	1	2	3	4	5

下面是关于我的老师教学情况的问题,请回答:		请从下列选项中只选一个填涂				
题号	（九）教导学生如何评价	从不	很少	有时	常常	总是
31	老师会教导我们如何收集自己的学习资料,做成学习档案。	1	2	3	4	5
32	老师会教导我们针对自己的学习档案进行评价或评分。	1	2	3	4	5
33	老师会教导我们如何去帮其他同学进行评价或评分。	1	2	3	4	5
34	老师会要求我们针对其他同学的学习表现提出建议或评论。	1	2	3	4	5
	（十）营造自在与互动的学习环境					
35	老师会鼓励我们提出自己的想法。	1	2	3	4	5
36	老师会赞美我们。	1	2	3	4	5
37	老师会发掘我们的优势能力或兴趣,并鼓励我们进一步的学习或研究。	1	2	3	4	5
38	老师会鼓励我们参与讨论与发表意见。	1	2	3	4	5
39	老师会提醒我们,别人在发表时,要专心聆听说话者的内容。	1	2	3	4	5
40	老师会鼓励我们欣赏和接纳自己独特的想法。	1	2	3	4	5

在使用本量表开展调查分析的过程中,对 40 个题中的若干题的文字表述做了适当调整,以便被试学生能够理解题意;为增强测试的精度,把原表中的四级计分调整为五级,本量表对"从不"、"很少"、"有时"、"常常"和"总是"分别赋分为 1、2、3、4、5 分。

2. 测试量表的信度与结构效度

2013 年 6 月 21 日,选定了某区初二学生为测试对象,排除掉无效答卷(如 40 题全选 1 或全选 5 的),获得有效样本 1775。得到测试数据后,应用 SPSS19.0 进行数据分析如下表:

题号	区分度	α 值	α 值
T1	0.575		
T2	0.647	适度调整课程	
T3	0.595	内容(CON)	
T4	0.687	0.786	课程内容
T5	0.633		0.865
T6	0.624	提供具复杂度的	
T7	0.628	教学内容(COP)	
T8	0.656	0.819	
T9	0.712	善用元认知	
T10	0.716	策略(MET)	
T11	0.716	0.844	
T12	0.367	教学过程具有	
T13	0.271	弹性(PRC)	
T14	0.373	0.779	
T15	0.426	善用问题解决	
T16	0.257	策略(PRO)	教学方式
T17	0.302	0.750	0.94
T18	0.381		
T19	0.389	善用批判思考	
T20	0.391	策略(CRI)	
T21	0.356	0.888	
T22	0.365		
T23	0.375	善用研究	
T24	0.362	策略(REA)	
T25	0.349	0.819	

（续表）

题号	区分度	α 值	α 值
T26	0.373	进行多元 评价（MUT） 0.735	评价反馈 0.913
T27	0.294		
T28	0.401		
T29	0.381	教导学生如何 评价（ASS） 0.897	
T30	0.332		
T31	0.395		
T32	0.38		
T33	0.394		
T34	0.354		
T35	0.652	营造自在与互动的 学习环境（EVI） 0.893	学习环境 0.893
T36	0.645		
T37	0.733		
T38	0.691		
T39	0.527		
T40	0.684		

从上表中可以看出,本量表具有非常好的信度和结构效度。下表的可靠性统计量也非常满意。

可靠性统计量

Cronbach's Alpha	项数
0.969	40

（二）学业成绩的测量

2013 年 6 月 20 日和 21 日,选定某区初二学生为测试对象(同上述测试对象),进行语文、数学、英语和物理四科学业成绩测试。下表是四科成绩的相关性考察,可靠性统计量为 0.864,据此,可以得出本次测试各科之间的一致性好,测试能够区分和反映出学生的学业成绩的真实状况。

相关性

		语文	数学	英语	物理	Z 总分
语文	Pearson 相关性	1	.643	.646	.665	.834
数学	Pearson 相关性	.643	1	.738	.812	.905

（续表）

		语文	数学	英语	物理	Z总分
英语	Pearson 相关性	.646	.738	1	.731	.883
物理	Pearson 相关性	.665	.812	.731	1	.907
Z总分	Pearson 相关性	.834	.905	.883	.907	1
	显著性（双侧）	.000	.000	.000	.000	
	N	1775	1775	1775	1775	1775

二、个别化教学水平与学业成绩的关系

1. 相关分析

考察上述教师个别化教学水平的测量与学生学业成绩的测量，两者都是可靠的。由此我们可以借助两者之间的对应计算它们的相关性（见下表），教师的教学是以班级为单位的，为揭示个别化教学水平与学生学业成绩之间的关系，我们以该次测试的班级为统计单位，结果如下：

相关性

		CON	COP	MET	PRC	PRO	CRI	REA	MUT	ASS	EVI	个别化教学水平
学业成绩	Pearson 相关性	.500	.439	.508	.590	.533	.353	.286	.423	.146	.528	.468
	显著性（双侧）	.000	.000	.000	.000	.000	.004	.020	.000	.243	.000	.000
	N	66	66	66	66	66	66	66	66	66	66	66

从上表中，我们可以发现，教师个别化教学水平与他任教的班级学生的学业成绩之间成中度正相关（相关系数为 0.47），其中反映教师个别化教学水平的适度调整课程内容（CON）、善用元认知策略（MET）、教学过程具有弹性（PRC）、善用问题解决策略（PRO）与营造自在与互动的学习环境（EVI）这五个维度与学业成绩之间成高度正相关。上述结论根据 Cohen（1988）的相关系数划分建议得出（如下页表所示）。

相关系数划分建议(Cohen,1988)

相关程度	负相关	正相关
低	−0.29 到 −0.10	0.29 到 0.10
中	−0.49 到 −0.30	0.49 到 0.30
高	−1.00 到 −0.50	1.00 到 0.50

2. 回归分析

教师个别化教学各维度对数学成绩的回归分析如下表所示：

系数[a]

模型		非标准化系数		标准系数	t	Sig.	共线性统计量	
		B	标准误差	试用版			容差	VIF
3	（常量）	55.719	3.365		16.561	.000		
	PRC	3.851	.875	.138	4.402	.000	.512	1.951
	EVI	2.318	.978	.067	2.370	.018	.630	1.586
	CON	1.695	.840	.061	2.018	.044	.546	1.830

据此,我们可以得到预测公式:数学分数=55.719+3.851×教学过程有弹性(PRC)+2.318×自在互动氛围(EVI)+1.695×适度调整课程内容(CON)。我们可以教学过程有弹性(PRC)、自在互动氛围(EVI)和适度调整课程内容(CON)来预测数学分数。PRC、EVI 和 CON 这三个变量都增加 1 分,数学均分可增加 7.594 分(3.851+2.318+1.695),这个数值有一定的误差,在一个范围内波动。

因此,我们可以考虑把教学过程有弹性、自在互动氛围和适度调整课程内容这三个变量的共 13 道题目作为测量数学教师个别化教学的指标,量表的信度为 0.855,显示非常理想。

可靠性统计量

Cronbach's Alpha	基于标准化项的 Cronbach's Alpha	项 数
.855	.854	13

175

三、对改进教学的启示

1. 建立学校数学个别化教学指数

上述调查分析显示,教师的个别化教学水平与学生的数学学业成绩呈正相关,教师提升个别化教学水平可能帮助学生提高数学成绩,所以有必要建立学校数学个别化教学指数,以提醒学校数学教师反思与改进教学行为。

下图为某区各校初二数学的个别化教学指数,指数值越大,反映该校的数学教师个别化教学水平越高。由于 P 值＜0.0001,说明各校的个别化教学指数不尽相同,学校之间存在显著差异,这从另一个侧面说明建立学校数学个别化教学指数的必要性。

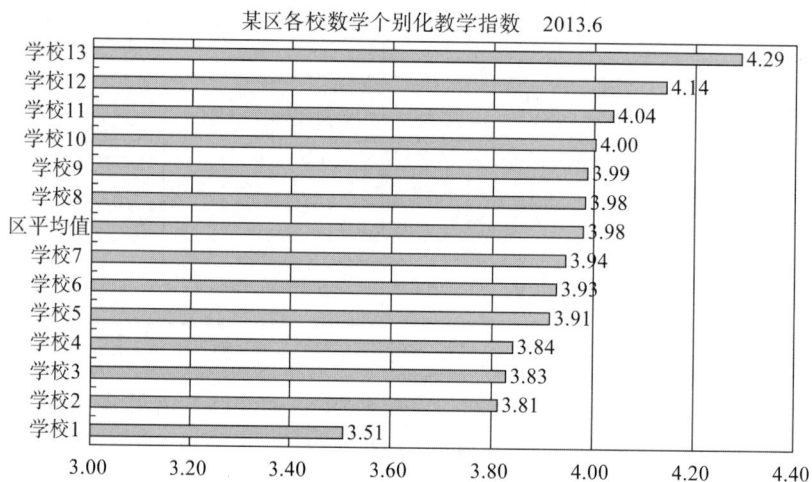

某区各校数学个别化教学指数　2013.6

2. 提升数学个别化教学水平的切入维度

我们以学校为单位计算相关系数如下表:

相关性

		课程内容	教学方式	评价反馈	互动环境	个别化教学水平
学业成绩	Pearson 相关性	.702	.786	.381	.710	.706
	显著性(双侧)	.005	.001	.179	.004	.005
	N	14	14	14	14	14

从上表中我们发现课程内容、教学方式和学习环境这三个维度与学业成绩呈高度正相关，评价反馈与学业成绩呈中度正相关，因此，课程内容、教学方式、评价反馈和学习环境都可以作为提升数学个别化教学水平的切入维度。其中，评价反馈是改进的重点方向。

3. 提升个别化教学水平的行动路径

（1）根据学生的差异调整学习内容、要求和呈现方式，对数学资优生提供具有挑战性的学习内容；

（2）根据学生的实际和学习内容的特点选择组合优化教学方式，允许学生有独立学习的机会，善用元认知、问题解决、批判思考、探索研究等策略，使教学过程具有弹性，适切学生；

（3）评价与学习融合一体，诊断与激励、改进齐头并进。多元评价和自我评价，形成个人化评价，激发学生潜能，促进个性充分发展；

（4）营造自在与互动的学习环境，张扬个性，呵护创造力。应鼓励学生提出自己的想法，发掘学生的优势能力或兴趣，引导学生参与讨论发表与专心聆听，欣赏和接纳自己独特的想法等等。

第七章　数学学习结果的诊断与改进

第一节　学习结果的测试评估

数学学业评价作为对实现素质教育目标做出价值判断的手段,其评价目的经历了以"甄别和选拔"为主、以"调控与改进"为主的演变过程后,目前发展到以"促进人的发展"为核心的新的认识阶段。以学生的发展为目的的评价观,追求的是学生的主体性、个性化发展,"过程取向"和"主体取向"是它的两个价值判断依据。"过程取向"指得是在评价过程中,学生既是作为被评价的对象,更是作为一个学习者,要对自己的学习行为负责,反思自己学习的每一步骤、推断可能出现的错误、分析要达到的目的、不断修正并取得成功;在这一过程中,评价对学习者来说不仅仅是对现实的学习状况的价值判断,而更是后继学习活动的逻辑起点和生长点。所谓"主体取向"就是通过上述评价实践促进学生充分发挥主体能动性,成为评价的主动参与者、自我反思者、交互作用者。所以,以"促进人的发展"为核心的数学学业评价的作用在于揭示学生学习成果的形成过程,发挥着"反思"和"激励"的主导功能,贯穿于教学活动的始终。

教学性测验作为教学活动过程中的有机组成部分,发挥着检测、分析和反馈改进教学活动的功能,起到使课程目标、教学目标与学习效果高度一致的保证作用。因此,研究教学性测验具有现实的指导意义。而在以"发展"为目的的评价观的指导下,日常的教学性测验又可以为揭示学生学习成果的形成过程,发挥"反思"和"激励"的服务功能。

一、基于标准的教学性测验

数学课程标准是开展一切教学活动的依据,因此,开展教学性测验也必须基于数学课程标准之上。而只有基于数学课程标准的测验才能发挥教学激励、诊断和改进的作用,进而实现"发展"的功能。

(一) 怎样让教学性测验建立在标准之上

这是基于标准的测验评价中很关键的一个问题,它保证从测验而来的结果、解释和推论是有效的。根据崔允漷、夏雪梅的研究(见崔允漷,夏雪梅,试论基于课程标准的学生学业成就评价,课程・教材・教法,2007

年1月),为创建与课程标准匹配的测验,一般需要遵循如下操作程序。

1. 形成考察匹配程度的维度

衡量评价和标准之间的关系,并不是简单的是或否的问题,而是一系列的集中性回答匹配程度的维度。可以从回答如下几个小问题入手:(1)是否每个评价衡量的都是在标准里反映出的内容和技术?(2)是否每个评价都是对标准所反映的重要的知识与技能的公平、有效的抽样?每种评价在何种程度上衡量了那个年级水平的关键内容和技术?(3)是否每个评价都具有足够的挑战性?因为要测量标准中所强调的知识和技能是很容易的,而对那些复杂的概念、拓展性推理和高级思维很难测量。

2. 考察测验细目表

在评价员将自己的观点加在评价之前,首先要倾听评价开发者的声音,最省力的途径就是考察细目表。因为测验细目表是测验形成的依据,所以第二步就考察测验细目表,检视开发者自己的题目和标准之间的一致性。当然,这要建立在评论员对标准和与之相关的各种文本进行深入研究的基础上。

评论员要审慎查看细目表检测的是哪些标准,是否包括了应当有的标准,对标准的理解和所列举的范例是否适当,每一个标准所分配的题目数及题目质量等是否合适,并在检视过程中就先行剔除那些明显不符合标准或有错误的题目。在分析测验细目表时,要轮流检查每一个题目,并确认题目内容和标准内容是否匹配。有时候一个题目会牵涉几个标准,这时评论员就要非常谨慎,区分这个题目主要是测量哪一个标准。必要时,评论员可以自己对照标准形成测验细目表,并将自己的细目表和测验开发者形成的细目表加以比较。这一阶段结束后,最好要有一个简要的报告呈现给开发者,以作为改进测验之用。

3. 对题目逐一进行分析

测验题目通常都由两个方面组成。一是题目的内容,二是题目的认知要求,如记忆、选择、分析、归纳等等,所以对题目的分析也从这两方面来进行。前者要求评论员检视每一个题目内容和与之相连的标准内容。在进行分析的时候,评论员要考虑标准的特性和细化程度,以及它要评价的内容的范围。后者要求评论员考虑每个题目的认知要求和标准所描述的认知要求之间匹配的质量。这一点往往被人们忽略,但却是非常重要的,常见的错误就是当标准强调高级思维的时候,而测验题中往往只是用背诵、记忆的方式来检测。

值得注意的是，在这里要考察的并不仅仅是题目，还包括对标准的进一步处理，因为，有时评价不是基于标准的原因在于标准，当标准过于宽泛或是用词含糊时，也会出现不能匹配的现象，因此，韦伯也指出，匹配度的检验程序必不可少的一步是学术标准的系统性分析，并认为标准分析应该先于评价分析进行。

4. 整体测验的质量分析

完整的考察标准和评价的匹配程度不仅要考察单个的题目，还要对整体的试卷进行分析。对一个个题目的考察是基础，对整体的试卷进行分析以考察标准之间的相互联系更为重要。以成就公司模式为例，在它发展出的四个维度中，前两个维度是对单个的题目进行的分析，而后两个维度"挑战""平衡和范围"就是考察整体试卷的质量。挑战又可以分成两个方面，一是挑战的来源，二是挑战的水平。前者是保证题目的难度来自标准所指向的知识和技能。后者要评论员考虑到被评价的概念的性质和学生要得出答案所要进行的思维类型，测验中的一系列题目对特定年级水平的学生是否富有挑战性做出总体的判断。它认为考虑挑战这个因素是保证我们可以基于测验做出这样的推论，学生在这些题目上做得好是因为学生掌握了富有挑战性的学科内容，学生在这些题目上表现不好，就是因为他没有掌握这些内容，而不是因为学生的背景知识等其他原因。平衡和范围是指整个测验应该覆盖标准的完整范围，同时也要注意不同重点之间的适度平衡。

（二）教学性测试题的要求

1. 满足考试的心理学要求

测验（考试）的本质是用测验结果推测学生的心理结构，因此，设计测验首先要对心理结构进行界定。根据课程标准的规定，我们可以用界定认知要求或认知标准来推测考生具有某种心理结构的程度。用测验结果推测考生的心理结构，还与环境相关，即根据学生在测验环境下的行为可以推测学生在非测验环境下的行为，所以测验创设的环境需要与非测验环境相关。

试题必须设计相关学科领域的知识。命题必须围绕着对心理结构的界定的认知、行为目标和相关的学科知识命题。

为了达到根据考试产生的结果推测考生的心理结构的要求，试题必须满足推测心理结构的基本条件。

2. 满足试题的定义

在教育和心理特质测试中,试题是一个测量单元,它有刺激情景和对应答形式的规定,它的目的是要获得被试的应答,并根据应答对考生的某些心理特质的表现(如知识、能力等)进行推测。这个定义包含了试题的全部条件,是比较完全的,它既可以满足心理测量中试题的要求,也可以满足教育测量中试题的要求,并且该定义适合于所有题型试题的要求。

(1) 试题是一个测量单元:关注的是试题的测量功能;测量就是要定量化,能够以某种方式生产出定量的数据。

(2) 试题具有刺激情景和对应答形式的规定:学生心理特质的表现具有环境依赖性,我们必须创造一个让学生心理特质能够得以表现的环境。试题的刺激情景,就是这样的一个环境。学生对试题做出的回答必须按照试题的要求进行,因为学生对某种刺激产生的反应可能是多种多样的,如果不规定学生应该做出什么样的反应,我们就难以获得我们需要的推测学生心理特质的资料。

(3) 从考生对试题的回答,可以对考生某一方面的心理特质表现进行解释:心理特质是理论上的概念,我们必须找到一种方式来推测某一心理特质的存在以及学生展示这一心理特质的相对程度,试题就起到了这一作用。如果一个试题的刺激情景不能提供推测某一心理特质的数据,它就不能成为试题。

3. 试题构成三要素

(1) 立意——测量目标:测量哪一方面的行为,涉及哪些知识内容。(这是心理学假设的基本要求)试题考查的测量目标应该独立、完整。测量目标应该突出重点,要有层次性。

(2) 刺激情景——情景材料:情景要服从测量目标和涉及的知识内容。要根据考生的生活经验和理解程度设计情景。情景要科学、可信。情景要有相当的信息量和一定的深度。

(3) 引导考生做出什么样的应答——设问。

4. 各类题型的要求

(1) 关于选择题中"题干"的基本要求

① 每一道试题必须涉及一定的内容领域和单一的认知行为,该认知行为必须与考试规范确定的测量目标和行为一致。考试效度的最大威胁来自于试题测量无关的心理结构。如果一道试题没有确定的行为目标,

或者行为目标与考试规范规定的测量目标及其行为目标不一致,那么这道试题不但对提高考试结果的效度无补,反而会降低考试的效度。每道试题需要考生在完成认知任务的过程中,需要使用一定的学科知识。如果完成任务过程不能使用一定的学科知识,那么该试题创设的环境就不能与未来的教育环境相联系,也就是一道无效的试题。题干材料是刺激情景,选项是考生经过刺激后可能的反应,如果题干涉及的不是单一的认知行为,而是两个或三个认知行为,选项就要设置成对这多个刺激做出的反应,因此无法根据结果推测考生的心理结构。

② 用新情境材料考查高水平的学习能力,不要用与教材相同的语言,以免考查学生的简单记忆能力。高水平的认知能力是指理解、应用、分析、评价、创造等能力。考查考生这些高水平能力时,需要将考生置于新情境材料中,让考生对其进行分析、概括、综合、推测和评价。如果用考生熟悉的情境材料或用与教材语言相同的材料,考生很可能会凭着记忆,完成所要求完成的任务,导致仅仅考查考生的简单记忆能力,考试结果并不能反映考生的高水平认知能力。

③ 避免过于专门或过于一般的内容。大规模教育考试涉及的内容领域应该以考生高中阶段所学的学科知识为基础。内容过于专门或过于一般的试题实际上都降低了试题结果的效度,或者说考查的是与考试无关的心理结构或能力。过于专门的内容往往容易超过考生的学科知识范围。过于一般的内容考生往往不需要经过思考,凭常识就可做出应答。

④ 题干中不要包括无关的内容,选项中相同的内容应尽可能置于题干中。题干中不包括无关的内容是语言简洁、明确的需要,也是创设有效的试题环境的需要。无关的内容可能会降低试题结果的效度。题干中的无关内容,实际上是对考生产生了无效刺激,而这种刺激又与要考查的心理结构或能力无关,实质上干扰了考生做出正确的心理反应。因而会降低结果的效度。选项中相同的内容置于题干中,不但选项简洁,不累赘,而且有利于考生做出合理的、与其心理结构相一致的判断,提高试题测量的效果。

⑤ 避免试题纯粹以个人认识为基础。

(2) 关于选择题中"选项"的基本要求

① 备选项在内容上和语法上具有比较好的同质性,以降低可能的猜测概率,同时提高考试结果的效度。同质指的是选项之间表述的是相同

或相似的主题,相互之间存在一定的逻辑关系,而不是互不联系,互不干扰;甚至在语法上也保持相同或相似。选项不同质,迷惑性降低,对心理结构推测的意义比较低。选项不同质很可能会降低试题考查目标的有效性,即降低试题的测量的效果。

② 各选项分别与题干在内容和表述上构成合理的逻辑关系。选项与题干在内容上和表述上构成合理的逻辑关系,才能将考生做出的反应与题干产生的刺激作用联系起来,从而实现对考生心理结构的合理推测。选项与题干没有逻辑联系,其实质是在根据与试题环境无关的反应来推测考生的心理结构,所做出的推测实际上是无效的。

③ 各选项要独立,选项在意义(思)上不要重叠或相互排斥。选项意义或意思互相重叠可能意味着这些选项可能都对或都错。选项意思互相排斥,意味着两者之间至少一个是无效的。这实质上意味着有效选项减少,提高了考生正确猜测的概率,降低试题测量结果的有效性,即降低了考试的效度。

④ 迷惑项尽可能与题干某些部分相关,使得每个迷惑项看起来都是可能的。迷惑项与题干某些部分相关,可以使每个迷惑项看起来都是可能的,这样才使得真正理解的考生能够做出正确的应答,不理解的考生很难做出正确的应答。这样试题测量结果才有效,考试结果的效度才比较高。

⑤ 避免题干对选项的提示作用。如果试题情景材料对选项有提示作用,阅读能力较强的考生,很容易从中发现这种提示信息,做出正确的选择。对这部分考生而言,阅读能力在完成试题任务中起到重要作用,这是试题出现功能偏差的一个重要来源。根据考生的应答结果对其心理结构或能力所做出的推测,也就失去效用。这是对考试结果使用和解释有效性的一个巨大的威胁。

⑥ 不同的迷惑项应该反映不同的错误类型。例如:函数 $y=\begin{cases} 2x, & x \geqslant 0; \\ -x^2, & x < 0 \end{cases}$ 的反函数是(　　　　)。

　　A. $y=\begin{cases} \dfrac{x}{2}, & x \geqslant 0; \\ \sqrt{-x}, & x < 0 \end{cases}$ 　　　　　　B. $y=\begin{cases} 2x, & x \geqslant 0; \\ \sqrt{-x}, & x < 0 \end{cases}$

C. $y=\begin{cases} \dfrac{x}{2}, x\geqslant 0; \\ -\sqrt{-x}, x<0 \end{cases}$ D. $y=\begin{cases} 2x, x\geqslant 0; \\ -\sqrt{x}, x<0 \end{cases}$

问题表现在三个迷惑项的错误类型全部集中在反解解析式,可否用一或两个选项来反映考生在确定反函数定义域上的错误类型。

(3) 主观题的基本要求

① 情境材料选择必须考虑测量的认知目标和涉及的内容领域。设计主观题首先要考虑试题准备测量什么认知特征,该认知特征与哪个认知目标相关,希望考生用什么内容领域知识来解决问题。如果这两个要素不明确,就不能开始编撰试题。试题的情景材料以及相关的问题不能诱导考生表现出相应的认知特征,不能为评价考生的能力提供数据,它就不能成为试题或不能成为好试题。教育考试要求考生在表现出特定的认知特征,完成试题规定的任务过程中,应该用到相关的学科内容领域的知识,如果考生在完成任务过程中,不用到相关学科内容领域的知识,那么表现出的行为就是一般的行为,是源自常识的行为,不是与学科领域相关的特殊行为。

② 考生经过情境材料刺激后,表现出的差异只能与要测量的认知目标和相关的内容领域的知识相关,与其他任何因素无关。考生对情境材料的刺激做出反应,不应该受到其年龄、性别、地域、民族、家庭背景和生活经历差异的影响。对科学、社会、文化、历史、地理等方面问题的讨论只能在考生学科知识的范畴内进行。考生对情境材料的反应,不应该受到情境材料中新的概念、原理、方法等的影响,如果学习和理解情境材料中的这些概念、原理、方法不是试题考查的认知目标的话。

(4) 主观题中"情境材料"的基本要求

① 情境材料应该足够复杂:使考生不至于重复情境材料的话语;使考生能够表现出其写作水平。

② 主观题除了让考生表现其认知能力外,还有助于考生的交际能力,尤其是书面交际能力的发展。

(5) 主观题中"设问"的基本要求

① 应该用清晰、明确的语言表述设问。用清楚、明确的语言表述设问是为了使考生真正理解试题的意图。如果问题表述摸棱两可,某些已经达到了期望的教育目标的学生可能会产生误解,做出不同的反应,表现不

出试题要诱导的认知行为,不能做出正确的回答。如果试题设问设计的好,便可在确定的行为特征和内容领域内,很好地测量考生的能力,试题的测量结果就会有比较好的效度。

② 问答题和简答题设问应该有一定的综合性,而且涉及的内容范围不易太窄。综合性低、内容范围太窄可以用客观题来考查,用主观题效率太低,测量误差增大,结果效度降低。

③ 设问的要求与材料应该一致。

(6) 材料分析题的基本要求

① 提供的材料应该对答题有实质用处。

② 设计的试题应该对材料进行分析和解释。避免问题的答案在所给材料中。避免无须对给出的材料进行分析加工,根据常识就能够正确地回答问题。对材料的分析加工,完全依据所提供的事实材料。

③ 必要的话应该对考生的分析应答做出规定。

④ 规定需要引导学生按照下列要求应答。要分析理解给定的材料。运用学科的理论、概念或原理。分析过程应该扣紧材料,运用理论、原理、方法等。结论应该与材料、分析过程一致。

5. 评分量表的制定

主观题评分是控制考试信度和效度的重要环节。控制主观题评分的信度和效度取决于若干方面的因素,一是好的评分量表,二是评分过程按照评分量表要求进行,需要有良好的培训、有效的评分组织以及有效的评分过程误差控制。

好的评分量表表现在选择了适当的评分方法、评分准则与试题测量的目标一致和评分等级数适当。

评分量表的类型。按照评分准则划分有总体评分法、分析评分法和PTS(Primary Traits Scales)法;按照评分标准划分有部分评分法(Partial Credit Scoring)、等级评分法(Rating Scoring)。总体评分法是一种单一的评分准则,给出单一的分数,可适用于同类试题的评分。分析评分法给出多个评分准则,给出多个分数,可适用于同类试题的评分。PTS法给出单一的评分准则,给出一个分数,只适合于特定的试题。部分评分法即为某一部分答对就给分。等级评分法将应答分为若干等级,每一等级对应于确定的能力或认知要求。总体评分法、分析评分法、PTS法都是等级评分法。

评分量表制定。主观题分数等级不可太多,一般不要超过8个。分值高的试题最好用等级分加权重的形式给出。如果需要主观题起到一定的区分作用,分数等级不可太少,一般不要低于 4 个。分值较低的试题最好用等级分加权重的形式给出。分值太低,能够区分出的等级有限,区分度不会太好。

(三) 区县级数学教学性测试方案

数学学习评价方式、方法的选择都是根据不同的目的、对象而定的。区县级数学教学性测试的目的是掌握区县范围内学生经过一段时间的学习,其在课程标准的要求下教与学的目标达成度,从中分析教与学的原因,既为教育行政部门决策提供依据,又为广大师生反思与激励提供数据。在教育实现内涵发展的要求下,以区为单位的学习评价实践对保证教学质量具有重要的意义。

1. 制定适切的评价目标

区县级数学教学性测试的主要目的是掌握数学课程实施过程中的目标达成度情况,因此,制定适切的评价目标是基础。这个适切性体现在与课程标准中内容标准相对应,与具体学习内容的表现水平标准相一致。

例如某区的高中数学评价目标

高中数学评价目标

评价目标	行为目标
1. 数学的基础知识和基本技能	1. 理解相关的概念、公理、定理、法则、性质、公式以及其中蕴涵的数学思想和方法。 2. 按照一定的程序与步骤进行运算、数据处理和绘制图、表的技能。
2. 逻辑思维能力	1. 对数学问题或资料进行观察、分析、综合、比较、抽象、概括、判断和论证的能力。 2. 会进行演绎、归纳和类比推理,能合乎逻辑地、准确地阐述自己的思想和观点。
3. 空间想象能力	1. 能根据条件画出正确的图形 2. 能根据图形想象出直观形象 3. 能正确地分析图形中的基本元素和相互关系 4. 能对图形进行分解、组合和变形 5. 会选择适当的方法对图形的性质进行研究

评价目标	行为目标
4. 分析问题和解决问题的能力	1. 能自主地学习一些新的数学知识(概念、定理、性质和方法),并能初步运用。 2. 能综合运用基本知识、基本技能、数学思想方法和适当的解题策略,解决有关数学问题。 3. 能通过建立数学模型,解决有关社会生活、生产实际或其它学科的问题,并能解释其实际意义。
5. 数学探究与创新能力	1. 能利用已有的知识和经验,发现和提出有一定价值的问题。 2. 能运用有关的数学思想方法和科学研究方法,对问题进行探究,寻求数学对象的规律和联系。 3. 能在新情景中正确地表述数量关系和空间关系,能对较简单的问题得出相对创造性地结论。

2. 选择恰当的评价方式

根据评价的实施方式与操作载体,数学学习评价的方式与方法分为纸笔测试、表现性评价和交流式评价三种类型(孙名符 刘刚,数学学习评价,P62,科学出版社,2008 年 10 月),前者是客观性测试,后两者为主观性评价。

纸笔测试由客观性题目(主要有选择—反应式题目、建构—反应式题目两类)和主观性题目(主要有封闭题、开放题两类)组成,其中封闭题由于定向性强,有利于在不同条件下重复思维操作,是评价特定技能和知识理解的有效形式,而开放题则适用于考查学生的高层次思维技能以及解决问题的能力。

现行评价有表现性测试、课堂观察、各种数学专题作业、数学学习成长记录袋等四种主要形式,交流式评价则有课堂问答、班会和面谈、课堂讨论、口头测验和数学日记或写作等五种主要形式。

任何评价方式都有其优劣,具体表现如下:

客观测试和表现性评价的优势比较

	客观测试	表现性评价
测量的学习成果	能有效地测量事实性知识。某些题型(如选择题)也能够测量理解、思维技能和其它复杂的学习成果。但是不适合测量选择和组织观点的技能、写作能力或者某些问题解决技能	能够测量理解、思维技能和其它复杂的学习成果(尤其是创造性)。测量与现实贴近的教学目标比较有效,但不适合用来测量事实性知识
问题的准备	测验所需的题目总数很大,准备耗时且难度大	只需几个任务
课程内容取样	因为测验中所包含的题目较多,所以能够获得广泛的样本	课程内容的取样由于评定中包含的任务有限而受到影响
对学生反应的控制	完全结构化的任务限制了学生反应的类型,能防止欺骗行为的出现及写作技能的影响,尽管选择题有猜测的嫌疑	可以按照自己的方式自由反应,使学生的创造力得以表现,而且使猜测的可能性最小化
评分	客观	主观
对学习的影响	鼓励学生对具体的细节有全面的掌握,并且能够区分。如果设计得好,还可以鼓励学生发展理解力、思维能力及其它复杂的学习成果	各类学生关注大的内容单元,并特别强调组织、整合及有效表达思维的能力
信度	测验设计得越严谨信度越高	信度通常较低,主要因为评分标准不一致,任务样本有效

资料来源:孙名符 刘刚,数学学习评价,P69,科学出版社,2008年10月

3. 选择恰当的题型

各种客观题型的优缺点

	优点	缺点
是非题	题目简短,编制容易。比其它题型包含了更多的信息,适合考查比较广泛的内容	偏重于强调对知识的死记硬背;猜测的机会很大
匹配题	编题、评分简单。是考查事物关系的理想方法。由于避免了重复多种选择,所以比选择题更有效。减少了猜测成分	侧重于细节性知识;强调记忆
选择题	适合知识、应用水平的测量。书写量小,很快就可以选取出大量的内容。评分高度客观,只需要一个正确的选项表。减少了猜测的概率	编制题目费时
填空题	问题的结构化相对比较容易。由于问题要求一种特定性的回答,所以猜测的成分减弱。与选择题相比需要更少一些的时间,所以可以覆盖更多的测试内容。	在反应复杂性上,鼓励一种低水平的反应倾向。倾向于测定对特定事物、名称、地点以及事件的回忆,而缺少对较复杂行为的测试。比较难以计分

资料来源:孙名符 刘刚,数学学习评价,P63,科学出版社,2008 年 10 月

二、一个区级数学教学性测试方案

为了全面了解该区高一学生一学期数学学习的状况,了解他们在哪些内容维度上掌握较好,哪些内容维度上还存在问题;这届高一学生在各能力维度上的发展状况如何;各个学校的学生在上述维度上的表现如何? 产生的原因的是什么? 应该采取什么样的补救措施? 对后继教学有什么启示?

（一）研制命题蓝图

为了达成上述测试目的,首先研制内容结构多向细目表,开展测试试卷的内容效度分析,对拟选的的题目从内容维度、能力维度和反映的数学思想方法进行标注。旨在基于课程标准,又有利于测试后的诊断与分析,为每所学校乃至每个学生提供测试结果的解释(好在哪里,欠缺在何处)。

下面的容结构多向细目表反映出,幂指对函数、三角比、三角函数三块内容的覆盖比例约为 1.5：1：1.7,与课程标准的规定一致;学习要求(理解、掌握、运用)的比例为 1.7：4.4：1,也与课程标准的要求吻合,试题还反映了重要的数学思想方法。

2011 学年第二学期高一年级期末检测数学试卷内容效度分析(内容结构多向细目表)2012.6

课程标准		目标要求（认知水平）			试卷体现	目标体现情况(分值)			学科思想、方法、能力体现情况	比重
学习主题	学习内容	1	2	3	题号	1	2	3		
幂指对函数（下）	指数函数的性质与图像		✓	✓	1	2			指数函数概念	36%
	对数	✓	✓	✓	13	4			指数形式与对数形式转化	
	反函数			✓	1	2			反函数的函数值求法	
	对数函数的图象和性质		✓	✓	12、17	4	8		对数函数的定义域、图像和对数运算、指数函数值域	
	指数、对数方程		✓	✓	2、5	8			指对数方程的解法	
	函数的应用			✓	10、15		4	4	以指数函数为载体研究函数的周期性,以三角函数为载体讨论讨论命题真假。	

（续表）

课程标准					试卷体现				比重
学习主题	学习内容	目标要求（认知水平）			题号	目标体现情况（分值）			学科思想、方法、能力体现情况
		1	2	3		1	2	3	
三角比	弧度制,任意角及其度量		✓		3	4			弧度制的概念	24%
	任意角三角比			✓	4	4			任意角的三角比概念	
	同角三角比的关系			✓	18			4	三角函数的值域、式的变换能力	
	诱导公式			✓	18	4			诱导公式的运用	
	两角和与差的正弦、余弦、正切			✓	8	4			逆用两角差的正弦公式	
	二倍角的正弦、余弦和正切	✓	✓	✓	9	4			角的变换、运算能力	
	半角的正弦、余弦和正切	✓								
	正弦定理、余弦定理			✓	14	4			正弦、余弦定理的运用	
三角函数	正弦函数和余弦函数的性质	✓	✓	✓	16、20		10	6	三角函数周期的理解和说理;以三角函数为载体开展函数值域、奇偶性、单调性的讨论。	40%

（续表）

学习主题	学习内容	目标要求（认知水平）			题号	目标体现情况（分值）			学科思想、方法、能力体现情况	比重
		1	2	3		1	2	3		
三角函数	正弦函数和余弦函数的图像			✓	19		8		三角函数关系式的建立和应用	
	正切函数的性质与图象			✓						
	函数 $y=\sin(\omega x+\varphi)$ 的图像与性质	✓	✓	✓	11		4		三角函数模型的理解	
	反三角函数与最简三角方程	✓	✓	✓	6、7	4	4		反正（余）弦的定义域，最简正切方程	
合计						24	62	14		100%

　　根据上述多向细目表，考察本测试卷的内容维度，其内容覆盖面广，除半角的正弦、余弦和正切、正切函数的性质与图像等内容没有涉及外，全部覆盖，二级内容覆盖面达到89.5％，体现基于课程的内容标准的导向。

　　从能力维度来考量，一方面体现了基本知识、技能的考查，如指数形式与对数形式转化、反函数的函数值求法、对数函数的定义域、图像和对数运算、指数函数值域、指对数方程的解法、弧度制的概念、三角函数的单调性、周期性、指数函数概念、任意角的三角比概念、三角函数的值域、反正（余）弦的定义域，最简正切方程；另一方面，体现了一般函数性质在具体指数函数上的运用，如：以指数函数为载体研究函数的周期性，以三角函数为载体讨论讨论命题真假、式的变换能力、诱导公式的运用、逆用两角差的正弦公式、角的变换、运算能力、正弦、余弦定理的运用、三角函数周期的理解和说理；以三角函数为载体开展函数值域、奇偶性、单调性的讨论、三角函数关系式的建立和应用、三角函数模型的理解等。

(二) 编制测试试卷

根据上述命题蓝图,编制了如下数学测试卷,整卷设计预估的难度系数为 0.7,实际 0.69,符合预期要求。

某区 2011 学年第二学期期末教学质量检测高一年级数学试卷

(完成时间 90 分钟,满分 100 分)2012.6

一、填空题(本大题满分 44 分)本大题共有 11 题,每题 4 分,只要求直接填写结果。

1. 指数函数 $f(x)$ 的图像过点 $(1,2)$,则 $f^{-1}(4)$ 的值为_____。

2. 方程 $9^x - 2 \cdot 3^x - 3 = 0$ 的解是_____。

3. 已知扇形的半径为 R,周长为 $3R$,则扇形的圆心角大小为_____。

4. 第三象限内的角 α 的终边与单位圆的交点坐标可以表示为_____。

5. 方程 $\lg^2 x - \lg x^2 - 8 = 0$ 的解是_____。

6. 函数 $y = \arccos(x^2 - 1)$ 的定义域是_____。

7. 三角方程 $2\tan x + 1 = 0$ 在 $x \in [0, 2\pi]$ 上的解集是_____。

8. 化简 $\sin(\alpha + 10°)\cos(\alpha - 35°) - \cos(\alpha + 10°)\sin(\alpha - 35°) = $_____。

9. 若 $\sin\left(\dfrac{\pi}{6} - \alpha\right) = \dfrac{1}{3}$,则 $\cos\left(\dfrac{2\pi}{3} + 2\alpha\right) = $_____。

10. 函数 $y = f(x)$ 是周期为 2 的偶函数,当 $x \in (0,1)$ 时,$f(x) = 3^x - 1$,则 $f\left(\log_3 \dfrac{1}{15}\right) = $_____。

11. 一个半径为 10 米的水轮按递时针方向旋转,每分钟转 4 圈,记水轮上一点 P 距水面的距离为 d(米)(P 在水面下面则 $d < 0$),则 d(米)与时间 x(秒)之间满足关系式:$d = A\sin(\omega x + \varphi) + k$,$A > 0$,$\omega > 0$,$|\varphi| < \dfrac{\pi}{2}$,且当 P 点从水面上浮现时开始计算

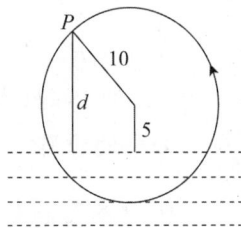

第 11 题图

时间,则有如下四个结论:①$A = 10$,②$\omega = \dfrac{2\pi}{15}$,③$\varphi = \dfrac{\pi}{6}$,④$k = 5$.正确的序号是_____。

二、选择题(本大题满分 16 分)本大题共有 4 题,每题都给出四个结

论,其中有且只有一个结论是正确的,必须把正确结论的代号写在题后的圆括号内,选对得 4 分,否则一律得零分。

12. 若集合 $S=\{y\,|\,y=3^x,x\in R\}$,$T=\{x\,|\,y=\lg(x-1)\}$,则 $S\bigcap T$ 是( )。

A. S B. T C. $\{0\}$ D. 空集

13. 若 $a>0$ 且 $a\neq 1$,将 $a^{2b}=N$ 转化为对数形式,其中正确的是( )。

A. $b=\log_{a^2}N$ B. $b=\log_a N^2$ C. $\log_{a^b}N=\dfrac{1}{2}$ D. $b=\log_a\dfrac{N}{2}$

14. 若 $\triangle ABC$ 的三个内角满足 $\sin A:\sin B:\sin C=5:11:13$,则 $\triangle ABC$( )。

A. 一定是锐角三角形

B. 一定是直角三角形

C. 一定是钝角三角形

D. 可能是锐角三角形,也可能是钝角三角形

15. 有四个关于三角函数的命题:P_1:存在 $x\in \mathbf{R}$,使 $\sin^2\dfrac{x}{2}+\cos^2\dfrac{x}{2}=\dfrac{1}{2}$ 成立; P_2:存在 x、$y\in \mathbf{R}$,使 $\sin(x-y)=\sin x-\sin y$ 成立; P_3:对任意的 $x\in[0,\pi]$,均有 $\sqrt{\dfrac{1-\cos 2x}{2}}=\sin x$; P_4:$\sin x=\cos y\Rightarrow x+y=\dfrac{\pi}{2}$.其中假命题的是( )。

A. P_1、P_4 B. P_2、P_4 C. P_1、P_3 D. P_2、P_3

三、解答题(本大题满分 40 分)本大题共有 5 题,解答下列各题必须写出必要的步骤。

16. (本题满分 6 分)等式 $\sin\left(\dfrac{x}{3}+2\pi\right)=\sin\dfrac{x}{3}$ 对一切 $x\in \mathbf{R}$ 均成立,试判断 2π 是否是函数 $f(x)=\sin\dfrac{x}{3}$ 的周期并说明理由。

17. (本题满分 8 分)设函数 $f(x)=|\lg x|$。

(1) 若 $0<a<1<b$,且 $f(a)=f(b)$,证明:$ab=1$。

(2) 若 $0<a<b$,且 $f(a)>f(b)$,试探求 a、b 满足的关系式并加以证明。

18. (本题满分 8 分)已知函数 $f(x) = \dfrac{1 + \cos 2x}{4\sin\left(\dfrac{\pi}{2} - x\right)} - a\sin\dfrac{x}{2}$

$\cos\left(\pi - \dfrac{x}{2}\right)$,$(a > 0)$。

(1) 若 $a = \sqrt{3}$,求 $f(x)$ 的单调递增区间;

(2) 若 $f(x)(\sin x + \cos x) = \dfrac{a}{2}$,求 $\tan x$。

19. (本题满分 8 分)已知某海滨浴场的海浪高度 y(米)是时间 $t(0 \leqslant t \leqslant 24$,单位:时)的函数,记作 $y = f(x)$.下表是某日各时的浪高数据:

t(时)	0	3	6	9	12	15	18	21	24
y(米)	1.5	1.0	0.5	1.0	1.5	1.0	0.5	0.99	1.5

经长期观察,$y = f(x)$ 的曲线可以近似看成 $y = A\cos\varphi t + b$ 的图像。

(1) 求出函数 $y = f(x)$ 的表达式;

(2) 依据规定,当海浪高于 1 米时才对冲浪爱好者开放,请依据(1)的结论,判断一天内上午 8 时到晚上 20 时之间,有多长时间可供冲浪者进行运动。

20. (本题满分 10 分)设 $f(x) = \sin 2x + \sqrt{3}\cos 2x$,$g(x) = f\left(x + \dfrac{\pi}{3}\right) + x$ $+ a$,其中 a 为非零实常数。

(1) 若 $x \in \left[-\dfrac{\pi}{6}, \dfrac{\pi}{6}\right]$,求 $f(x)$ 的值域;

(2) 试讨论函数 $g(x)$ 在 **R** 上的奇偶性与单调性,并证明你的结论。

四、一个校级的数学学习评价方案

根据《数学课程标准》(实验稿)中对数学教学目标的分类体系,可以从以下四个方面来制定数学学业评价方案。

1. 知识技能领域

知识技能领域目标的评价包括对基础知识和基本技能的了解、记忆、理解和应用,可以采用考查与测试相结合的形式。考查包括:上课提问、讨论;课前小测验;章节小测验;教师根据平时的考察成绩加上学期测评成绩对学生知识技能领域目标达成情况给予综合评价。为了保证评价符合目标,要注意各项测试题目(包括考察题目)的信度和效度,考评内容应体现素质教育要求,试题内容应强调知识的理解和综合运用,以促进学生各项能力的发展,题目中除了一定比例的客观题外,应加大联系实际考查学生综合运用知识的主观性题目的比例,如简答题、信息题、方案评价题、开放性试题,试题中增加一题多解,一题无定解的题量,以鼓励学生充分发挥个性及发散思维的能力。

2. 数学学习态度和习惯

数学学习态度包括学生学习的兴趣、动机、求知欲、努力程度及科学求实的态度等方面。习惯是指长时间逐渐形成的、一时不易改变的行为或倾向,习惯对学生的人格形成有着很大影响。对这一目标的评价,我们可以通过读阅学生学习过程中的资料记录以及日常学习中的观察进行定性评价,采用观察、谈话、问卷、行为分析等形式。利用和创设多种情境观察学生的各种表现,以提高学习评价的客观性。结果采用等级分数制,要求每位学生在教师的指导下建立数学学习、课外活动档案,用来记录课外学习及实践活动情况,例如平时作业及试卷的完成、分析改错情况;每章学习完后,学生根据自己的理解,对章节知识设计出各具特色的小结,学习心得,错题集录,数学剪报集,数学知识卡等,教师定期检查予以指导和记录,并组织学生相互交流,按照一定的标准共同评价,按等级制分为特优、优秀、良好、中等、合格、差,分别对应于 $10,9,8,7,6,5$ 分。

3. 数学思维

中学生数学思维主要指学生的抽象思维、形象思维、推理能力和演绎推理能力,即逻辑思维。对这一目标的评价主要是评价中学生的数学思维品质。中学生的数学思维品质主要包括思维的敏捷性、思维的灵活性、思维的批判性、思维的深刻性、思维的全面性和思维的创造性等。这里,根据思维品质的内涵,可以通过具体数学题目解决过程的分析,进行以定性为主的简易量化评价。也可以通过谈话观察学生的数学思维,或者在每章节测评中,加入一些评价学生数学思维的题目。对这些题目,教师根据学生不同的思路情况对其思维品质作出定性评价。结果测评主要是用问卷调查的方法,把平时的考察记录和结构测评作一综合测评来达到准确评价学生思维品质的目的。

4. 数学知识的综合运用及创新能力

对数学知识的综合运用及解决问题能力的测评,主要包括综合运用数学和其他科学知识解决的实际问题,训练学生的科学方法、创新精神及对社会问题的关注等方面。由于在传统的应试教育的评价机制中,考试分数是唯一衡量学生的尺子,学生对某些问题非常感兴趣,但迫于考试的需要,往往采取放弃的态度,学生的兴趣被冷淡,积极性被压抑。因此,对这一部分内容的评价采用开放性考试的方式进行。教师可根据学期教学内容,有针对性地提出一些论文题目,每学期完成一篇小论文,通过对论文的评价,引导学生关注数学与生活的联系,训练学生收集处理信息和利用科学方法分析解决数学实际问题的能力,达到从学会到会学的目的。这一点正是应试教育中最缺乏的,也是素质教育所倡导的核心内容。

综上,可对学生的数学学业情况形成一个综合评价量表。量表由下面4部分组成:

基础知识(A)(主要以卷面考试方式进行,占总成绩的30%);

态度习惯(B)(采用档案记录的方法,占总成绩的25%);

数学思维(C)(采用平时考察和测评,占总成绩的25%);

综合运用能力(D)(主要以开放考试方式进行,占总成绩的20%);

辅助以教师、学生、家长的评价,得到一个数学素质教育学业综合评价报告单如下表。

数学素质教育学业综合评价报告单

学科_____	教师_____	学生_____				
综合评价	基础知识(A)30%	态度习惯(B)25%	数学思维(C)25%	综合运用(D)20%	综合分	等级
教师寄语	学习态度					
	进步方向					
	要求与希望					
自我评价	主要进步					
	存在问题					
	努力方向					
家长意见	家长:					

根据表中的前四项得到一个综合分,综合分:A+B+C+D。为淡化分数的竞争,评价结果采用等级分制和绝对标准,不进行群体之间的分数排序(优:100~90分;良:89~80分;达标:79~60分;不及格59~40分;差:39分以下)

评价时,学生先进行自我评价,然后教师再对学生从以上四个方面的成绩情况,结合学生的评价,在承认学生原水平和差异的基础上,以学生的进步为依据,对学生作出评价(教师寄语)。评价要有针对性和反馈性,使学生在认识自己等级的基础上,对自己在原有水平上取得的进步、存在的差距及努力方向有清楚的认识,并使他们时时刻刻都处于成功的期待中。评语中应多一些对学生的心理辅导,语言应富有感情,具有积极感召作用,使评语真正起到促进学生发展的作用。最后,学期结束后,采用文件夹式的学习评价方式,把每个学生的学习档案(内附本学期学生的作业完成情况记录、上课考察记录、撰写的小论文等)连同综合评价报告单一同作为学生成绩送给家长和学生。

通过这种评价方式,可使学生、教师、家长对学生的综合素质有一个较全面、客观的评价和认识,真正发挥评价的改进和发展功能,通过评价促使学生全面、主动发展,落实和促进素质教育的目标的实现。(一种数学学业评价方案,刘新平,马玉芳,中学数学学业评价机制的理论与实践,中学数学教与学(初中),2007.6)

第二节　学习结果的分析诊断

一、一份区级测试的质量分析行动报告

根据第一节中一个区级数学教学性测试方案的测试结果,开展如下质量分析行动。

(一)试卷的技术参数分析

1.试卷的可靠性分析

得到测试数据后,应用 SPSS19.0 进行数据分析,得到信度值为0.872。

可靠性统计量

Cronbach's Alpha	项数
.872	32

2. 试卷各题难度与区分度分析

（1）各题的难度统计如下：

题号	1	2	3	4	5	6	7	8	9	10	11	12
难度	0.928	0.974	0.806	0.788	0.885	0.76	0.572	0.916	0.633	0.382	0.414	0.836
题号	13	14	15	16	17−1	17−2	18−1	18−2	19−1	19−2	20−1	20−2
难度	0.91	0.729	0.692	0.64	0.847	0.488	0.539	0.337	0.679	0.505	0.711	0.259
合计	0.689											

（2）各题的区分度如下：

题号	1	2	3	4	5	6	7	8	9	10	11
区分度	.356**	.171**	.489**	.656**	.502**	.574**	.584**	.350**	.592**	.556**	.547**
显著性（双侧）	.000	.000	.000	.000	.000	.000	.000	.000	.000	.000	.000
题号	1—11	$xz12$	$xz13$	$xz14$	$xz15$	1卷	16	17−1	17−2	17	18−1
区分度	.925**	.283**	.373**	.432**	.506**	.674**	.373**	.603**	.641**	.724**	.588**
显著性（双侧）	.000	.000	.000	.000	.000	.000	.000	.000	.000	.000	.000
题号	18−2	18	19−1	19−2	19	20−1	20−2	20	2卷		
区分度	.571**	.673**	.691**	.638**	.723**	.630**	.628**	.723**	.987**		
显著性（双侧）	.000	.000	.000	.000	.000	.000	.000	.000	.000		
N	1460	1460	1460	1460	1460	1460	1460	1460	1460		

根据以上数据可以得出：对本次测试试卷的试题难度恰当、区分度非常理想、信度表现较出色，具有非常好的可靠性，本次测试的试卷较为理想。

（二）各校在本次测试中的总体表现

1. 各校的基本表现

高一数学汇总表 2012.6.22

学校	参测人数	平均分	超均率	标准差	及格率	优良率	最高分	最低分	标准分
校 7	51	61.2	−7.13	15	60.8	9.8	85	28	−0.2
校 5	138	67.3	2.12	12.7	68.1	17.4	98	34	0.09
校 3	186	70.9	7.59	13.5	80.1	28.5	96	20	0.27
校 6	126	63.9	−3.03	13	63.5	11.1	92	27	−0.1
校 8	170	42.3	−35.81	16.9	15.9	2.94	88	12	−1.2
校 1	275	81.2	23.22	11.4	94.6	63.6	98	40	0.78
校 4	135	66.9	1.52	12.8	76.3	16.3	97	24	0.07
校 2	262	77.4	17.45	11.4	92.8	44.3	99	35	0.59
全区	1353	68.9		13,4	73.7%	30.6%	99	12	

2. 各校历年的基本表现

2010−2012 三年各校超均率、标准差、标准分比较

时间	学校	校 7	校 5	校 3	校 6	校 8	校 1	校 4	校 2
2012.6	超均率	−7.13	2.12	7.59	−3.03	−35.81	23.22	1.52	17.45
2011.6		−14.40	5.90	3.90	−1.30	−16.80	26.20	2.50	17.70
2012.6	标准差	15.00	12.70	13.50	13.00	16.90	11.40	12.80	11.40
2011.6		13.70	12.55	12.75	13.97	16.41	10.35	13.11	12.21
2012.6	标准分	−0.20	0.09	0.27	−0.10	−1.20	0.78	0.07	0.59
2011.6		−0.47	0.19	0.13	−0.04	−0.55	0.86	0.08	0.58

从上述各校的基本表现和各校历年的基本表现统计表格，结合二次检测的内容维度和能力要求相当，由此得出两届学生的总体水平比较稳定，但学校之间有比较大的波动，尤以校8、校7、校3、校1、校5最为突出。校8的表现在与全区平均水平的差距上（超均率大降为−35.81），校3较上届有较好表现（超均率升为7.39，上届3.90），校7有进步（虽然超均率仍为负的），校5和校1的超均率都下降了3个百分点。校8的反常应该引起高度重视。

3.各校在各分数段上的分布情况

高一数学检测各校分数段分布情况   2012.6

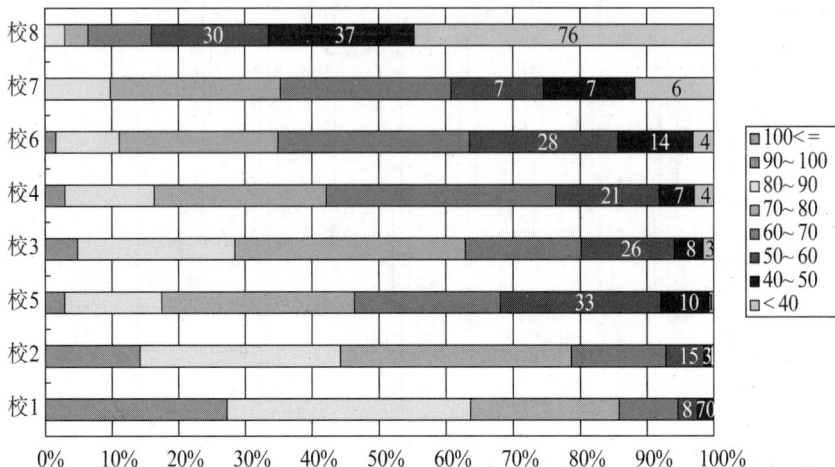

上图表明,全区的低分率(小于40分)较高为7%,主要分布在校8和校7,校8为76人(占校8人数的45%),校7为6人(占校7人数的14%),是一个应该高度重视的现象。

4.各校在各水平上的人数分布情况

各校在高一数学各水平上的人数比例   2012.6

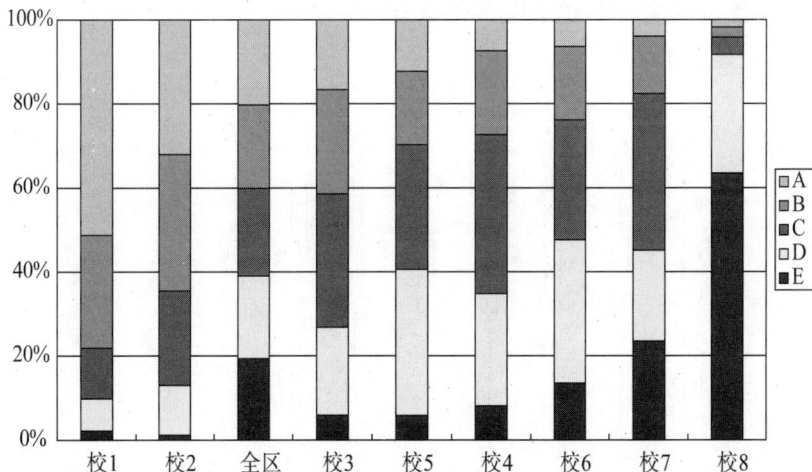

上图表明,A水平人数比例分布正常,各校至少有1.76%的A水平人数,但校4的A水平人数比例低于校5、E水平人数比例超过校5,校1的E水平人数比例高于校2,校8的E水平人数比例超过60%,不符常态。

5. 各校学生成绩的离散情况

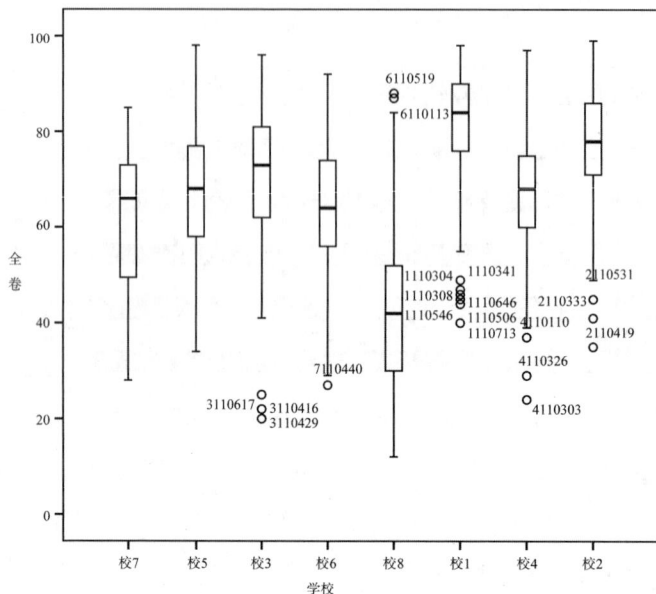

上面盒状图显示,校1的离散程度最小,其次是校2,其余各校离散程度较大,校8最大;校3(3名)、校1(7名)、校4(3名)、校2(3名)都有游离于该校后5%的学生,应该加强个别化辅导,但校8有2名学生达到了校1的平均水平,也应实施个别化辅导。

(三) 各校学生在各题上的具体表现

1. 填空题的表现

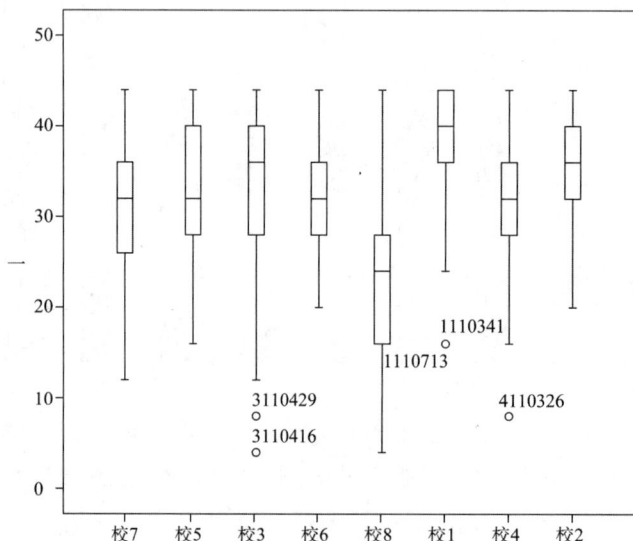

上面盒状图显示,校1表现最好但有5%的学生得分率60%以下,校2在填空题上与校1拉开了差距,仅与校3相当,校7、校5、校6、校4相当,校8与群体有明显落差(平均有近10分差异),校8的问题表现在填空题上。

2.选择题的表现

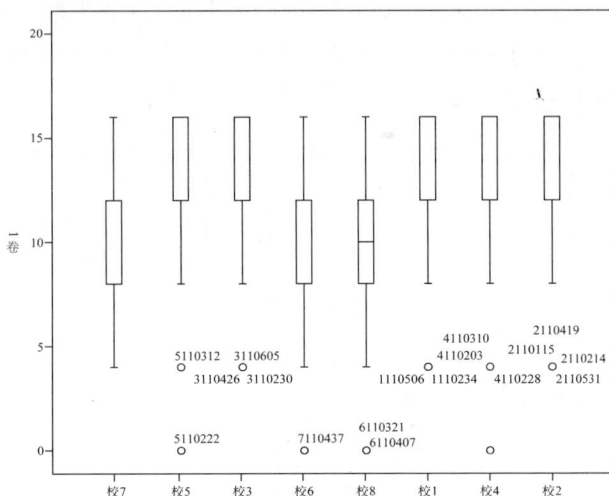

上面盒状图显示,校5、校1、校2表现最好,只有5%的学生得分率50%以下;校3、校4表现相当,虽有5%的学生得分率50%以下,但平均水平较前者低一道选择题(4分);校6与校7表现相当,但有25%的学生得分率50%以下,校8与群体有明显落差(有50%的学生得分率50%以下),校8的问题也表现在选择题上。

3.解答题的表现

(1)在16题上的表现

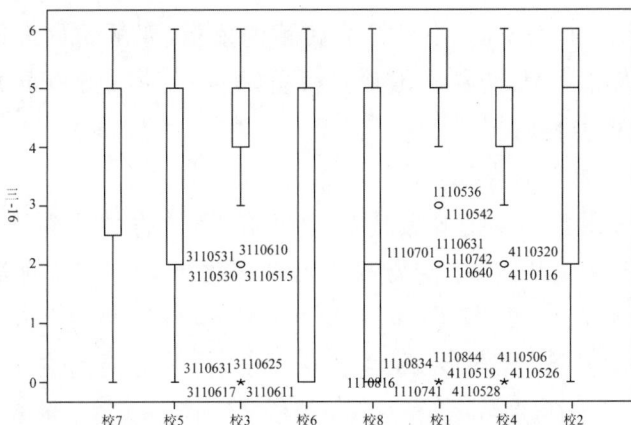

上面盒状图显示，校 1 表现最好但有 25％的学生扣 1 分（没说清 2π 不是函数的周期的理由），校 2 表现其次（有 50％的学生扣 1 分），校 7、校 5、校 3、校 6、校 4 相当（有 75％的学生扣 1 分），校 8 与群体有明显落差（平均有近 3 分差异），校 8 的问题在 16 题上也表现明显。

本题还显示全区仅 269 位（占全区学生 19.9％）学生既正确判断 2π 不是函数的周期，又能正确说明的理由，概念教学是数学教学的首要问题。

（2）在 17 题上的表现

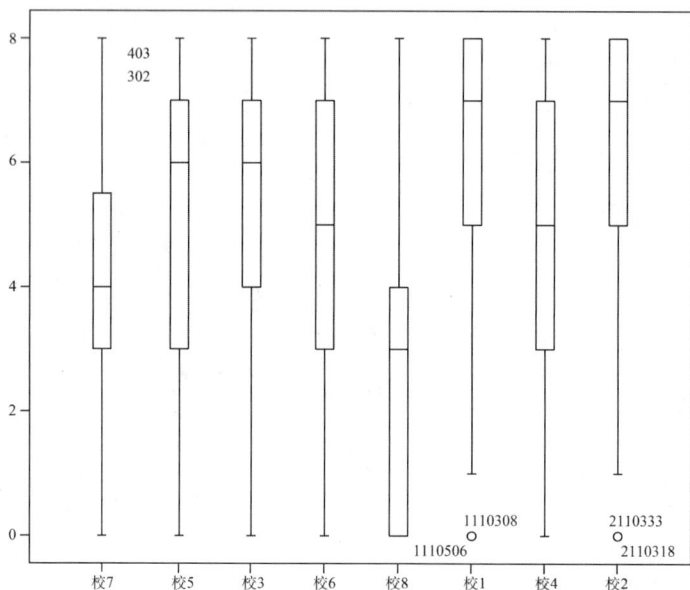

上面盒状图显示，校 1 与校 2 表现最好但有 50％的学生扣 1 分（代数推理有漏洞）；校 5、校 3 表现其次（有 50％的学生扣 2 分）；校 6、校 4 相当（有 50％的学生扣 3 分，找不到分类讨论的依据，即解题的关键）；校 7 好于校 8，校 8 最不理想，与群体有明显落差（平均有近 3 分差异），校 8 的问题在 17 题上也表现明显。

（3）在 18 题上的表现

下页盒状图显示，校 1 表现最好但有 25％的学生得分率 40％以下；校 2、校 3 表现其次（平均与校 1 有 2 分之差，有 25％的学生得分率 40％以下）；效 7、校 5、校 6、校 4 相当（有 50％的学生得分率 40％以下）；校 8 最不理想，有 50％的学生得 0 分，校 8 的问题在 18 题上更是表现明显。

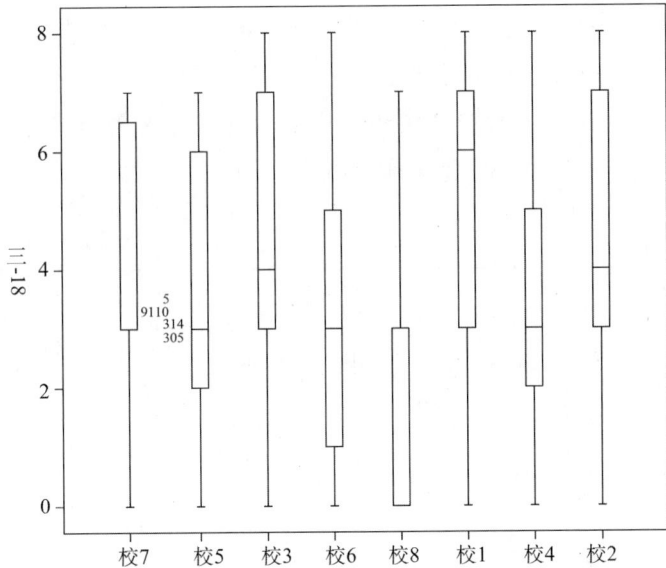

（4）在 19 题上的表现

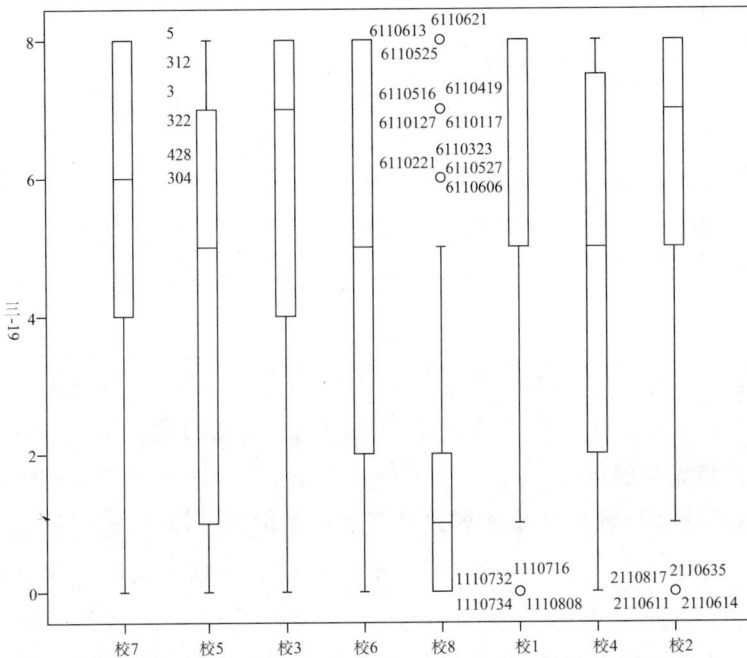

　　上面盒状图显示,校 1 表现最好,有 50% 的学生满分,但有 25% 的学生扣 3 分,有 4 位学生得 0 分;校 2、校 3 表现其次(平均与校 1 有 1 分之差,有 25% 的学生得分率 50% 以下);校 7 表现随后,平均得分有 6 分,校

5、校 6、校 4 相当(有 25％的学生得分率 26％以下);校 8 最不理想(有 25％的学生得 0 分,校 8 的问题在 19 题上又加重了。

值得注意的是校 1 和校 2 在该题上都有 4 位学生得 0 分,而校 8 有 11 位表现出色,显示出较强的数学建模能力。

(5) 在 20 题上的表现

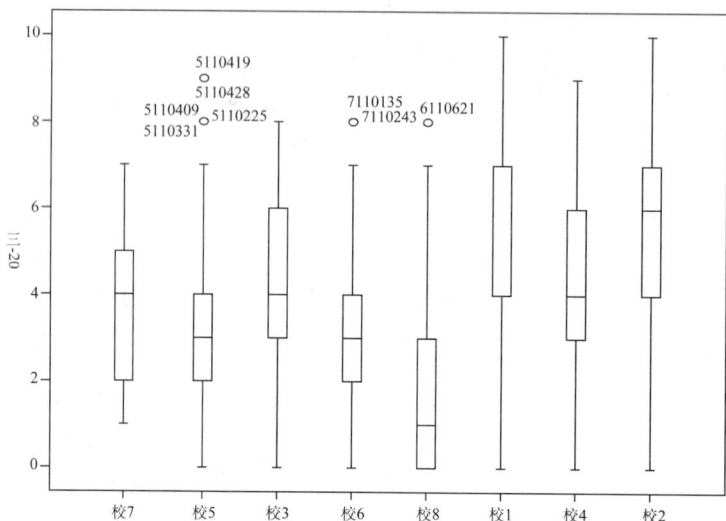

上面盒状图显示,校 1 表现好于校 2,但两校均有 25％的学生得分率 25％以下;校 7、校 3 和校 4 表现其次,校 7 在这题上有出色的表现;校 5、校 6 相当(有 50％的学生得分率 30％以下);校 8 有 50％的学生仅得 1 分,校 8 在 20 题上雪上加霜了。

值得注意的是校 5(5 位学生)、校 6(2 位学生)、校 8(1 位学生)都有学生在本题上达到了校 1 校 2 的前 25％的水平,表现出色。

(四) 结论与建议

1. 试题能体现课标的基本要求并有较好的内容效度、区分度和信度

(1) 本次检测试题内容覆盖面 89.5％,难度系数为 0.695,信度 0.872,区分度较好(详见本报告的第一部分)。

(2) 试题非常重视对学生知识与技能的检测:根据多向细目表分析,除没有直接检测半角的正弦、余弦和正切、正切函数的性质与图象等内容外,其余课标内容都有涉及,而且突出函数核心内容的考查。

(3) 就全区 8 所学校而言,总体表现正常;考察了 2011.6 与 2012.6 的测试卷,发现两次检测的内容维度和能力要求相当,而检测所获得的平均分、标准差相当,由此得出两届学生的总体水平比较稳定。但学校之间有比较大的波动,尤以校8、校7、校3、校1、校5最为突出。校8的表现在与全区平均水平的差距上(超均率大降为-35.81),校3较上届有较好表现(超均率升为7.39,上届3.90),校7有进步(虽然超均率仍为负的),校5和校1的超均率都下降了3个百分点。校8的反常应该引起高度重视。

(4)试题还重视对学生基本数学方法掌握情况和基本能力的检测:如研究函数的基本方法、函数建模、函数周期性和单调性的本质理解、代数基本说理能力等。

(5)试题还重视对学生数学过程与方法的检测:如检测函数单调性、奇偶性的判断与说理、数形结合方法、化归思想等。

(6)试题注重考察学生对数学概念的本质理解。如第16题,等式 $\sin\left(\dfrac{x}{3}+2\pi\right)=\sin\dfrac{x}{3}$ 对一切 $x\in\mathbf{R}$ 均成立,试判断 2π 是否是函数 $f(x)=\sin\dfrac{x}{3}$ 的周期并说明理由。检测结果表明,全区仅269位(占全区学生18.4%)学生既正确判断 2π 既不是函数的周期,又能正确说明的理由;有303位(20.75%)回答错误;117位(8.01%)学生判断正确,但理由错误;有23位、47位(4.8%)回答正确,但理由勉强仅部分成立;有701位(48.01%)学生判断正确,但理由是套用公式;由此可见,概念教学是数学教学的首要问题。

(7)试题对学生学业水平的检测表明:学生在基本三角变换方面还有待加强,如第18—2得分率仅为0.34,不在预期之内,说明学生在三角变换上还比较欠缺(异构化同、代数变换能力),而这道题是非常基本的;第20—2题全区的得分率仅0.26,说明学生在代数说理方面(会举反例说明函数不具奇偶性和单调性)比较欠缺,说明方法掌握严重不足。

2.教学建议

(1)把正确全面理解课程标准的要求作为教学的一个基本出发点

在教学中要把握这样一个基本思想:以具体函数的学习为载体,在掌握具体函数的过程中深化对函数概念的理解和对函数思想的体验,不断丰富函数的内涵,完善函数为核心的知识结构。但在学习三角函数的过程中,除了以一般函数的学习视角学习三角函数外,更要突出三角函数的内容特点,如作为函数基本模型的思想,特别是时间变量模型,又如函数的周期性。如第10题函数周期性的把握,全区的得分率仅 38%；而第 11 题函数时间变量模型的把握，全区的得分率仅 41%，就是例证。

（2）强调数学概念的本质理解，这是数学教学的第一要务

如第 16 题，全区仅 269 位（占全区学生 19.9%）学生既正确判断 2π 既不是函数的周期，又能正确说明的理由。

（3）要尊重学生的原有基础，加强教学的针对性

学生的认知水平差异是客观存在的，要防止过分关注教学进度而脱离学生实际的倾向。这次检测校 8 在 16 题上 5% 的学生得 0 分、在 17、19、20 题上有 25% 的学生得 0 分、在 18 题上有 50% 的学生得 0 分，提醒我们用这样要求的问题训练学生是无效的；要根据自己的学生实际和学习要求与标准，大力强化概念和思想方法的教学，要重视每节课的"过程和方法"，使过程与方法与目标的达成相一致，提高课堂教学的针对性。

二、分析诊断的若干方法

进行数据解读分析的目的是得到每次测试的解释性。可以采用的解读分析维度有整体描述、模块板块、纵向比较、横向比较、典型剖析和相关分析等维度。不同的分析维度针对不同的范围与对象，从而获得不同的结论，使后继的反馈指导更具有针对性。分析采用的主要方法是比较，比较是分析的核心，也是行动改进的基础。我们进行的比较有横向与纵向比较，包括教师比较、学校比较、同类比较，历史比较等。

1. 整体分析

整体描述建立在对区域和学校的整体分析之上，获得的结论是对本次学科检测的整体判断。整体分析要点有本次测试参与情况，包括参与学校、参与学生数；本次测试的类型；本次测试内容范围及测试能力要求；本次测试各校的各种表现参数，如平均分、标准差、标准分、极值分、分数段分布人数，及格率、优良率，难度、区分度、试卷信度。

【案例1】以下是 2010 年 4 月初三数学检测的各校分数段分布情况，从中我们可发现全区 60 分以下 100 人，主要分布在学校 12、11、9、7、4、2 和 1，而学校 12、11 所占的比例较大，这是学校和区教研单位应共同关注和商量解决目标所在。另外我们也可发现学校 13 的表现非常出色，135 分以上占比近 36%。

初三数学分数段分布情况 2010.4

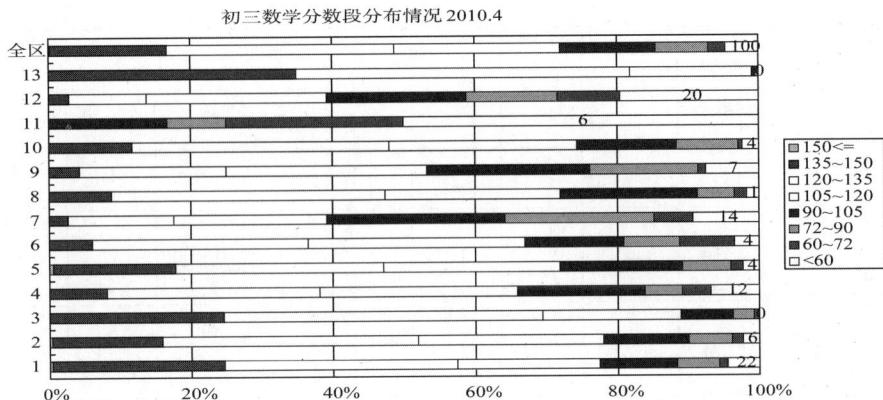

【案例2】以下是2010年4月初三数学检测各校学生在各水平上的人数比例分布情况,从中我们可发现学校6、9、7、11在E水平上分布较多,这是学校和区教研单位应共同关注和商量解决目标所在。另外我们也可发现学校13的表现非常出色,A水平比例近45%。

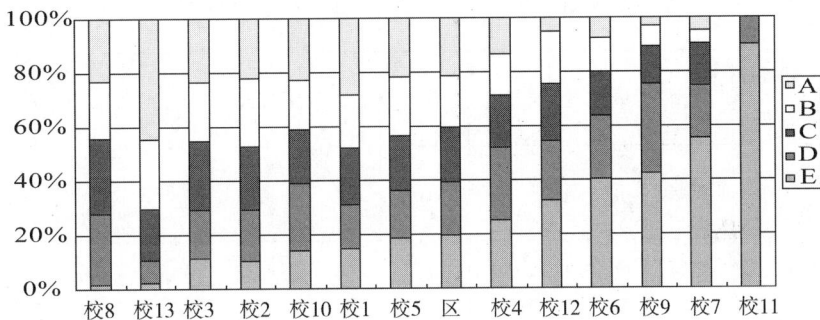

2. 模块比较

模块板块分析是一种聚类分析,聚焦于相同的内容维度或能力维度,通过这种分析,可以发现测试对象在内容维度或能力维度上的优势与不足,为后继的反馈改进提供方向。

【案例3】全区7－18题整体分析(2011.1初三数学检测)

学习主题	知识和技能	题型	题数	题号	分值	分析结果			
						平均分	难度	区分度	信度
线段比	识记	填空题	1	7	4	3.40	0.85	0.293	0.87
比例线段	识记	填空题	1	8	4	3.29	0.822	0.398	0.87

（续表）

学习主题	知识和技能	题型	题数	题号	分值	分析结果			
						平均分	难度	区分度	信度
三角比概念	识记	填空题	1	9	4	3.72	0.93	0.196	0.87
抛物线的顶点	理解	填空题	1	10	4	3.62	0.906	0.254	0.87
二次函数概念	理解	填空题	1	11	4	3.74	0.936	0.22	0.87
抛物线的表达式	理解	填空题	1	12	4	3.84	0.96	0.136	0.87
三角形的重心	理解	填空题	1	13	4	3.68	0.92	0.229	0.87
相似三角形性质	识记	填空题	1	14	4	3.84	0.96	0.119	0.87
向量线性表示	理解	填空题	1	15	4	3.23	0.806	0.412	0.87
抛物线对称性	理解	填空题	1	16	4	2.61	0.653	0.683	0.87
坡度	理解	填空题	1	17	4	3.22	0.806	0.436	0.87
三角比	掌握	填空题	1	18	4	2.77	0.694	0.616	0.87

附1：试题链接

7. 已知点 P 在线段 AB 上，$AP=4PB$，那么 $PB:AB=$ _____。

8. 如果在比例尺为 1：1000000 的地图上，A、B 两地的图上距离是 3.4 厘米，那么 A、B

两地的实际距离是 _____ 千米。

9. 已知在 $\triangle ABC$ 中，$\angle C = 90°$，$AC = 3$，$BC = 2$，那么 $\cos B=$ _____。

10. 已知抛物线 $y=(a+3)x^2$ 有最高点，那么 a 的取值范围是 _____。

11. 如果二次函数 $y=(m-2)x^2+3x+m^2-4$ 的图像经过原点，那

么 $m =$ _____。

12. 请写出一个对称轴是直线 $x = 2$ 的抛物线的表达式,这个表达式可以是_____。

13. 已知在 $\triangle ABC$ 中,$AB = AC = 5$,$BC = 8$,点 G 为重心,那么 $GA =$ _____。

14. 如果两个相似三角形的面积之比是 $9:25$,其中小三角形一边上的中线长是 $12cm$,那么大三角形对应边上的中线长是 _____ cm。

15. 已知在平行四边形 $ABCD$ 中,点 M、N 分别是边 DC、BC 的中点,$\overrightarrow{AB} = \vec{a}$,$\overrightarrow{AD} = \vec{b}$,那么 $\overrightarrow{MN}$ 关于 $\vec{a}$、$\vec{b}$ 的分解式是 _____。

16. 已知抛物线 $y = x^2 + 6x$,点 $A(2, m)$ 与点 $B(n, 4)$ 关于该抛物线的对称轴对称,那么 $m + n$ 的值等于 _____。

17. 如果在坡度为 $1:3$ 的山坡上种树,要求株距(相邻两树间的水平距离)是 6 米,那么斜坡上相邻两树间的坡面距离 AB 等于 _____ 米.(结果保留根号)

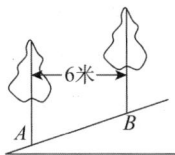

18. 在 $Rt\triangle ABC$ 中,$\angle C = 90°$,BD 是 $\triangle ABC$ 的角平分线,将 $\triangle BCD$ 沿着直线 BD 折叠,点 C 落在点 C_1 处,如果 $AB = 5$,$AC = 4$,那么 $\sin\angle ADC_1$ 的值是 _____。

第 17 题图

附 2:各题表现分析

1. 除第 16、18 题外,其余各题难度在 $0.97—0.81$ 之间.第 16、18 题分别为 0.65、0.69。

2. 本大题同样着重考查基础知识的掌握情况,为基本的知识要求。第 12 题是一个开放性的问题,考查二次函数的基本性质。结论是不确定的,有无数个。解题时应据题意画出示意图,由于开口的大小无法确定,所以二次项系数可取任意数,取 1 运算较为方便,利用对称轴可得一次项系数,这样常数项可取任何实数。或在图形上任意取点,用一般式求解;还可直接利用顶点式求解。

3. 第 18 题的关键是要求学生掌握问题转化的方法、把问题转化为直角三角形。根据锐角三角比概念解决问题,解题时还可利用相似三角形等方法。第 16 题学生不会利用图像解决问题,由于不能画出正确的图形,不会用对称性,导致错误;应在教学中引起重视。

4. 模仿性试题得分率较高,第 16、18 题全区所有学校全部得分偏低。问题转化的方法对学生来说是难点,教师在教学中重视不够,解直角三角形的规律有些教师不明确或在教学中用溉输式教学学生不理解,无法记住。

3. 纵向比对

纵向比对是对历次检测的对比分析。持之以恒的进行历次测试对比分析,可能会发现区域性的倾向性问题,作为区级教学辅导的研究主题。

【案例4】历年同类试题比较

(1) 根的判式

(2008年) 2.如果关于 x 的一元次方程 $x^2-2x+a=0$ 有两个实数根,那么 a 的取值范围为(   )。

    A. $a>1$ B. $a<1$ C. $a\geqslant1$ D. $a\leqslant1$

(得分率为 88.3%。)

(2009年) 10.如果关于 x 的一元二次方程 $x^2-x+a=0$ 有两个不相等的实数根,那么 a 的取值范围是_____。(得分率为 87.5%)

(2010年) 2.如果关于 x 的方程 $x^2+4x-m=0$ 有两个不相等的实数根,那么 m 的取值范围是(   )。

    A. $m<-4$ B. $m>-4$ C. $m\leqslant-4$ D. $m\geqslant-4$

(得分率为 85.3%)

(2011年) 9.如果关于 x 的方程 $x^2-(2m-1)x+m^2=0$ 有两个实数根,那么 m 的取值范围是_____。(得分率为 86.22%)

连续四年考查根的判别式,试题难度相当 09、10 年连续下降,今年略有回升,但仍然较低,主要问题是不等号方向问题,及等号取不取。与教师的教学有关,在学生不理解情况下死记起不到作用。

(2) 二元二次方程

(2010年) 10. 将二元二次方程 $x^2-6xy+9y^2=16$ 化为二个二元一次方程为_____。(得分率为 85.8%)

(2011年) 10. 将二元二次方程 $x^2-6xy+5x=0$ 化为二个一次方程为_____。(得分率为 69.3%)

由于类似于"将二元二次方程 $x^2-6xy+5y^2=0$ 化为二个二元一次方程为_____"的题目反复操练,学生只是简单模仿,不理解通过因式分解降次的本质,几乎所有学校在考试时都有学生对监考老师提出题目错了。看不出可以用最简单的提取公因式法分解,教师复习时缺少方法的归纳。

（3）图形运动

（2008年）15.在 Rt△ABC 中，∠C＝90°，AB＝2，将这个三角形绕点 C 旋转 60°后，AB 的中点 D 落在点 D′处，那么 DD′的长为_____。（得分率为 78.5%）

（2009年）17.在□ABCD 中，AC 与 BD 相交于点 O，∠AOB＝45°，BD＝2，将△ABC 沿直线 AC 翻折后，点 B 落在点 B′处，那么 DB′的长为_____。（得分率为 50%）

（2010年）17.将正方形 ABCD 沿 AC 平移到 A′B′C′D′使点 A′与点 C 重合，那么 tan∠D′AC′的值为_____。（得分率为 76.0%）

（2011年）18.在△ABC 中，∠C＝90°，AC＝4，BC＝2，△ABC 绕着点 C 旋转后，点 B 落在 AC 边上的点 B′，点 A 落在点 A′，那么 tan∠AA′B′的值为_____。（得分率为 51.9%）

图形运动问题历年得分较低，三种图形的基本运动的理解学生有困难，不会出画正确图形。

（4）概率

（2009年）14.从 1、2、3、4、5、6、7、8、9 这九个数中任意抽取一个数，那么取到素数的概率是_____。（得分率为 62%）

（2010年）13.从一副扑克牌中取出的两组牌，一组为黑桃 1、2、3，另一组为方块 1、2、3，分别随机地从这两组牌中各摸出一张，那么摸出的两张牌的牌面数字之和是合数的概率是_____。（得分率为 69.7%）

（2011年）13.在一个袋中，装有四个除数字外其他完全相同的小球，球面上分别标有 1、2、3、4 这四个数字，从中随机摸出两个球，球面数字的和为奇数的概率是_____。（得分率为 83.7%）

概率初步为新教材新增内容，随着教师教学经验的结累，及操练的加强，得分率逐步提高。

（5）向量

（2009年）4.如果点 C 是线段 AB 的中点，那么下列结论中正确的是（ ）。

A. $\vec{AC}+\vec{BC}=0$　B. $\vec{AC}-\vec{BC}=0$　C. $\vec{AC}+\vec{BC}=\vec{0}$　D. $\vec{AC}-\vec{BC}=\vec{0}$

（得分率为 84%）

（2010 年）16. 在梯形 $ABCD$ 中，$AD \parallel BC$，$BC = 3AD$，$\overrightarrow{AB} = \vec{a}$，$\overrightarrow{AD} = \vec{b}$，那么 $\overrightarrow{CD} = $ _____。（得分率为 75.6%）

（2011 年）16. 在 $\triangle ABC$ 中，点 D 在边 BC 上，$BD = 2CD$，$\overrightarrow{AB} = \vec{a}$，$\overrightarrow{AC} = \vec{b}$，那么 $\overrightarrow{AD} = $ _____。（得分率为 77.1%）

向量初步同样为新教材新增内容，由于在仅上海初中教材有要求，缺少可供训练的习题，虽然是都是较为简单的题目，得分率都很低。

4. 横向比对

横向比对是对本次检测不同对象的数据进行对比分析，包括教师比较、学校比较、同类比较等，从中发现各种对象的优势与不足，并以此为线索进行教与学的归因分析。

【案例 5】某校所有班级在各题上的横向比较(2010.4 初三数学检测)

班级	总体位置	7	8	9	10	14	15	16	17	18	19	20	21-1
1	5	−6	−2	4	−6	−8	−2	3	−8	−21	4	4	−29
2	10	−26	−6	−16	9	9	−3	9	−15	−17	−27	−2	9
3	2	1	1	1	1	−33	−8	−22	0	0	−2	0	−20
4	6	−4	−10	−20	−20	−27	−12	−10	−2	−5	0	−16	−27
5	9	−20	−12	−35	−14	8	2	7	4	−12	−10	−28	−22

（第 7 题至第 21-1 题，表格内的数值表示各班在各题上的得分率与总体位置的差异）以上是一个学校五个班级学生在数学学科上的得分率统计分析片断，从中我们可以看到，虽然该校五个班的平均分比较接近，但在具体内容上表现出不同班级情况是大不一样的，教师只有结合具体内容维度的精细分析，才能准确把握自己学生的学习状况，做到针对性教学。

5. 典型剖析

典型剖析是对学生的典型失误分析以及优秀表现分析。通过典型剖析可以总结学生对具体内容的学习规律，对教师的具体内容教作归因分析。典型剖析可以积累典型问题作答和错解。持之以恒积累典型问题作答，可能会发现学生的认知规律、学生的"相异构想"，从而把准学生的"最佳发展期"、"最近发展区",发掘教学上低负高效的典型,从而使测试能真正帮到教师和学生。

【案例6】学生在典型题上的答题分析

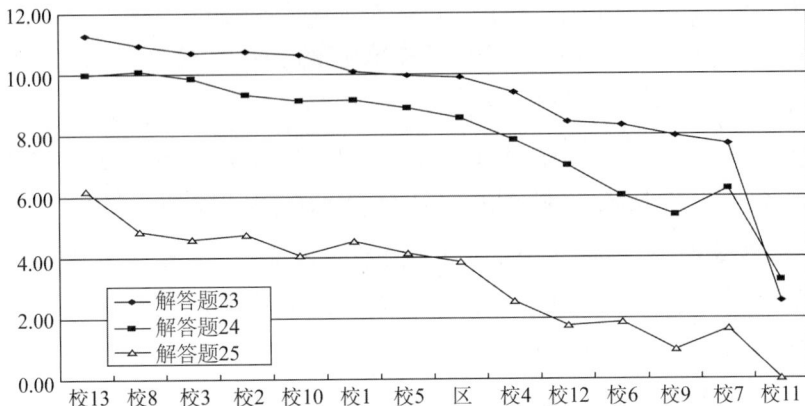

得失分情况原因分析:

1. 第23题几何证明还是老问题,学生没有学会分析的方法,证明思路不清晰,逻辑关系不合理,推理时依据不充分、不严密。因漏、跳、绕等原1—2分学生不少(特别是一些成绩较好的班更为突出)。结论开放性问题缺少解题方法。

由于第24(2)、25(1)题的得分偏低(64.4%、44.4%),直接导致后续题的得分率下降。由于学生对基本方法不熟悉、解题方法不合理,许多学生一上来就用距离公式,造成运算复杂。又导致在这两个小题上消耗了大量的时间,且解题策略问题造成整卷得分率的下降。

2. 知识、方法缺陷导致,解题方法不合理。如确定点的坐标的基本方法、圆的问题转化为三角形问题的方法等。

3. 缺乏分类讨论、数形结合、分类讨论、化归、方程、图形的运动变化等数学思想方法。

4. 观察能力、空间想象能力、分析问题、解决问题能的力薄弱。

5. 各校23、24、25题得分率比较分析

针对性的教学建议:

1. 第25(3)题为学有余力学生,留一定的思维和探索的空间,为学生展示自己的能力、创造意识、探索精神提供舞台。

2.加强解题策略的指导和训练。加强解题方法的归纳和整理。

3.证明题每一步推理的条件必须充分,注意推理过程必需严密、逻辑顺序不合理、思路清晰与条理清楚,要把推理的过程写清楚,要明确每一步运算与推理的依据。

4.对优良学生加强综合问题的变式训练。提高观察能力、空间想象能力、分析问题、解决问题的能力。

5.解答题的最后两题相对而言有一定难度和能力要求,主要考查数学的思想方法往往要求综合应用教材中所要求的基础知识,数与形相结合、变量与常量相结合、动与静相结合、程式性与探索性结合,解决问题时往往需要把综合性问题分解为基本的问题、把复杂的问题化归为单一性问题、把动态问题转化为静态问题,在这一系列的过程中,就要用到前面所提到的各种数学的思想方法,特别需要指出的是这类问题中经常会涉及到分类讨论的问题,对于分类讨论的问题要做到不重复、不遗漏。

通过数据解读的实践,我们发现确实有利于自己发现经验与问题,为教学诊断提供依据,有利于超越个人经验、结合数据进行有针对性的研究与辅导。小专题、小课题增值研究。

6. 相关分析

我们认为,在关注学生学业成绩的同时,还应该关注取得学业成绩的教与学的过程以及与学业成绩相关的其他因素,从而保证所取得的学业成绩是"绿色"的、可持续发展的。

在关注教与学的过程方面,我们认为,同样的学生、同样的教师,由于教学方法(方式)采用的不同,导致教学有效性不同。为此我们尝试进行学科教师教学方式、学生对学科的态度以及学科学习成绩的关联分析,以此引导教师关注教学方法(方式)的改进。案例14有力地说明,灌输式的教学方法会降低学生对学科的兴趣和学业成绩。

【案例7】数学教师教学方式与对数学的喜欢程度及数学学业成绩的关系

为关注取得学业成绩的教学过程,我们与学科测试同步进行学科教学方式的问卷调查,下图是八年级数学学科教学情况统计结果:

全区初二年级数学学科教学情况2009.6

我们调查统计的另外维度是学生对数学的喜欢程度,统计发现某校学生不喜欢数学有较高的比例(见下图):

初二学生最不喜欢数学统计

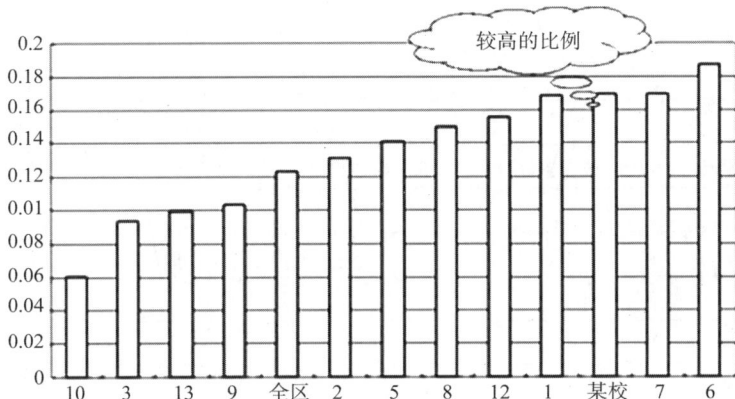

我们对该校具体两个问答做了跟踪统计,发现该校数学教师采用灌输式教学方式的比例非常高,见下图所示:

我们的数学老师要我们记住概念、公式、定理以及各种题型

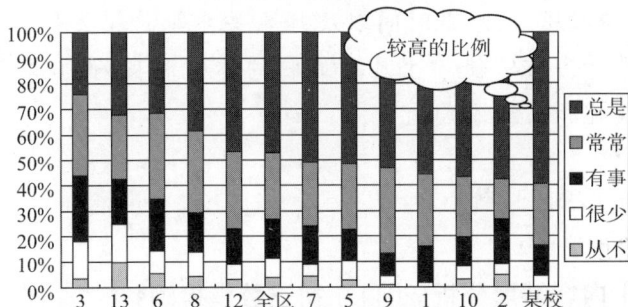

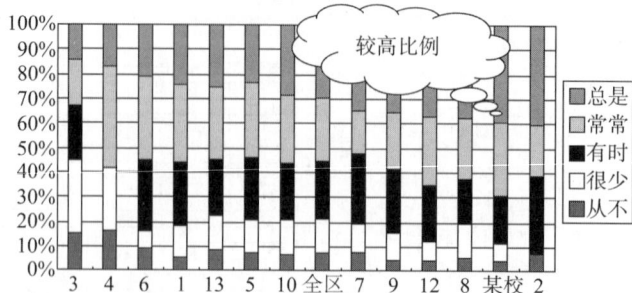

数学老师把结论告诉我们然后把大量
时间用于做练习、巩固

而随后的学生学业成绩比对发现,该校(校11)的数学成绩标准分发生较大的落差,见下图所示:

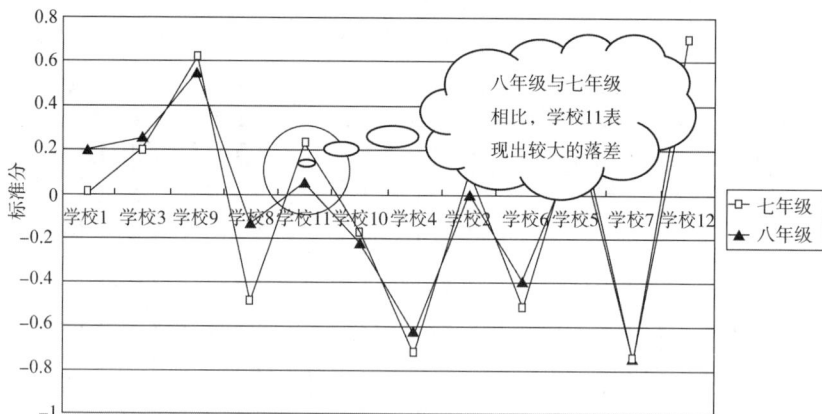

数学成绩变化折线图2009.6

上述分析,给"填鸭式"教学的教师以强烈的震撼,也为有关学校的教学管理提供了依据。

在关注与学业成绩相关的其他因素方面,我们认为要追求的学生学习过程是和谐健康的、没有身心损伤的。为此我们用学业成绩与学生的学习自信心、学习压力、睡眠时间以及师生关系等的相关分析来引导教师的"绿色"教学行为,以"使学生具有健壮的体魄和良好的心理素质,养成健康的审美情趣和生活方式"。

三、分析诊断的案例

1. 内容维度分析

【案例8】内容维度分析(2011.1初三数学检测)

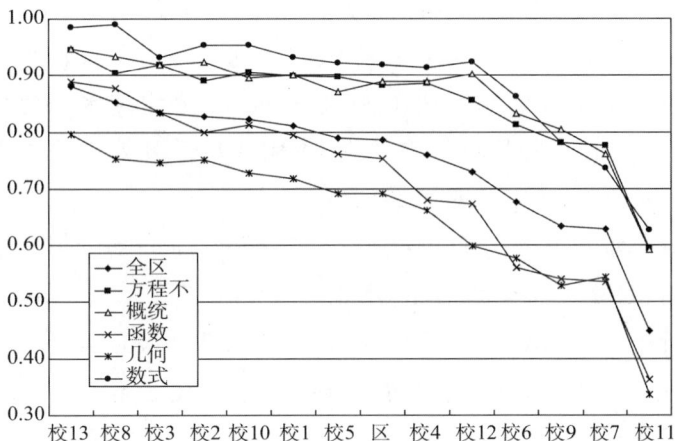

从上述各校在各内容维度上的得分率可以看出数与式、方程与不等式、概率与统计试题较为简单,而函数与几何试题的相对要求较高,这与教材的教学要求是一致的。从各校各部分内容的得分情况看,绝大多数学校的得分率与学生的实际水平是一致的。几何与学生能力水平一致,函数部分各校差异显著,应引起注意。

2. 能力维度分析

【案例9】初三数学各校能力水平分析(2011.1初三数学检测)

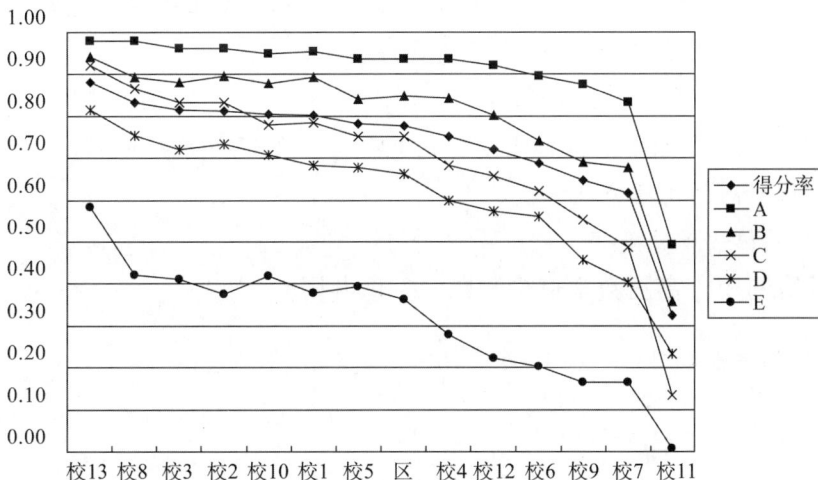

从上图反映学生能力水平的得分率可以看出:

(1) 对于难度系数为 A 档(0.9～1.0)的 66 分最低水平的内容:12 所学校都达到要求,且差异很小,前 9 所学校几乎没有差异;

（2）对于难度系数为 B 档(0.8～0.9)的 33 分基本水平的内容：9 所学校都达到要求，且差异较小，校 6、校 9、校 7 没有达到要求且差异加大；

（3）对于难度系数为 C 档(0.8～0.7)的 12 分中等水平的内容：12 所学校差异明显，前 4 所学校水平较高，中间 3 所学校处于同一水平，校 4、校 12、校 6、校 9、校 7 下降明显，差异加大；

（4）对于难度系数为 D 档(0.6～0.5)的 12 分中等水平的内容：与 C 档基本相同，但要关注校 2、校 8、校 7；

（5）对于难度系数为 E 档(0.5～0.1)的 27 分较高能力水平的内容：12 所学校差异明显，校 13 明显占优，校 8、校 3、校 2、校 10、校 1、校 56 所学校处于同一水平，校 4、校 12、校 6、校 9、校 7 逐步下降，校 2、校 1 值得关注。

主要失分原因分析：

（1）几何基础知识没有得到充分的落实，基本方法没有掌握。

（2）不少学生解题时，只注意到模仿求出答案了事，缺乏必要的检验和反思。

（3）运算能力薄弱，运算方法不合理，运算正确率不高。证明题缺乏分析方法。

（4）几何计算题中缺少必需的证明，学生的答案正确但表述漏洞不少（尤其在一些基础较好的班中，反映更为明显）。

（5）分析问题能力薄弱，缺乏数学思想方法，当问题稍有变化，就无法将问题分解，转化为熟悉的问题，当用某一方法无法解决问题，不会转换思路，从不同的角度来思考。

3. 具体表现分析

【案例 10】高三数学道检测题(文、理共同)

已知平面向量 $\vec{a}=(\sqrt{3},-1),\vec{b}=\left(\dfrac{1}{2},\dfrac{\sqrt{3}}{2}\right)$。

（1）求 $\vec{a}\cdot\vec{b}$；

（2）设 $\vec{c}=\vec{a}+(x-3)\vec{b},\vec{d}=-y\vec{a}+x\vec{b}$(其中 $x\neq0$)，若 $\vec{c}\perp\vec{d}$，试求函数关系式 $y=f(x)$ 并解不等式 $f(x)>7$。

［简解］（1）$\vec{a}\cdot\vec{b}=0(4')$；

(2) 由 $\vec{c}\perp\vec{d}$，得 $-4y+x(x-3)=0(6')$，所以 $y=\dfrac{1}{4}x(x-3)$。由 $f(x)>7$ 变形，得 $x^2-3x-28>0$。解得 $x>7$ 或 $x<-4(14')$。

通过统计分析，我们发现一所学业较好的示范性学校在这道题上的得分率存在明显的反差。理科有 27% 的学生，文科有 35% 的学生只得 6 分，共有 102 位学生只得 6 分。失分的原因表现在一元二次不等式 $x^2-3x-28>0$ 无法正确求解，而这是高一数学的核心运算技能。与此同时恰好该校高一学生参加高一的数学检测，统计表明该校的高一学生在不等式部分的得分表现也不在该校的常模位置上。（题1：求函数 $f(x)=\sqrt{3-\dfrac{1}{x}}$ 的定义域。区得分率0.73，该校得分率0.74；题17：若不等式 $x^2+(a-1)x-a<0$ 的解集为 P，不等式 $x^2+x-2<0$ 的解集为 Q，且 $P\bigcap Q=Q$，求实数 a 的取值范围。区得分率0.82，该校得分率0.83）由此，我们得到该校在学生不等式部分核心运算能力的形成有所欠缺。通过基于数据的分析对话，这个问题引起了该校教研组和备课组的重视，成为提高该校学生数学学业水平的一个关注点。

第三节 数学学习的反馈改进

现行班级授课制下的课堂教学存在不可避免的两难选择：一个教师和(比如说)30个学生，每个学生都有不同的学习动机、不同的起点、不同的能力和不同的阻碍学习的弱点。教学既要应对个体的需求，又必须顾及一个30人的班集体或者说按年龄划分的集体。所以班级授课制下的数学学习需要反馈补偿来弥补学生学习上的不足。

一、反馈改进的意义

我们认为学生数学学习效果的诊断分析的最大价值在于分析之后制定的改进行动，从具体的教学目标入手，强调教与学的改进，包括给出基于具体内容的教学策略和建议，以及向后的针对性校正练习。

进行上述行动的前提是精确的反馈指导。反馈指导要做到及时、准确和个性化，反馈指导的方式可以是区域报告、学科报告、分类指导和个别对话等，并要形成良好的运行机制。不同的反馈方式对应于解决不同层面的问题,反映反馈指导的精确度。

维果茨基的最近发展区是指学习被促进的关键领域;维果茨基还提出了帮助式发展的理论,这个理论建立在这样的观点以上:如果一个"有更多知识的他人"(比如教师)建构学习,使得所需完成的学习任务的难度与学习者个体的需求一致起来,学习者的学习效果将达到最大化。此任务的难度在于要将指导与个体学习者的需要结合起来。

奥苏伯尔认为,影响学习的唯一最重要的因素,就是学习者已经知道了什么。要探明这一点,并应据此进行教学。

迈克尔·富兰认为,教学最基本的要点是:只有当教学足够精确并直接建立在学生已有基础之上时,且将学生带到更高一层能力时才是有力的,前提是我们有能力清楚地表明我们要教什么和怎么教。所以在教学过程中务必做到准确,首先通过准确的过程评估,在教学时精确地知道每个学生的优缺点;其次,在教学中知道什么是适合的指导,特别是在什么时候,使用什么,怎么使用教学策略和相应的资源;最后,在日常工作中,使用课堂结构、程序和工具来进行有区别的指导和针对性教学。针对性教学就是根据学生每个人的学习能力和学习动机,提供量体裁衣的教学。

不管是维果茨基的"最近发展区",还是奥苏伯尔的"学生原有知识",迈克尔·富兰的"学生已有基础、个体需求",都是教师开展反馈指导的起点,如何把握这一起点成为矛盾的焦点。因此开展科学的诊断测试成为必须,而诊断测试所获得的结果就成为反馈改进的着力点。

二、反馈改进的若干方法

方法只有针对特定的对象才会发挥其解决问题的功效,同样数学学习的反馈改进需要不同方式方法。

1. 区域报告

区域报告由教育局主持,由教研室报告区域各学科的检测情况,体现结论源自数据,分析产生行动的基本思想。报告会的参加对象是各校的校长和分管教学的副校长,以及数学教研员。区域报告分析反馈区域的整体情况和各校的优势与不足,解决区域存在的倾向性问题,从大局上把握一届学生的数学学习学业质量。

2. 学科报告

区域数学学科报告由区数学学科教研员主持,参加对象为全区有关年级所有数学学科教师。区域数学学科报告分析反馈区域的数学学科整体情况和各校的优势与不足,解决区域数学学科存在的倾向性问题,整体把握数学学科的学生学业质量。

3. 分类指导

每次检测以后,形成数学学科质量分析报告,在此基础上形成对学校指导的需求分类计划,再分步实施对有关学校的个性化反馈指导。可以采用分类集中和到校重点指导相结合的方式进行。分类指导重在提炼有关学校的经验,为解决有关学校存在的问题提供建议和支持。

4. 个别对话

个别对话的对象是数学学科教师,根据区域的特点,可以采用和全体老师与个别现结合的对话方式。个别对话的目的是促进教师使自己的教学足够精确并直接建立在学生已有基础之上,同时将学生带到更高一层能力。

三、反馈改进的案例

根据某区的研究与实践,发现该区某中学 2007 级数学成绩的变化情况如下图所示,是什么原因影响了该校学生学业成绩的持续提升? 该区教研室数学教研员和该备课组作了探讨,该备课组老师也作了总结和回顾。以下是他们的反思总结。

某中学2007级数学成绩变化情况

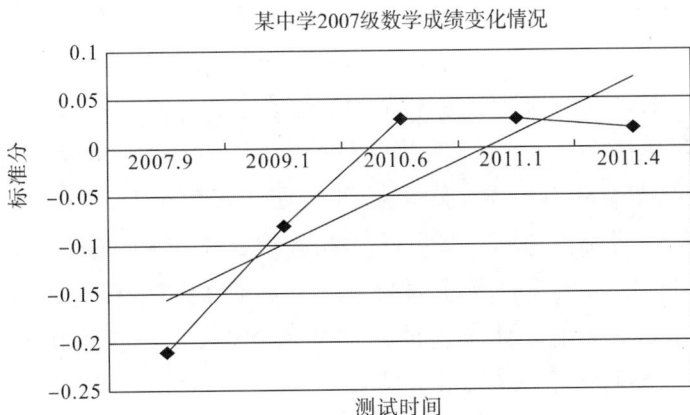

在全区"课堂增值"行动背景下,我们中学提出了在积极心理学视野下,提升教学效果,打造活力课堂"的行动方案。我们备课组立足于教学六环节(备、教、改、导、考、析),深入开展班情和学情分析和组织教学,关

注、重视和应用师生对话策略,捕捉把握课堂教学的生成性问题,精选富有针对性的作业与练习,分层落实补缺辅优的志愿性爱心辅导,以学生发展为指向进行人性化教学评价,从而全力推动课程与教学工作的深入细化。

1. 集思广益,发挥集体备课作用

为了能充分挖掘各人的潜能,发挥集体的力量和智慧,我们很注重集体备课,每周至少有一次集体备课时间,并做到有内容和中心发言人。在集中之前,大家必须先钻研教材内容,然后就教材的内容对教学设计、教学的重难点,如何去突破、对如何把握例题讲解的深浅程度、习题的选用等等发表个人的见解和意见,大家一起学习、研究,取长补短。备课中我们不仅备教材备教法而且备学生,根据教材内容及学生的实际,设计课的类型,拟定采用的教学方法,并对教学过程的程序及时间安排都作了详细的记录,认真写好教案。平时大家经常互相交流课后心得,同备课组的老师经常互相推荐自己经过学习后觉得很有收益的教学方法,大家一起共同学习,研究,最终达到共同提高的目的。在集体备课中,我们研究学困生的辅导与转化,拓宽优秀生的知识面和研究问题的深度,关心每一个学生,创设适合学生发展的辅导方法,使各类学生各有所得。

2. 严格要求,努力提高课堂教学效率,使课堂增值

对于教师,我们要求自己课前认真准备,精心备课,上课采用现代化手段与传统教学相结合的教学模式,我们还极力开发和利用数学课程的各种资源,注重现代信息技术与学科的整合。我们组的老师们经常上网,从网络上获取课改的最新信息和资料,及时的进行组内交流和资源共享,并将从数学网站上获取的有用并有趣的知识及时的分享给我们的学生。同时,我们也积极制作课件,使学生们有更丰富的学习环境,增加课堂的新颖,有趣性,增加课容量,教师好好备课使课堂流畅,有条理,学生头脑清晰,逻辑清楚,从而提高教学效果。比如我们在教学图形的运动这一章就完全使用了多媒体课件来辅助我们的教学,课件的使用使教师得心应手,使学生们学得很有兴趣、很有实效。

对于学生,"没有规矩,不成方圆",养成良好的学习习惯对学生成才来说非常重要。我们数学组统一认识,在课堂上,以"严"字当头,严格要求课堂纪律,认真记课堂笔记。我们还注重对学生课前预习能力和家里学习作业能力的培养。教给他们自学的方法,引导他们怎样进行课前预

习,把遇到的疑难问题记录下来,以便在课堂上与老师和同学一起探讨,提高学习效率。常与家长联系,及时交换信息,共同关注孩子的成长。使学生的学习自信心和学习兴趣有了一定的提高。我们认为只有通过这样,从学生的学习习惯抓起,有利于学生的发展,也为后继的学习打下良好的基础。

作业是教学过程的重要环节,是检测学生掌握知识与否的重要途径。因此,我们除对课堂作业进行及时批改外,还对布置的家庭作业,在第二天及时批改,及时发现学生作业中的错误,并对那些典型的错误进行课前五分钟的及时的集体讲解,这也利于学生学习新知,并要求学生利用这一天的休息时间订正完错的题目,再回家。这样巩固了对新知识的理解和掌握。

3. 创新评价观,不拘一格的检测形式

与分层教学相适应,我们单元检测采用两张试卷分 A,B 卷。根据教学内容的难度来安排,如果本教学内容较简单,就先做 B 卷给学生一定的冲击,再作 A 卷来提升学生的自信心。如果本教学内容比较难,就先做 A 卷给学生一定的自信心,再作 B 卷来开阔学生试题的视野。这样一来,各种程度的学生都有机会感受到了成功的喜悦,也可以见到这部分知识点出现的各类题型与难题,激励他们的学习斗志。对于教师,更有利于看清楚学生对这部分知识掌握的情况,以便于实施改进措施。做完后认真批阅,及时发现问题,如哪些知识学生掌握比较好,哪些知识掌握比较差,主要存在什么问题,提出需要补救的问题和今后教学上要注意的事项。并针对学生掌握比较差的知识点,会在下次检测题中从新考察。

同时,我们单元检测还采用"二次评价"的评价方法。它允许一部分学生经过一段时间的努力,随着数学知识与技能的积累逐步达到应达到的目标。对此,教师可以选择推迟作出判断的方法。如果学生某次测验的答卷不理想,教师可以鼓励学生提出申请,并允许他们重新解答(利用多下来的卷子稍加改动)。当学生通过努力,改正原答卷中的错误后,教师可以就学生的第二次答卷给予评价,并给出鼓励性的评语。这种"推迟判断"淡化了评价的甄别功能,突出反映了学生的纵向发展。特别是对于学习困难的学生而言,这种"推迟判断"能让他们看到自己的进步,感受到获得成功的喜悦,从而激发新的学习动力。实际上,过去我们也常常要求学生二次答卷,要改进的只是变惩罚为鼓励,变严厉为理解与宽容,并允

许学生将第二次的成绩代替前次成绩。

4.编筐重收口,做好期末复习工作

期末复习时,我们会为学生准备三种有序的复习卷:(1)带知识要点的章节专题复习卷,(2)每章综合测试卷,(3)期末模拟卷和各区期末卷。在章节专题复习卷中我们会帮学生整理并列出每个知识要点,公式,补充知识点,这样有利于学生更系统的回顾和掌握知识,也防止刚接触新教材的我们,即教师漏掉复习要点,并列出每类知识要出现的各种类型题。在每章综合测试卷中,会出些学生掌握比较差的知识点和平时强调比较少,或没见到的类型题。上述做法体现了让老师走进题海,让学生走出题海的理念。

5.提优补差,促进个体全面发展

对优生进行提优,根据学生特点,有针对性的选取部分材料,当堂练习,讲解。不增加学生的课外负担,达到因材施教目的。对学困生的辅导,并不限于知识性的辅导,更重要的是思想的辅导,要提高学困生的成绩,首先要解决他们心结,让他们意识到学习的重要性和必要性,使之对学习萌发兴趣,要通过各种途径激发他们的求知欲和上进心。在此基础上,再教给他们学习的方法,提高他们的技能,并认真细致地做好查漏补缺工作。后进生通常存在很多知识断层,这些都是学困生转化过程中的拌脚石,在做好学困生的转化工作时,要特别注意给他们补课,把他们以前学习的知识断层补充完整。补差的内容由我们三位老师根据本班的学生特点进行安排,使学困生跳一跳可以达到,让他们尝到了成功的喜悦,这样,他们就会学得轻松,兴趣和求知欲也会随之增加。

从上述老师提供的材料中,我们发现他们备课组紧紧抓住学生学习的三个要素,即发挥备课组集体的合力,精心选择适合该校学生实际的数学学习内容;运用积极心理学原理,实施活力教学;创新评价方法,及时反馈补偿,激励学生成功。其中"创新评价观与不拘一格的检测形式"是一线教师让改进成为测试的目的生动例证。

结　语

学校内学生的学习是一个复杂的整体,但我们可以抽取三个关键的要素加以关注:学习的内容、学习的过程、学习的结果。对应这三个关键

要素,学校教学工作的三个基本关注点:一是把握内容要求,包括课程方案、学校课程计划、教学内容要求;二是掌控教学过程,包括明确基本要求、优化教学过程、落实基本环节;三是实施教学评价,包括基于标准的检测、基于技术的分析、基于问题的改进。这三者是相互联系、相互影响的,其中把握内容要求是实施教学过程和开展教学评价的前提,实施教学过程必须以明确内容要求为前提同时以教学评价来修正教学进程,而教学评价可检验内容要求的把握程度和教学实施的优略情况,从而加以改进。

作为学校内重要学习内容的数学学习,我们首先要建立系统审视的观点,科学开展数学学习的训练与评估,至少要从学习什么、怎样学习、学得怎样和如何诊断改进等四个方面进行,只有这样才能保证数学学习的较高质量。

[参考文献]

[1] 李士锜,熟能生巧吗? 数学教育学报,1996.3

[2] 李士锜,熟能生笨吗? 数学教育学报,1999.8

[3] 李士锜,熟能生厌吗? 数学教育学报,2000.2

[4]【加】迈克尔·富兰等,突破,教育科学出版社,2009.5

[5]【美】D.A.格劳斯主编,陈昌平等译,数学教与学研究手册,上海教育出版社,1999.4

[6] 李庚南,数学自学·议论·引导教学法,人民教育出版社,2005.11

[7] 美国国家教育和经济中心、匹仔堡大学,美国数学学科能力表现标准,人民教育出版社,2004.10

[8] 喻平,论数学命题学习,数学教育学报,1999.11

[9] 喻平,单墫.数学学习心理的 CPFS 结构理论,数学教育学报,2003.1

[10] 喻平,个体 CPFS 结构与数学问题表征的相关研究,数学教育学报,2003.3

[11] 喻平,数学问题解决中个体的 CPFS 结构对迁移的影响,数学教育学报,2004.4

[12] 罗静,学生数学学习态度量表的编制,韶关学院学报(自然科学),2010.6

[13] 罗静，何小亚，重点中学高二文科学生数学学习态度调查研究，数学教育学报，2010.3

[14] 戴再平，数学习题理论，上海教育出版社，1996.10

[15] 戴再平，开放题数学教学的新模式，上海教育出版社，2004.1

[16] 戴再平，十三年来我国数学开放题的研究和存在的问题，中学数学教与学(高中)，2007.1

[17] 孙企平、黄毅英，开放性问题对数学教学的意义，数学教学，1999.4

[18] 钱从新，有关开放题的几点探讨，数学通报，1999.11

[19] 顾泠沅，有效地改进学生的学习，数学通报，2000.1、2

[20] 王琦，从高考新题型——开放题引起的思考，数学通报，1999.12

[21] 鲍建生、黄荣金、易凌峰、顾泠沅，变式教学研究，数学教学，2003.1、2、3

[22] 涂荣豹，论数学教育研究的规范性，数学教育学报，2004.4

[23] 邵瑞珍主编，教育心理学，上海教育出版社，1997.6

[24] 王梓坤，今日数学及其应用，数学通报，1994.7

[25] 施良方著，学习论，人民教育出版社，1998.9

[26] 连春兴，高一学生数学思维缺陷及矫正，数学通报，2002.3

[27] 林格论，课堂教学心理学，云南人民出版社，1983.1

[28] M.尼斯，论数学教师的培养，数学教学，1994.6

[29] 曹才翰，章建跃，数学教育心理学，北京师范大学出版社，1999.12

[30] 张奠宙，数学教育研究导引，江苏教育出版社，1994.5

[31] 张奠宙，数学教育的全球化、开放化、信息化，数学教学，1998.5

[32] 景敏、孔凡哲，关于数学新课程的过程性目标，中学数学，2005.7

[33] 郭晓明、蒋红斌，论知识在教材中的存在方式，湖南师范大学教育科学学院，2004.2

[34] 施良方，教学理论：课堂教学的原理、策略与研究，华东师范大学出版社，2009.7

[35] [美]G·波利亚著，怎样解题——数学思维的新方法，上海科技教育出版社，2007.5

[36] 孙志远编著，初中数学课堂教学，湖南教育出版社，1996.11

[37] 胡松林,数学教师札记,上海教育出版社,1999.2

[38] 张庆林,高效率教学,人民教育出版社,2002.3

[39] [日]佐藤学著,钟启泉译,课程与教师,教育科学出版社,2003.6

[40] 段鸿、高正玲,教学论应重视学生作业问题研究,固原师专学报(社会科学),1999.2

[41] 姜丽华,优化小学生课外作业数量的研究——从大连市小学生课外作业的现状说起,教育科学,1998.2

[42] 斯文,关于中小学家庭作业问题的调查与思考,安徽教育,2000.1、2

[43] 上海市松江区初中副校长研修班,初中学生家庭作业有效性现状及改进策略,现代教学,2008.1、2

[44] 赵才欣,以有效性为导向建立作业新体系,现代教学,2008.1、2

[45] 刘光会.新课程背景下普通高中数学作业的有效性研究.华东师范大学,硕士学位论文,2007.10

[46] 程高学,初中数学作业布置及批改研究,西北师范大学,硕士学位论文,2006.9

[47] 徐金梅,初中数学例题及习题教学之研究,内蒙古师范大学,硕士学位论文,2007.6

[48] 黄东兰,中学数学习题教学理论与实践,福建师范大学,硕士学位论文,2003.8

[49] 王东梅,七年级数学作业批改有效性的实践及思考,2006年杭州市数学会评选论文

[50] 杨玉东、李士锜,用本原性数学问题驱动课堂教学——一项改进教师数学教学的行动研究,数学教育学报,2005.2

[51] 杨彩凤等,关于数学回家作业量的控制的实验研究,江苏教育研究,1995.1

[52] 王文生,小学中年级数学作业改革实验报告,教育科学研究,1995.1

[53] 唐绍友,从一次调查看让学生批改作业,数学教育学报,1998.8

[54] 田云兰,谈小学生家庭作业的布置与批改,教学与管理,2003.8

[55] 樊亚东,心中的远方在这里启航(续)——数学作业批改实录与断想,中学数学月刊,2009.8

[56] 王永、余文森,教学与发展,载《迎接 21 世纪挑战的数学教育》,人民教育出版社,1999.9

[57] 余元庆,谈谈习题的配备与处理——介绍基本外国中学数学课本中的习题配备,数学通报,1980.3

[58] 李茂瑞、段永君、陈玉华,试谈数学习题的配置原则,山东教育,2002.6

[59] 胡艳梅、赖邦城,配置数学习题的若干方法,江西化工,2008.1

[60] 上海市二期课改高中数学训练系统研制课题组,上海市二期课改《高中数学课本·练习部分》编制说明,数学教学,2006.10

[61] 任升录、黄根初、沈全洪、尹德好,数学作业的设计与评价,华东师范大学出版社,2009.10

[62] 孙名符、刘岗,数学学习评价,科学出版社,2008.10

[63] 邵光华,作为教育任务的数学思想与方法,上海教育出版社,2009.9

[64] 鲍建生、周超,数学学习的心理基础与过程,上海教育出版社,2009.10

[65] 喻平,数学教学心理学,北京师范大学出版社,2010.1

[66] 崔允漷、夏雪梅,试论基于课程标准的学生学业成就评价,课程·教材·教法,2007.1

[67] 雷新勇,学业标准——基于标准的教育改革必须补上的一环,上海教育科研,2009.6

[68] 刘新平、马玉芳,中学数学学业评价机制的理论与实践,中学数学教与学(初中),2007.6

[69] 黄伟、张民选,来自《美国学科能力表现标准》的观照:我国课程标准的建设亟待加强,外国中小学教育,2008.3

[70] 崔允漷、邵朝友,如何基于标准命题从双向细目表走向测验设计框架,上海教育科研,2007.8